Gerald Schwabe

LEICHTE WANDERUNGEN

WESTALLGÄU & OBERSTAUFEN

40 ausgewählte Touren im Westlichen Allgäu

ALPENVERLAG SCHWABE
Immenstadt

Bildbände & Wanderführer v. Gerald Schwabe

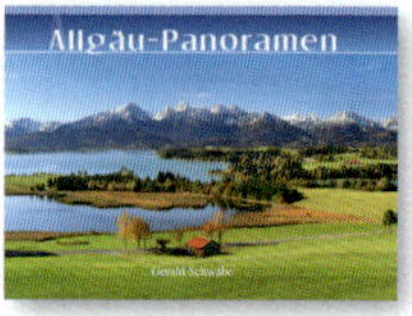

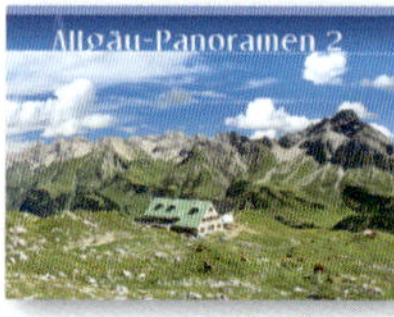

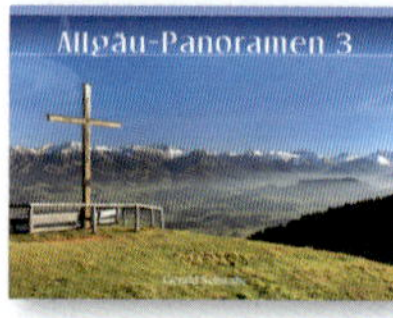

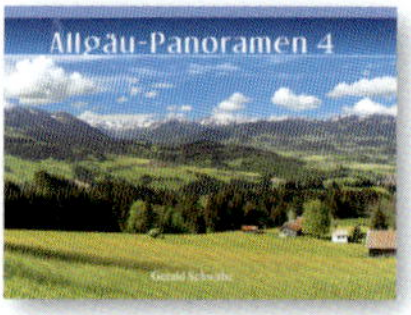

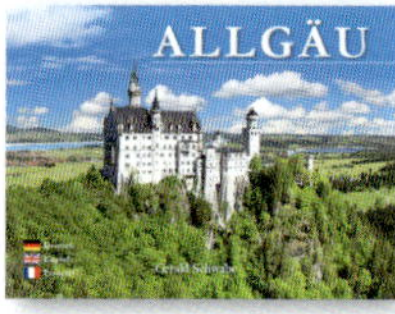

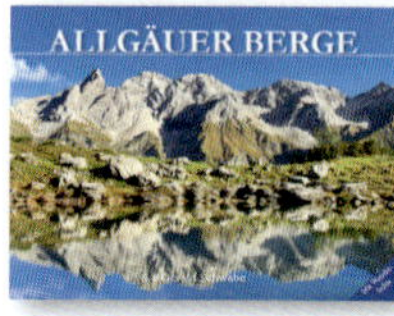

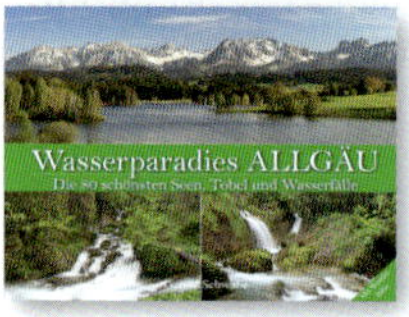

»Kleine« Bildbände:
Format 20 x 15,5 cm
80 Seiten / 12,95 €

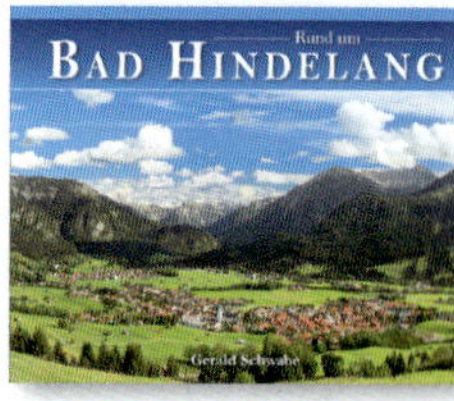

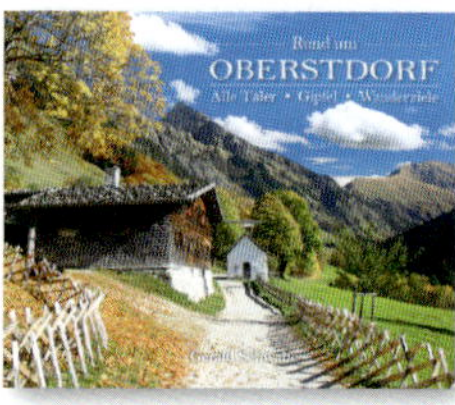

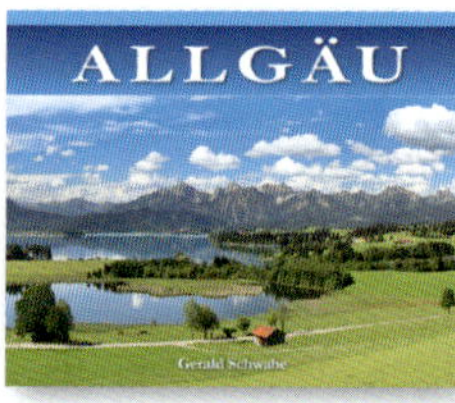

»Große« Bildbände:
Format 23,5 x 20 cm
120 Seiten / 19,95 €
84 Seiten / 17,95 €

Wanderführer:
Format 12 x 16,5 cm
128 Seiten / 12,95 €

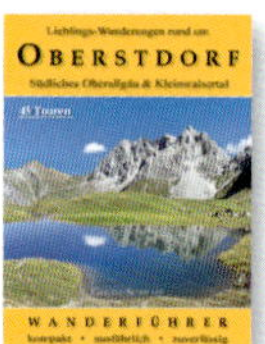

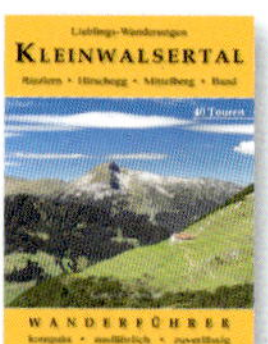

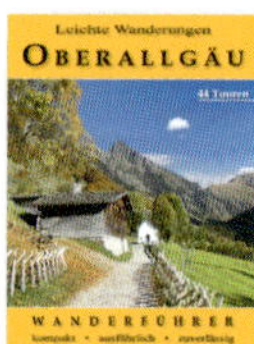

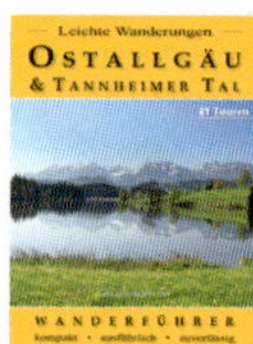

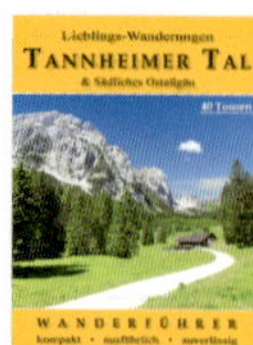

Großformatige Panorama-Aufnahmen auf Leinwand:

www.allgaeu-panoramen.de

VORWORT

Das Allgäu gehört zu den beliebtesten und meistbesuchten Urlaubsregionen Deutschlands und zieht alljährlich viele Millionen von Gästen an. Wobei es innerhalb des Allgäus sehr große Unterschiede gibt. Touristische Hotspots wie Schloss Neuschwanstein, Füssen und Pfronten im Ostallgäu sowie das südliche Oberallgäu rund um Oberstdorf, Fischen und Bad Hindelang sind fast jedem Berg- und Wanderfreund in Deutschland ein Begriff, kleine Orte, in denen fast das gesamte Jahr der Tourismus brummt - und es für manchen Geschmack mitunter etwas zu voll ist.
Das vorliegende Buch widmet sich ganz dem westlichen Allgäu, in dem es im Vergleich mit seinen östlichen Nachbarn sehr viel ruhiger und beschaulicher zugeht. Eine Region, die zwar ohne spektakuläre Berggipfel und hochalpine Herausforderungen auskommen muss, dafür mit einem ganz eigenen Charme und voller versteckter Naturschönheiten und gemütlicher kleiner Städte aufwarten kann.
In diesem Wanderführer finden Sie eine bunte Mischung aus wunderschönen Touren zwischen der Nagelfluhkette bei Oberstaufen im Süden und Bad Wurzach im Norden sowie zwischen Wangen im Westen und dem großen Wald der Adelegg im Osten. Gemütliche Spaziergänge durch stille Moore und Seenlandschaften sowie spannende Touren durch wilde Tobel und zu hohen Wasserfällen. Dazu abwechslungsreiche Wanderungen über aussichtsreiche Höhenzüge bis hin zu teils alpinen Höhenwegen im Süden von Oberstaufen. Bei der Auswahl wurde darauf Wert gelegt, dass es sich fast ausschließlich um sehr leichte, leichte oder nur mäßig anstrengende Wanderungen handelt, die kaum oder nur geringe Anforderungen an Kondition, Ausdauer und Kniegelenke stellen.
Eine abwechslungsreiche Auswahl an schönen Touren, auf denen Sie das westliche Allgäu auf ganz entspannte Weise erwandern und genießen können.

Ich wünsche Ihnen viele schöne Erlebnisse unterwegs und bleibende Erinnerungen.

Gerald Schwabe

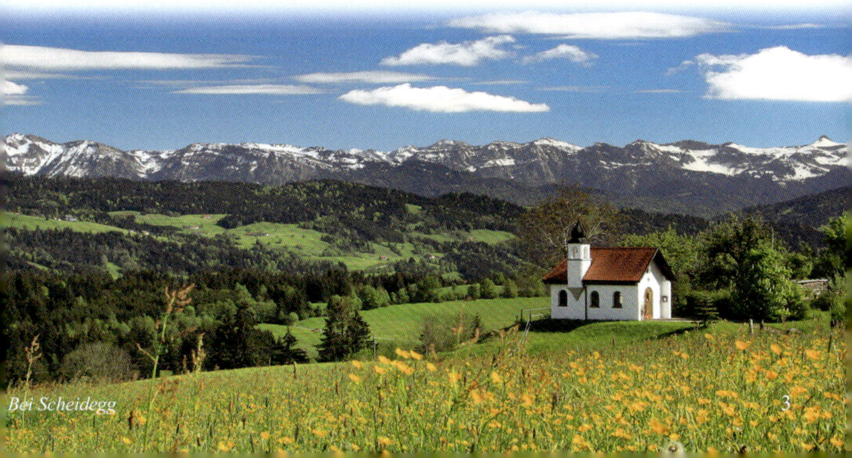

Bei Scheidegg

INHALT

DIE WANDERUNGEN

WESTLICHES ALLGÄU *(BAYERN UND BADEN-WÜRTTEMBERG)*

GPS-Tracks
zum Download:
www.alpenverlag-schwabe
→ Wanderführer *(Seitenende)*

GPS-Tracks
zum Download:
www.alpenverlag-schwabe.de
→ Wanderführer *(Seitenende)*

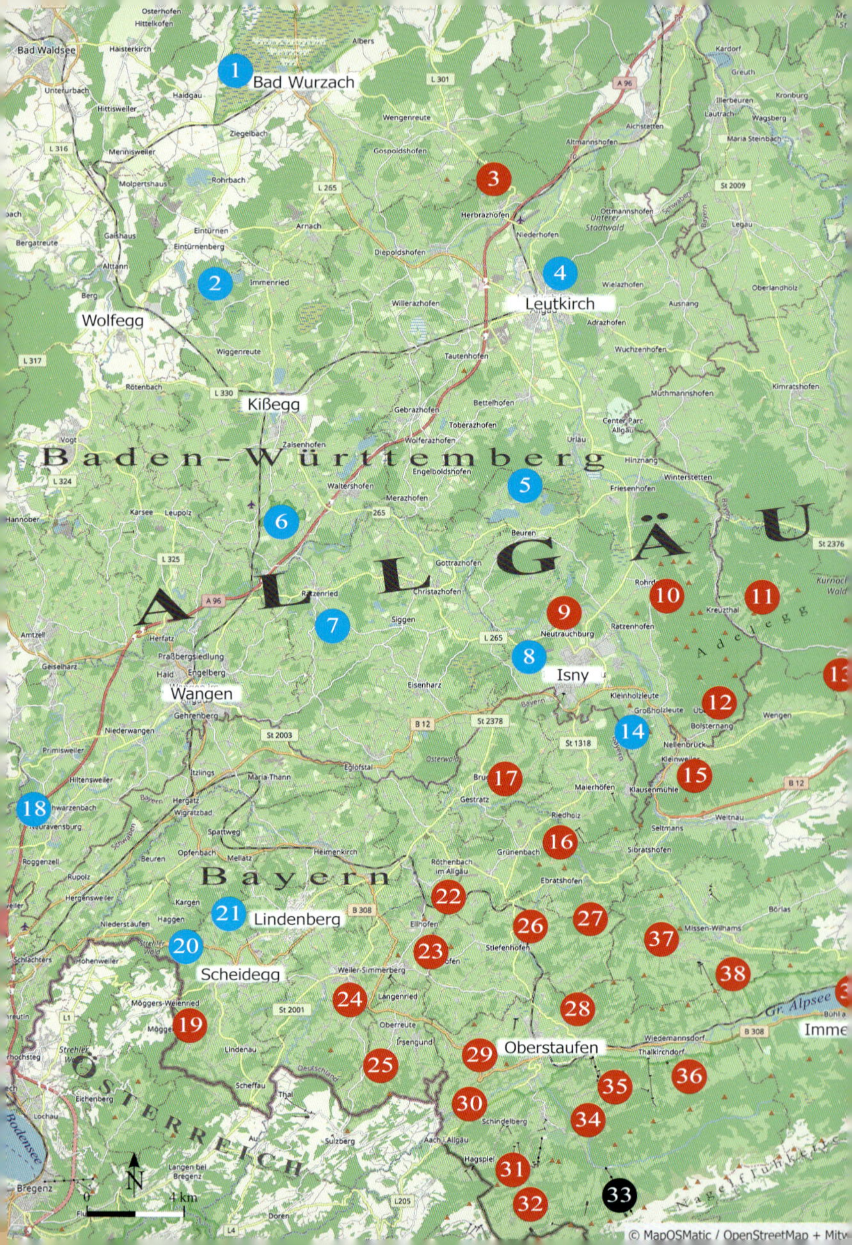
Bad Waldsee
Bad Wurzach
Wolfegg
Kißegg
Leutkirch
Baden-Württemberg
ALLGÄU
Adelegg
Isny
Wangen
Bayern
Lindenberg
Scheidegg
Oberstaufen
Gr. Alpsee
ÖSTERREICH
Bodensee
Bregenz
Nagelfluhkette
1
2
3
4
5
6
7
8
9
10
11
12
14
15
16
17
18
19
20
21
22
23
24
25
26
27
28
29
30
31
32
33
34
35
36
37
38
N
0
4 km
© MapOSMatic / OpenStreetMap

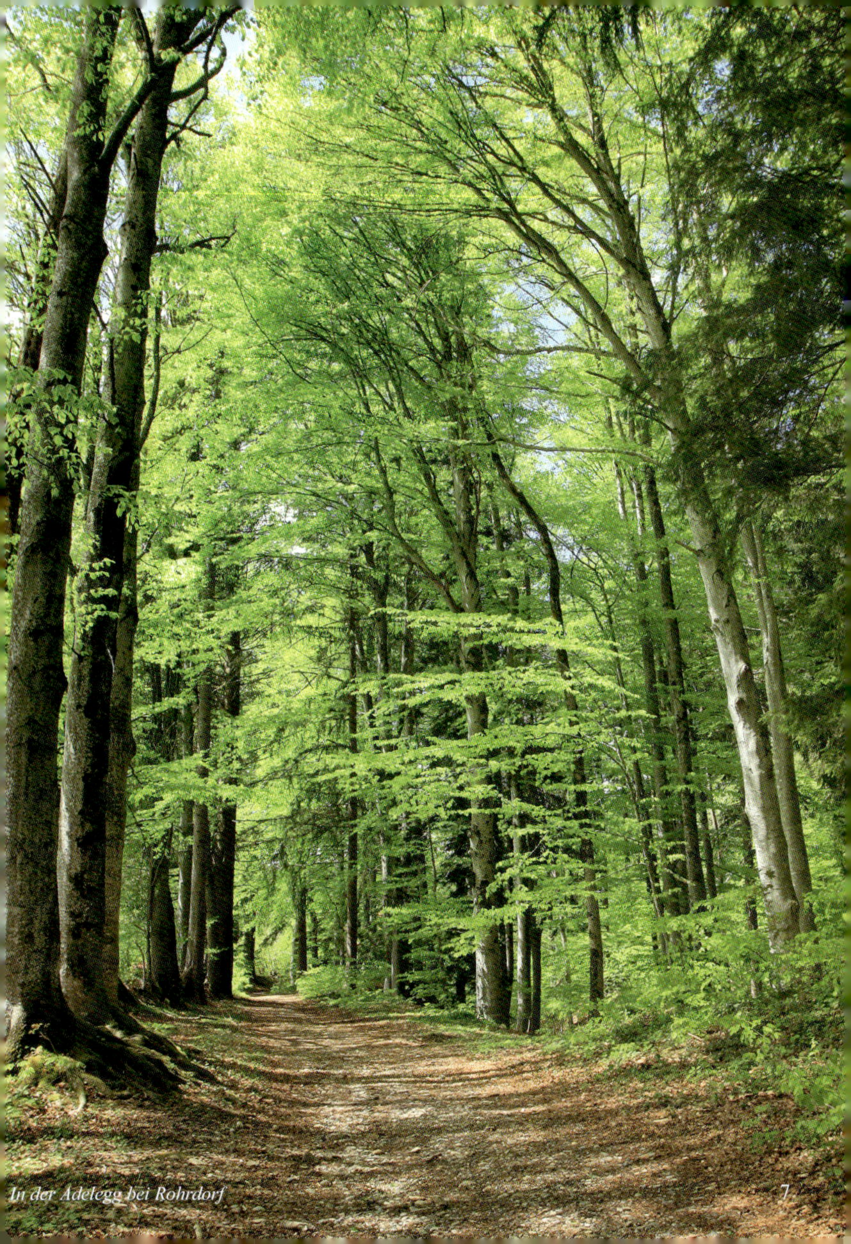

In der Adelegg bei Rohrdorf

Westliches Allgäu

Die Grenzen des Allgäus im Westen sind längst nicht so klar definiert wie die der Landkreise Ober- und Ostallgäu. Grob umrissen gehören die jeweils östlichen Hälften des (bayerischen) Landkreises Lindau (das eigentliche »Westallgäu«) sowie die des (baden-württembergischen) Landkreises Ravensburg dazu. Im Süden grenzt es an Vorarlberg, im Norden endet es etwa mit dem Wurzacher Ried, im Osten verläuft die Grenze zum Oberallgäu bei Oberstaufen sowie durch das Waldgebiet der Adelegg, und im Westen läuft das Allgäu etwa bei Wangen aus. Das Westliche Allgäu ist eine sehr ländliche Region mit ausgedehnten Grünlandflächen, Wiesen, Mooren und Wäldern sowie unzähligen kleinen Weilern und Einzelgehöften. Dazu kleine, gemütliche Städte, die teils mit beeindruckenden Schlossbauten überraschen, oft auf eine lange und wirtschaftlich erfolgreiche Geschichte als ehemalige Reichsstädte zurückblicken und über sehenswerte Altstädte verfügen.

Zwar bilden die hohen Gipfel des Bregenzerwaldes und der Nagelfluhkette die weithin sichtbare südliche Hintergrundkulisse, dennoch hat das Westallgäu keinen Anteil an den Alpen und liegt komplett im Alpenvorland. Es ist eine offene Landschaft mit weiten Horizonten. Im südlichen Westallgäu zwischen Österreich, Wangen und Isny schwingt sich die Landschaft in langgestreckte Bergrücken mit Gipfelhöhen von 1100 m auf, die immer wieder überraschend weite Ausblicke gewähren, dazwischen teils tiefe Täler, gegraben von Weißach, Oberer und Unterer Argen sowie deren Zu-

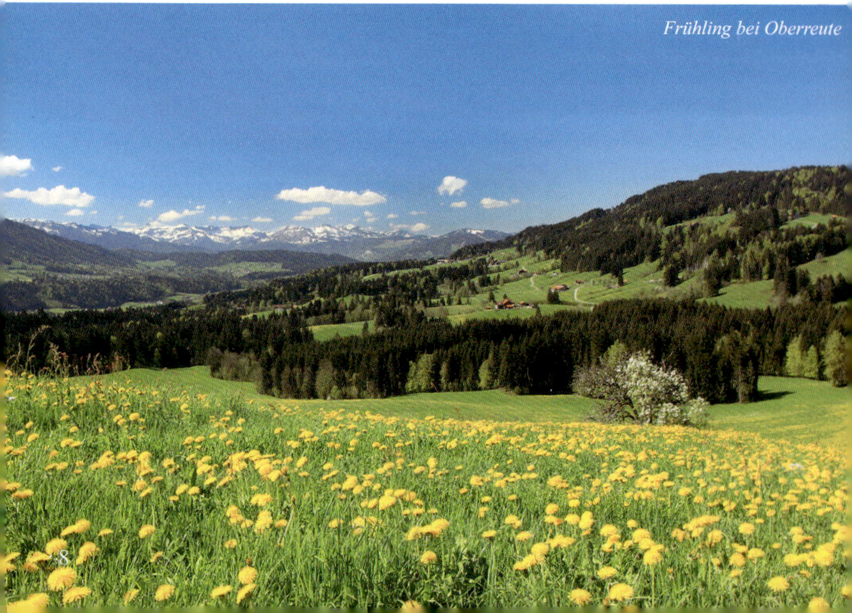

Frühling bei Oberreute

flüssen. Nach Norden hin – im württembergischen Allgäu – ändert sich die Landschaft allmählich, die Höhenunterschiede zwischen Bergen und Tälern werden immer geringer, und das Land pendelt sich auf einer Meereshöhe von rund 700 m ein. Zahllose kleine Seen und Weiher prägen die Landschaft, und aus vielen ehemaligen Wasserflächen haben sich im Laufe der letzten Jahrtausende ausgedehnte Moore entwickelt.

Das Westliche Allgäu mag in der touristischen Wahrnehmung gegenüber dem Oberallgäu und dem Ostallgäu mit deren Touristenzentren Oberstdorf und Füssen, den Allgäuer Alpen, den Königsschlössern und den großen Seen oft einen schweren Stand haben. Es ist eher eine stille Region voller kleiner Überraschungen, deren Reize sich – abseits der wenigen touristischen Highlights wie Isny, Wangen, Eistobel und Wurzacher Ried – vielfach erst auf den zweiten Blick erschließen.

Oberstaufen mit seiner direkten Umgebung liegt zwar im Oberallgäu, die Landschaft fühlt sich allerdings eher wie Westallgäu an. Vom Illertal, dem beherrschenden Element im Oberallgäu, ist es durch das fast 15 Kilometer lange Konstanzer Tal getrennt, und auch die hohen Gipfel der Allgäuer Alpen, die im Oberallgäu die ständig präsente Kulisse im Süden bilden, sind von Oberstaufen aus nicht zu sehen. Stattdessen öffnet sich die Landschaft nach Norden und Westen und hat eher Mittelgebirgscharakter mit mäßig hohen Bergrücken und sanften Formen. Nur direkt im Süden oberhalb des Ortes ragen die steilen Wände der Nagelfluhkette bis über 1800 m Meereshöhe auf, so dass auch Liebhaber etwas alpinerer Wanderungen auf ihre Kosten kommen. Durch die Umgebung Oberstaufens wird dieser Westallgäu-Wanderführer also perfekt ergänzt und abgerundet.

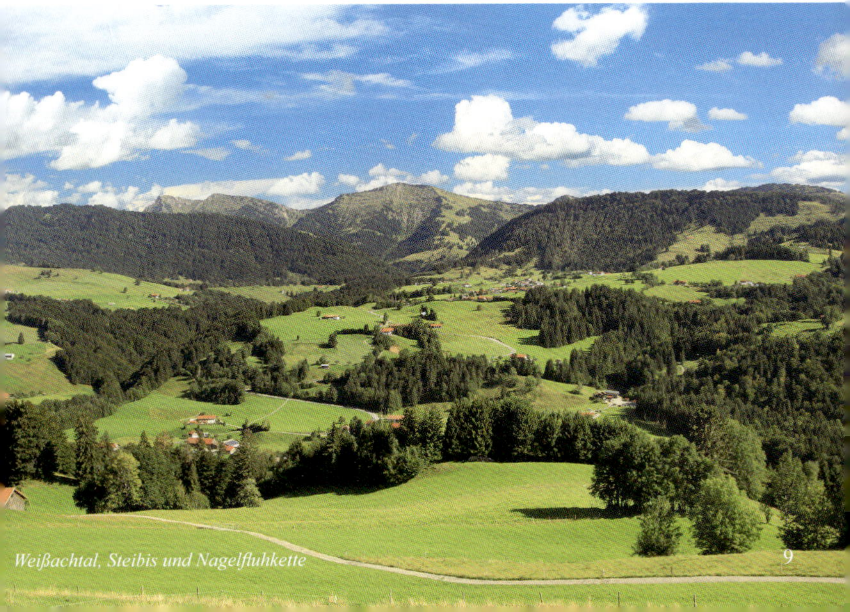

Weißachtal, Steibis und Nagelfluhkette

Die beliebtesten Urlaubsorte im Westlichen Allgäu

Oberstaufen

Eingebettet in eine reich gegliederte Wiesen- und Hügellandschaft, die am Südwestrand des Ortes steil ins tief eingeschnittene Weißachtal abfällt, hat sich der kleine Ort Oberstaufen mit seinen knapp 7500 Einwohnern ganz und gar dem Fremdenverkehr verschrieben. Mit der touristischen Ausrichtung auf hochwertigen Wellness-/Kur-/Natur- und Gesundheitsurlaub hat sich Oberstaufen zu einer Top-Urlaubsadresse entwickelt und wird hinsichtlich der Übernachtungszahlen im Allgäu nur noch von Oberstdorf übertroffen. Während die unmittelbare Umgebung Oberstaufens eher einen sanften Mittelgebirgscharakter aufweist, ragen wenige Kilometer südlich die steilen Felswände der Nagelfluhkette in den Himmel – mit dem durch eine Seilbahn erschlossenen Hochgrat als höchste Erhebung.

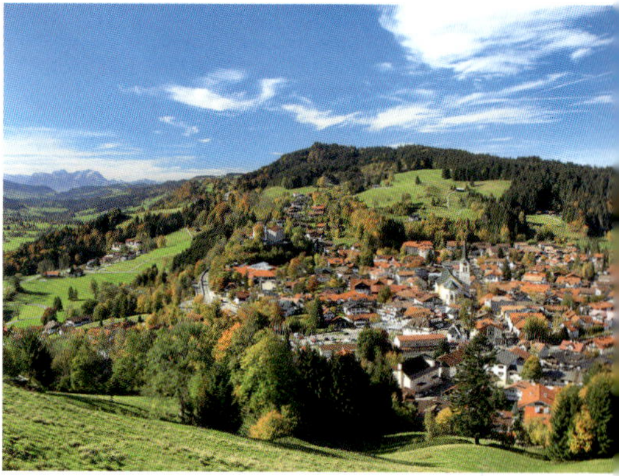

Isny

Eine gemütliche Kleinstadt mit 13.500 Einwohnern im weiten Tal der Unteren Argen, westlich des ausgedehnten Waldgebietes der Adelegg. Die kleine, malerische Altstadt mit einer fast komplett erhaltenen Stadtmauer, zwei schönen Stadttoren und sechs Türmen zeugt vom Wohlstand der ehemaligen freien Reichsstadt, ein Schloss und ein idyllischer Kurpark runden das reizvolle Bild ab. Westlich der Stadt erstreckt sich das große Rotmoos *(Tour 8)*, einige Kilometer nördlich bei Neutrauchburg versteckt sich der stille Herbisweiher *(Tour 9)*, und südlich von Isny gibt es den malerischen Eistobel zu entdecken *(Tour 16)*.

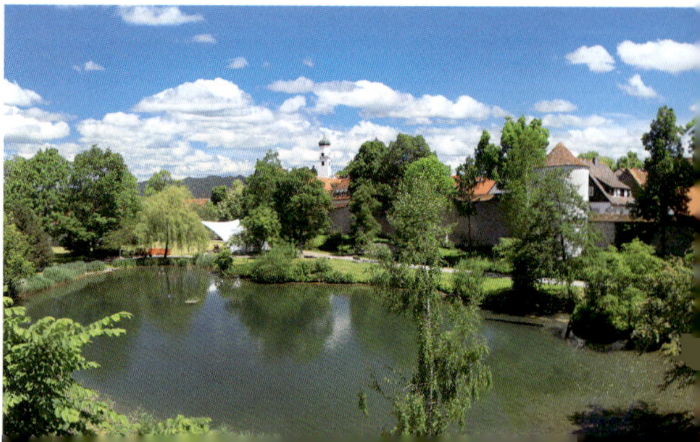

Wangen

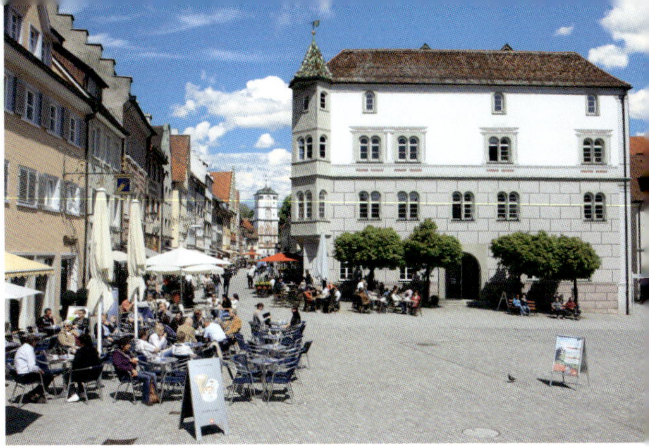

Ein städtebauliches Schmuckstück, ganz im Westen des Allgäus am Ufer der Oberen Argen gelegen und mit knapp 28.000 Einwohnern die größte Stadt im württembergischen Allgäu. Wie seine Nachbarn Isny und Leutkirch gelangte auch Wangen durch seinen Status als freie Reichsstadt im Mittelalter zu Wohlstand, von dem noch heute prunkvolle Bürgerhäuser und mächtige Tortürme zeugen. Die sorgfältig restaurierte und fast auf ganzer Länge von einer Stadtmauer umfasste Altstadt weist eine Vielzahl historischer Gebäude, Gassen und Plätze auf sowie einen der schönsten Straßenzüge Deutschlands mit der Herrenstraße und dem Marktplatz.

Scheidegg & Lindenberg

Im Südwesten des Allgäus liegen die Orte Lindenberg und Scheidegg nah beieinander auf einem langgezogenen Höhenrücken, der bis hinüber zum Pfänder in Vorarlberg reicht. Da südlich und westlich das Gelände steil abfällt, bieten sich oft weite Panoramen in Richtung Bregenzerwald und Bodensee.

Lindenberg ist ein lebhaftes Städtchen mit etwa 11.500 Einwohnern, das über einen Zeitraum von drei Jahrhunderten durch die Hutproduktion reich geworden ist. Mittelpunkt ist der Stadtplatz mit seinem schmucken Rathaus sowie der großen Pfarrkirche St. Peter und Paul. Am nordwestlichen Stadtrand liegt der hübsche Waldsee *(Tour 21)*, an den sich eine stille Landschaft mit weiten Wiesen und schönen Ausblicken anschließt.

Bei Scheidegg *(Bild rechts)* – einem kleinen, gemütlichen Ort mit 4.000 Einwohnern und ausgedehntem Kurklinik-Bereich – hat der Rickenbach auf seinem Weg die Rohrachschlucht hinab sehenswerte Wasserfälle geschaffen wie die Scheidegger Wasserfälle oder den Hasenreuther Wasserfall *(Tour 20/21)*.

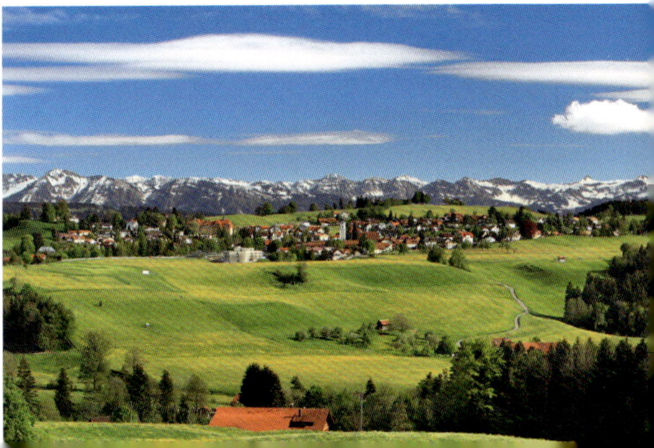

Kißlegg

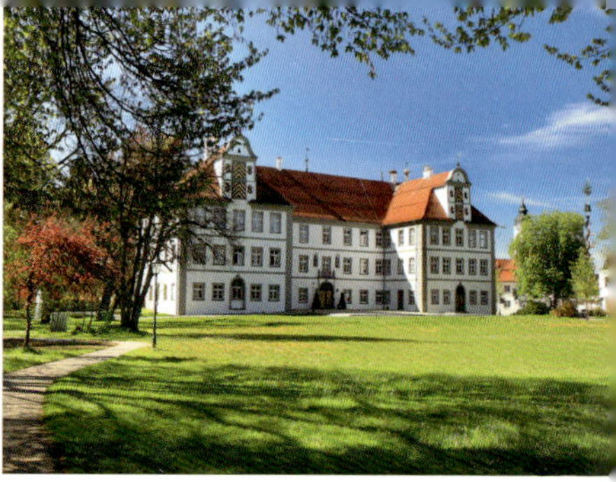

Ein reizvoller, kleiner Luftkurort inmitten der »Kißlegger Seenplatte«, einer idyllischen Landschaft mit zahlreichen Seen, Mooren und Weihern. Zwei Schlösser dominieren den Ort: das im Privatbesitz der Grafen von Waldburg-Zeil befindliche Alte Schloss aus dem 16. Jhd. sowie das Neue Schloss mit ausgedehntem Schlosspark.

Leutkirch

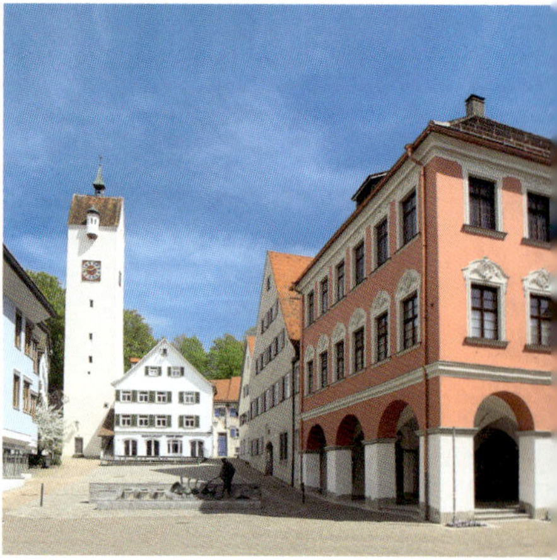

Auf eine über 1200-jährige Geschichte blickt die einstige freie Reichsstadt Leutkirch zurück, deren schöne Altstadt mit Marktstraße, Rotem Rathaus und dem Hauptplatz »Gänsbühl» vom mittelalterlichen Wohlstand zeugt.
Bereits im 14. Jahrhundert wurde der über 18 ha große Stadtweiher angelegt, heute ein beliebtes Naherholungsgebiet mit Freibad gleich vor den Toren der Stadt *(Tour 4)*. Nordwestlich von Leutkirch thront die gewaltige Anlage von Schloss Zeil über dem breiten Tal der Wurzacher Ach *(Tour 3)*.

Bad Wurzach

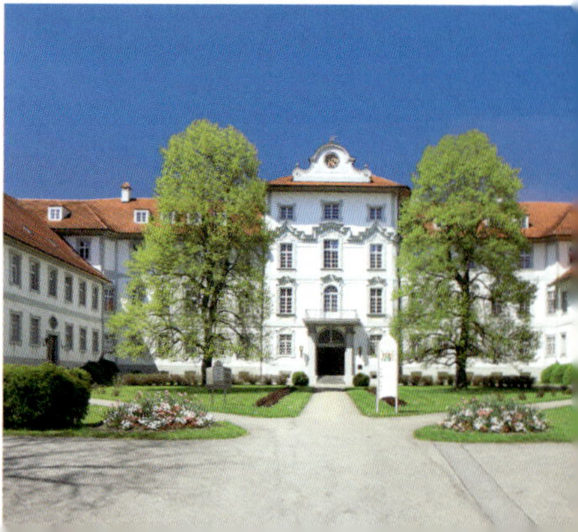

Das kleine Kurstädchen mit rund 15.000 Einwohnern am nördlichen Rand des württembergischen Allgäus ist das älteste Moorheilbad des Allgäus. Kultureller Anziehungspunkt der ehemaligen Residenzstadt der Truchsessen von Waldburg ist das Wurzacher Schloss aus dem 18. Jahrhundert. Und direkt nördlich des Ortes erstreckt sich das Wurzacher Ried, mit 18 km² eines der größten intakten Hochmoore Mitteleuropas *(Tour 1)*.

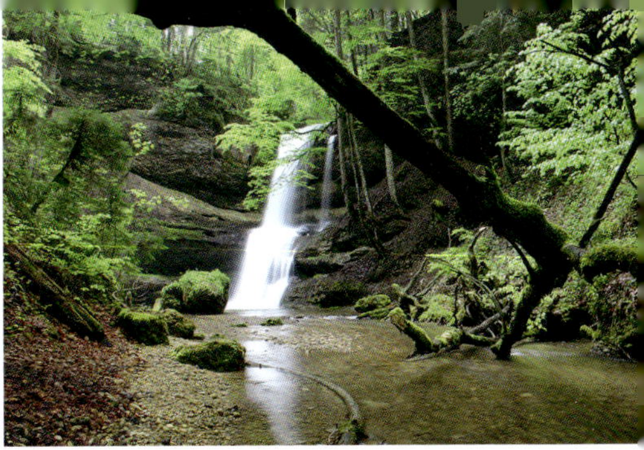

Hasenreuther Wasserfall

TOURENAUSWAHL

Das Westliche Allgäu bietet eine unglaubliche Fülle an Touren, so dass für fast jeden Wandergeschmack etwas dabei sein dürfte. In diesem Buch ist eine bunte Auswahl der schönsten Wanderungen zusammengestellt, wobei das Hauptaugenmerk darauf gerichtet wurde, dass es sich um eher einfache Wanderungen handelt, die keine besonderen Ansprüche an Kondition, Ausdauer oder Kniegelenke stellen: Leichte Spaziergänge an Seeufern entlang oder durch Moore hindurch, gemütliche Touren über aussichtsreiche Hügel und Bergkämme sowie über weite Wiesen. Dazu idyllische Tobel-Wanderungen oder mäßig anstrengende Panoramawege in höheren Regionen, die sich entspannt per Seilbahn/Sessellift erreichen lassen.

Um eine Tour auf den ersten Blick grob einschätzen zu können, sind jeder Wanderung Kurzinfos vorangestellt. Diese geben Auskunft über Ausgangspunkt/Anfahrt (Auto und Bus), Anforderungen, Höhendifferenz sowie Einkehrmöglichkeiten unterwegs und Gehzeit (Die Gehzeiten beziehen sich auf die reine Gehzeit ohne Rast und Pausen und orientieren sich an den auf den Beschilderungen vor Ort angegebenen Zeiten). Auch auf mögliche Varianten wird hier hingewiesen. Nach der Kurzinfo folgt die ausführliche Wegbeschreibung, jeweils ergänzt durch eine Karte mit Routeneintrag sowie ein Streckenprofil.

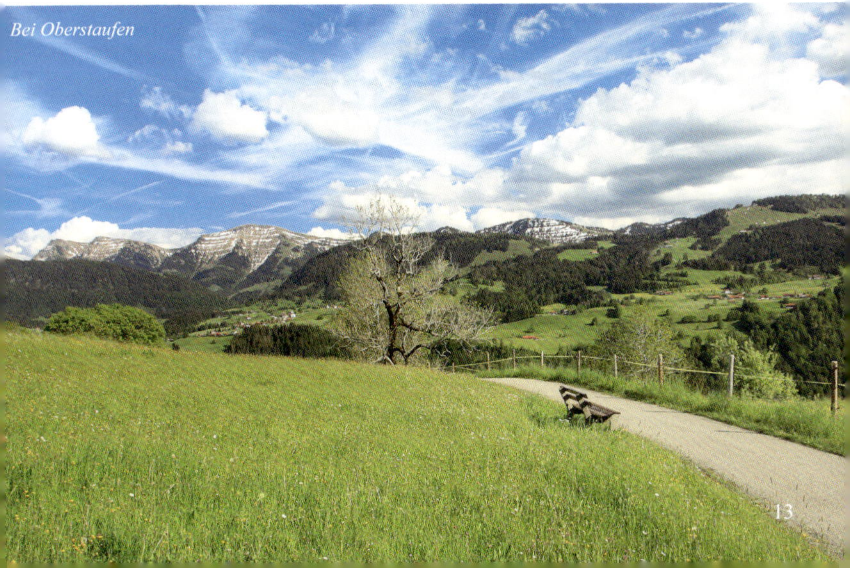

Bei Oberstaufen

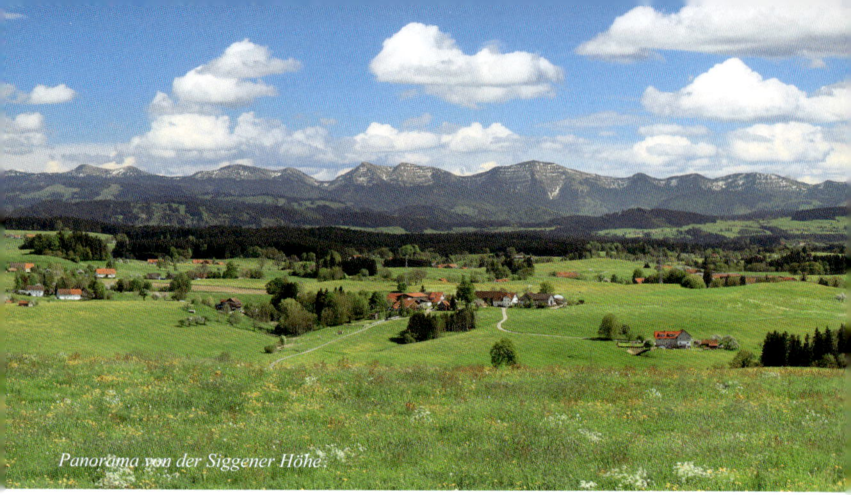

Panorama von der Siggener Höhe

Anforderungen

Die in Wanderführern übliche Einteilung in **leicht/mittel/schwer** wirkt bei einem Buchtitel »Leichte Wanderungen…« naturgemäß etwas unpassend. Trotzdem gibt es auch bei den Touren in diesem Buch Unterschiede: Am unteren Ende der Skala finden sich z.B. einfache See-Uferwege oder Moor-Wanderungen, Spaziergänge ohne jegliche Steigung. Gefolgt von Wanderungen, bei denen es durchaus mal steiler bergauf und bergab geht. Und am oberen Ende alpine Touren, die allerdings bergsteigerisch keine besonderen Anforderungen stellen, auf guten, breiten Wegen verlaufen, und es gemütlich per Seilbahn/Lift hinauf geht. Dennoch sind auf diesen Wanderungen mitunter größere Höhenunterschiede zu bewältigen, sie sind etwas länger und setzen eine etwas bessere Kondition voraus; vernünftige Wanderschuhe sind hier unerlässlich.

Aus diesem Grund sind die einzelnen Touren in drei Schwierigkeitsgrade unterteilt; eine entsprechende farbliche Markierung ist jeder Tour vorangestellt.

● **Blaue Touren**: Spaziergänge und sehr leichte Wanderungen auf bequem zu gehenden Wegen. Einige Touren sind völlig eben, bei anderen summiert es sich bis max. 150 Hm, allerdings bei sehr gemäßigten Steigungen. Diese Touren erfordern keine besondere Kondition und können auch bei schlechtem Wetter gefahrlos begangen werden

● **Rote Touren**: Wanderungen auf bequem zu gehenden Wegen mit gleichmäßigen Anstiegen und einer Höhendifferenz von max. 350 Metern in der Summe. Grundkondition ist von Vorteil.

● **Schwarze Touren**: Wanderungen mit gelegentlich etwas anstrengenden, kurzen Anstiegen und ggf. längeren Abstiegen und einer Höhendifferenz von maximal 500 Metern. Oder längere Touren, die sehr gute Kondition voraussetzen. Insgesamt gute Wege ohne technische Schwierigkeiten. Mitunter verlaufen diese Touren in alpinen Höhen.

Telefonnummern, Internet & Wanderkarten

Touristen-Infos:

- ⇨ Westallgaeu Tourismus, Museumsplatz 1, 88161 Lindenberg, Tel. +49 8382 270-433, www.westallgaeu.de
- ⇨ Allgäu GmbH, Allgäuer Straße 1, 87435 Kempten/Allgäu, Tel. +49 0831 575 37 30, www.allgaeu.de
- ⇨ Oberstaufen Tourismus, Hugo-von Königsegg-Straße 8, 87534 Oberstaufen, Tel. +49 08386 9300-0, www.oberstaufen.de
- ⇨ ...sowie die örtlichen Internetauftritte: www.oberstaufen.de / www.isny.de etc.

Notrufnummer 112 (Europaweite Notrufnummer für Festnetz und Mobiltelefon)

Wetterberichte (online)

- ⇨ www.alpenverein.de (Wetterbericht für den Alpenraum)
- ⇨ Deutscher Wetterdienst, www.dwd.de (für Bayern und Baden-Württenberg)

Wanderkarten

Zusätzlich zu den Wanderkärtchen, die Bestandteil jeder Tourenbeschreibung sind, ist – für alle, die unterwegs statt Smartphone lieber eine handfeste Karte in Händen halten – folgendes Kartenmaterial empfehlenswert:

- ⇨ Landesamt für Digitalisierung, Breitband und Vermessung (www.ldbv.bayern.de): UK50-45 »Lindau-Nagelfluhkette« im Maßstab 1:50.000

Anreise mit dem Auto

Die A7 aus Memmingen via Kempten erschließt die nördlichen und östlichen Bereiche der Region, während die A96 (Memmingen-Lindau) an ihrer Westgrenze entlangführt. B12 und B308 queren das Westliche Allgäu in Ost-West-Richtung. Generell kann man sagen, dass es – anders als im Ober- und Ostallgäu, wo in den touristischen Hotspots an schönen Wochenenden oder auch in den Ferien Staus und überfüllte Parkplätze keine Seltenheit sind – verkehrstechnisch im Westallgäu vergleichweise entspannt zugeht.

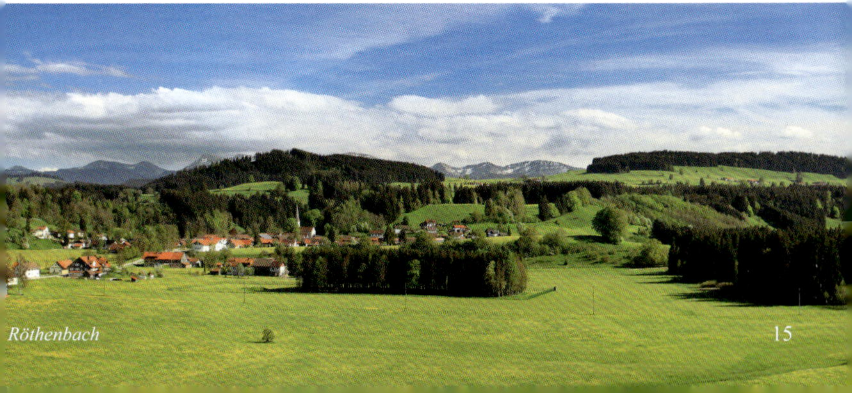

Röthenbach

Symbole & Pictogramme

Ausgangspunkt / Anfahrt	Gehzeit	Schwierigkeit:
Tour mit Seilbahn / Lift	Höhenmeter (*bergauf / bergab*)	Leicht
Tourencharakter	Distanz	Mittel
Einkehr	Ort / Dorf	Schwer
Bademöglichkeit	A E Ausgangs- / Endpunkt	

Öffentliche Anreise und mobil vor Ort

Das Westliche Allgäu wird von zwei Bahnlinien durchschnitten: Auf der Ost-West-Strecke Immenstadt-Oberstaufen-Hergatz-Lindau verkehren durchgehende Züge ca. stündlich. Ebenfalls stündlich, aber etwas umständlicher verkehren Regionalbahnen auf der Nord-Süd-Strecke Memmingen-Leutkirch-Kißlegg-Hergatz-Lindau (www.bahn.de).

Viele der in diesem Buch beschriebenen Touren sind mit öffentlichen Verkehrsmitteln machbar, allerdings ist oft etwas Geduld gefragt. Grundsätzlich lässt sich sagen, dass auf den Hauptstrecken zwischen den größeren Orten etwa alle 1 bis 2 Stunden ein Bus fährt, während in den ländlicheren Gebieten der Busverkehr hauptsächlich dem Schülertransport dient. D.h. der eh schon recht dünne Fahrplan ist am Wochenende und während der Schulferien kaum für Wanderungen zu gebrauchen. Zur Planung findet man Busverbindungen im Internet unter

- ► www.bodo.de: Bodensee-Oberschwaben Verkehrsverbundgesellschaft (hauptsächlich für den baden-württembergischen Teil)
- ► www.rba-bus.de: Regionalbus Augsburg (hauptsächlich für den bayerischen Teil)

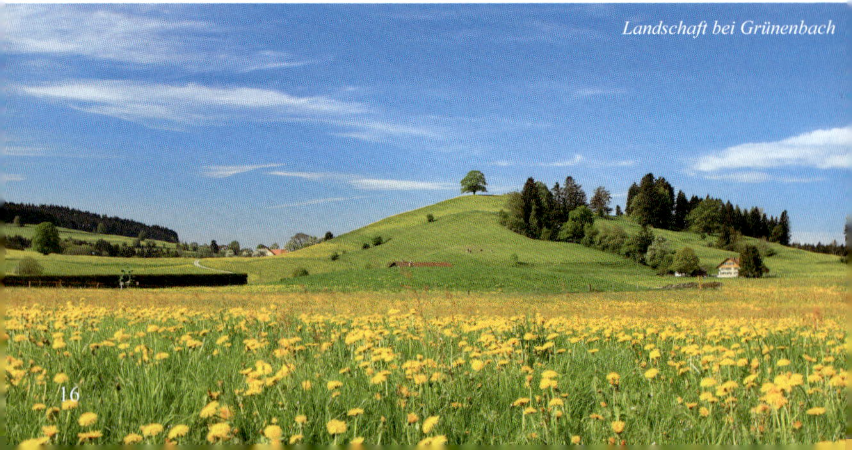

Landschaft bei Grünenbach

Bergbahnen

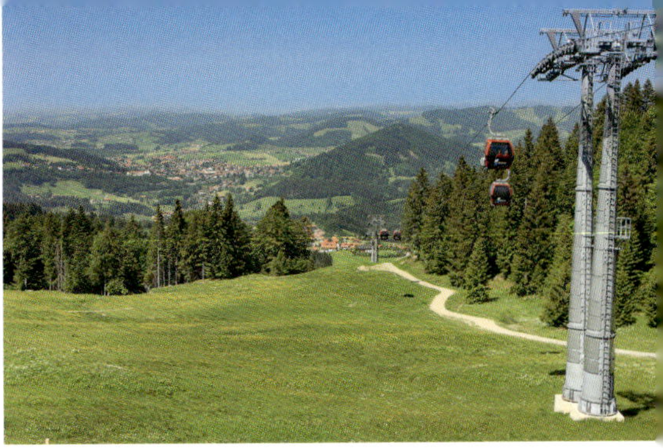

Im eher »flachen« Westallgäu gibt es keine Bergbahnen, doch da auch die Umgebung Oberstaufens Teil dieses Wanderführers ist, finden sich im Buch auch einige Touren mit Seilbahn-Nutzung. Hochgrat-, Hündle- und Imbergbahn erschließen die Nagelfluhkette sowie die vorgelagerten Bergkämme südlich von Oberstaufen, und Richtung Immenstadt gehören noch Alpsee-Bergwelt und Mittaglift zum Einzugsbereich. Die Bahnen sind in der Regel ganzjährig in Betrieb, nur in den Übergangsmonaten zwischen Sommer- und Wintersaison (i.d.R. die Monate November und April) werden Revisionspausen eingelegt. Durch die zunehmend warmen und auch oft schneearmen Winter sind manche Bahnen allerdings – bei schönem Wanderwetter – auch dann an manchen Wochenenden ausnahmsweise in Betrieb (im Zweifelsfall hilft ein Blick auf die Internetseiten). Die täglichen Betriebszeiten liegen in etwa zwischen 8.30 und 16.30 Uhr. Genauere Informationen sowie Telefonnummern und Internetseiten sind in den Kurzinfos angegeben.

Bei vielen Hotels sind bei längeren Aufenthalten manche Seilbahnen inklusive, zudem gibt es diverse Angebote (uneingeschränkte Seilbahnnutzung an mehreren Tagen u.ä.), die man auf seine (Urlaubs-)Gästekarte aufbuchen lassen kann.

Einkehr, Almhütten & Co.

Das Allgäu ist generell gastronomisch bestens erschlossen, sodass man auf – oder nahe bei – den meisten Wanderungen Einkehrmöglichkeiten findet. In unmittelbarer Umgebung der Seilbahn-Bergstationen gibt es eigentlich immer eine Hütte oder ein Bergrestaurant, und auch sonst trifft man oft auf eine der zahlreichen bewirtschafteten (Alp-)Hütten.

Die bei den Bergstationen gelegenen Hütten/Restaurants haben während der Seilbahn-Betriebszeiten fast immer ohne Ruhetage geöffnet. Bei den meist privaten Alphütten, die im Nebenerwerb Kost anbieten, bestimmt der bäuerliche Terminkalender die Saison, die meist nur so lange dauert, wie das Vieh auf der Alm ist, also von ca. Mitte Juni bis zum Viehscheid ca. Mitte September.

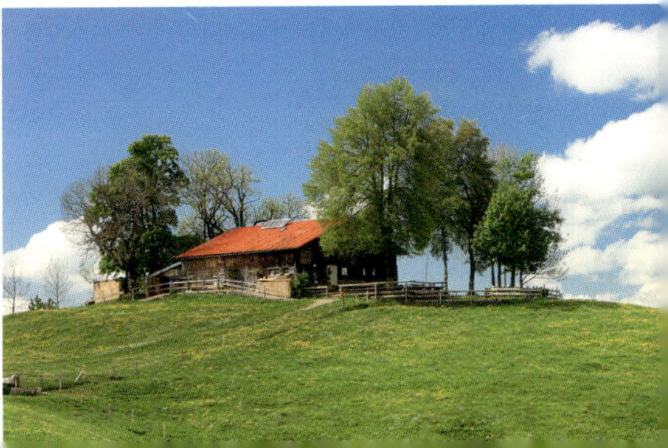

Pfarralpe bei Missen

Westliches Allgäu

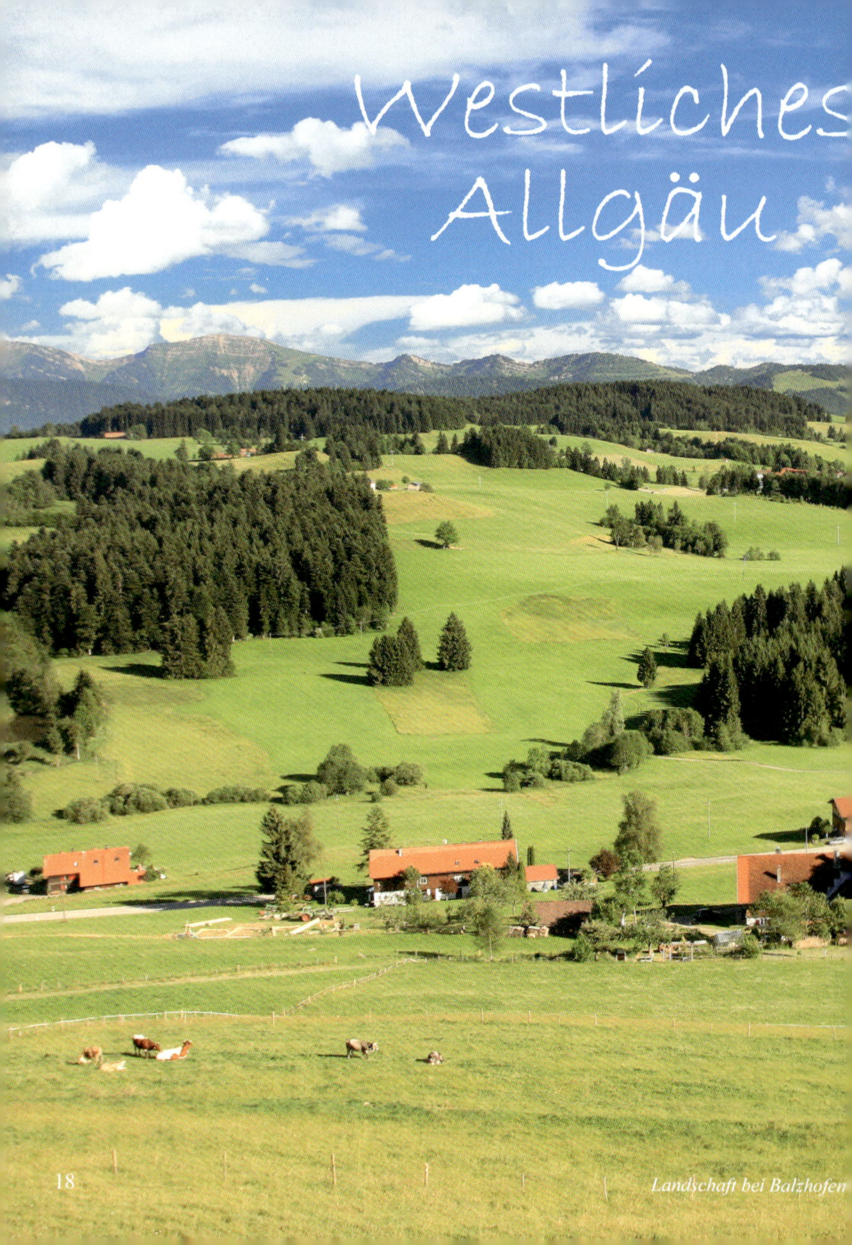

Landschaft bei Balzhofen

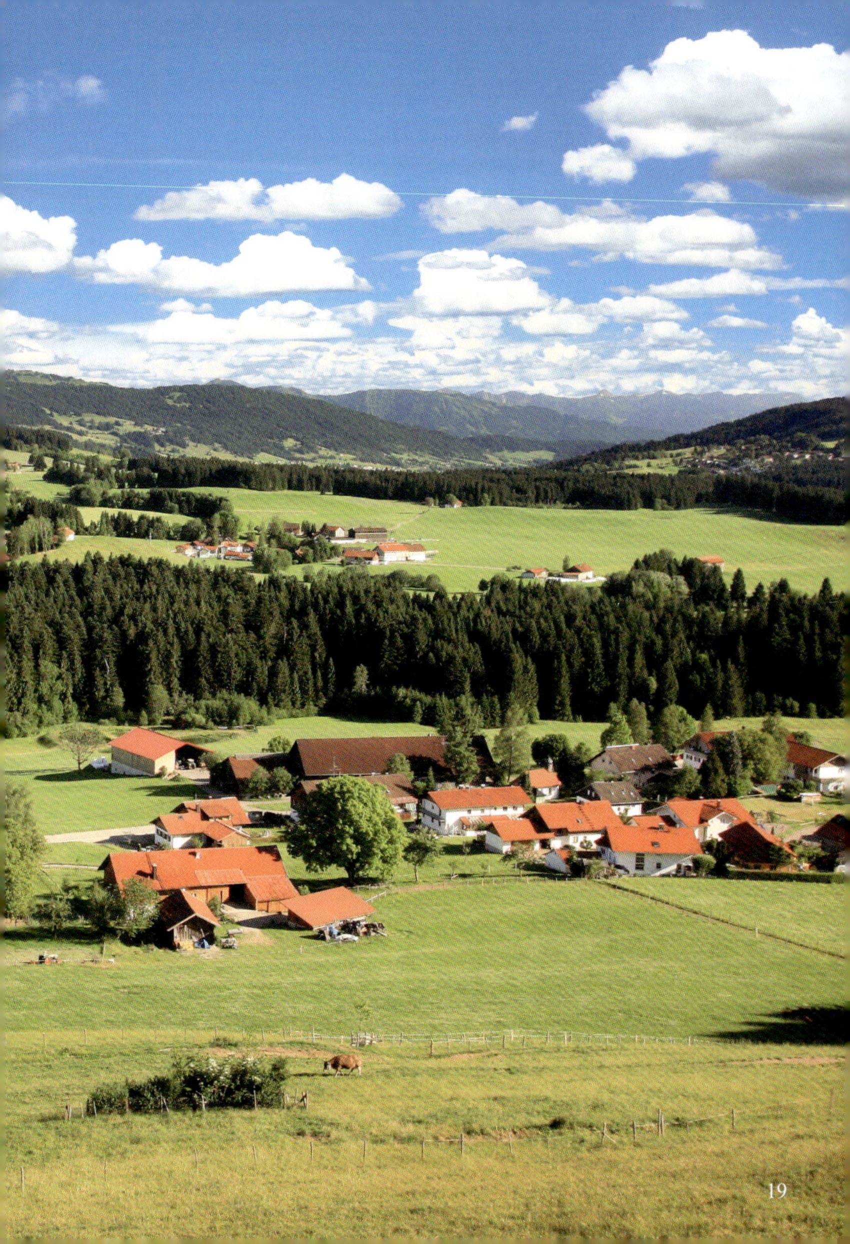

1 Durchs Wurzacher Ried

2.30 Std. | 10 Hm | 9 km

Wanderparkplatz »Wurzacher Ried 1« am Nordrand von Bad Wurzach, beim Freibad an der B465 Richtung Unterschwarzach, 650 m *(**Navi**: 88410 Bad Wurzach, Biberacher Straße).*

Gute Wege ohne jegliche Steigung.

keine unterwegs

Gemütlicher Moor-Spaziergang

In Bad Wurzach befinden wir uns am nördlichen Ende des Allgäus, die Alpengipfel sind nur noch an besonders klaren Tagen in der Ferne zu sehen. Das Wurzacher Ried, gleich vor den Toren der hübschen, namengebenden Stadt gelegen, ist mit einer Fläche von 18 km² eines der größten, intakten Hochmoore Mitteleuropas. Leichte Wege und Pfade führen durch die urwüchsige Moorlandschaft und entlang stiller Moorseen.

Vom **Wanderparkplatz »Wurzacher Ried«** ①, 650 m, folgen wir dem breiten Weg in westlicher Richtung ins Moor hinein. Nach knapp 500 m gelangen wir ans Ufer eines großen Sees, der sich zur Rechten ausbreitet. Weiter geradeaus bis zur Südwestecke des Sees, wo wir rechts abbiegen und weiter am Ufer entlangspazieren. Angesichts des stillen Gewässers und der hellen Birken entlang seines Ufers mag sich mancher Besucher in der Wildnis Schwedens wähnen; eine sehr idyllische Stimmung. Bald lassen

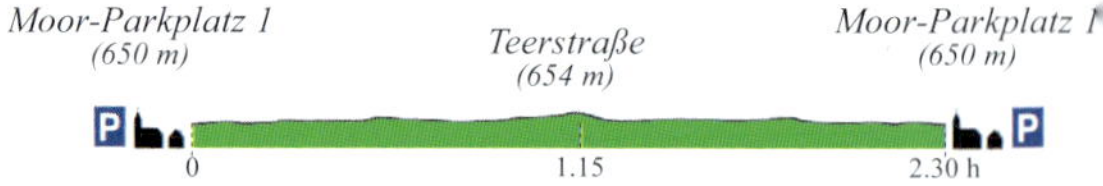

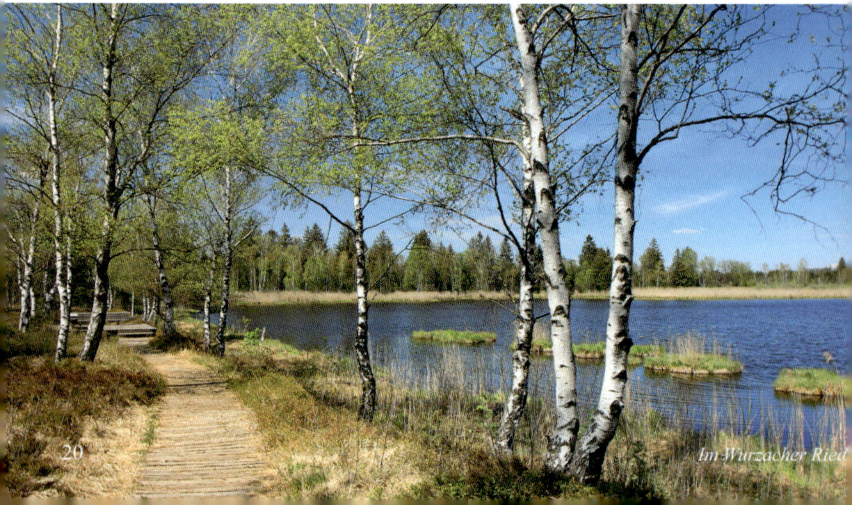

Im Wurzacher Ried

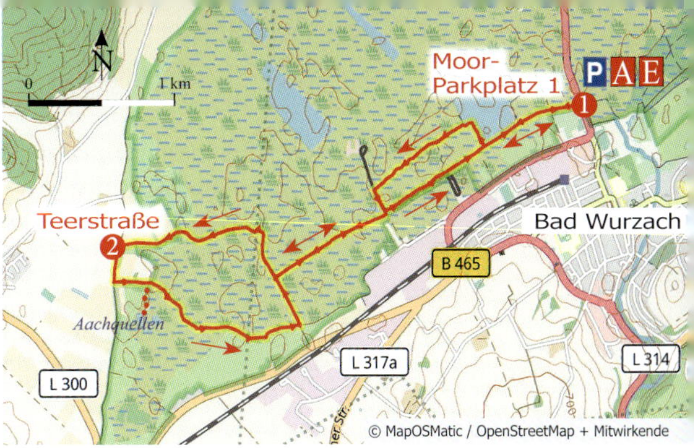

wir den See hinter uns und wandern weiter in westlicher Richtung. Die Umgebung wird nun zunehmend »hochmooriger« mit flacher Moor-Vegetation und Heidekraut, gespickt mit schönen Kiefern. Etwas weiter leitet – alternativ – ein Holzbohlenweg links durch diese hübsche Landschaft zum Hauptweg; wir bleiben allerdings auf dem schmalen Pfad, der weiter geradeaus führt und nach ca. 10 Minuten auf einen Querweg stößt. Auf diesem erreichen wir links in wenigen Minuten ebenfalls den Hauptweg. Hier starten wir unsere längere Runde durch den stilleren, westlichen Bereich des zugänglichen Moores. Es geht weitgehend schnurgerade in südwestlicher Richtung einen Entwässerungsgraben entlang, bis der gemütliche Weg erneut auf einen breiteren Fahrweg trifft. Dort halten wir uns rechts, queren die kleine Ach und stoßen auf einen Holzbohlenweg. Dieser zieht sich in leichtem Hin und Her durch ein von ausgedehnten Schilfflächen bestandenes Feuchtgebiet. Dann erreichen wir wieder trockeneres Gelände, und kurz darauf stehen wir am Westrand des Moores. Durch Wiesen gelangen wir zu einer nahen **Teerstraße** ②, 654 m, gehen für ein kurzes Stück auf dieser südwärts und biegen dann erneut links ab. Gleich hinter einem Gebäudekomplex führt rechts ein kurzer Stichweg zu einer Aussichtsplattform an den Aachquellen. Der weitere Rückweg führt nun mal durch Feuchtwiesen, mal durch Schilfbestände hindurch und trifft nach knapp 1,5 Kilometern auf eine Teerstraße mit kleinem Parkplatz am Südrand der Moores. Hier biegen wir links ab, spazieren wieder ins Moor hinein und erreichen nach ca. fünf Minuten die bereits vom Hinweg bekannte Kreuzung. Dort wenden wir uns nach rechts und wandern – nun wieder schnurgerade in nordöstlicher Richtung – die gut 2,5 Kilometer zurück zum Ausgangspunkt.

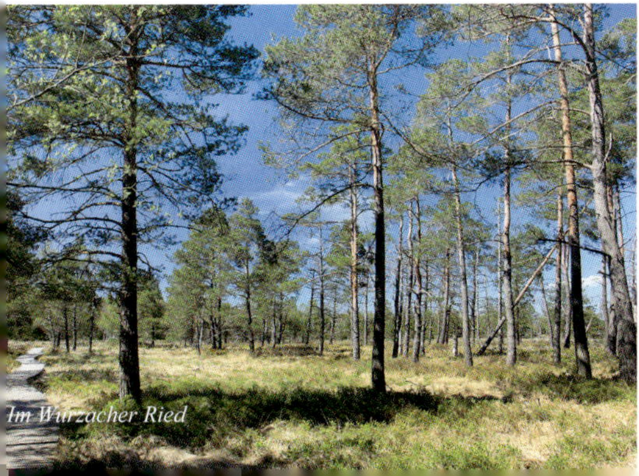

Im Wurzacher Ried

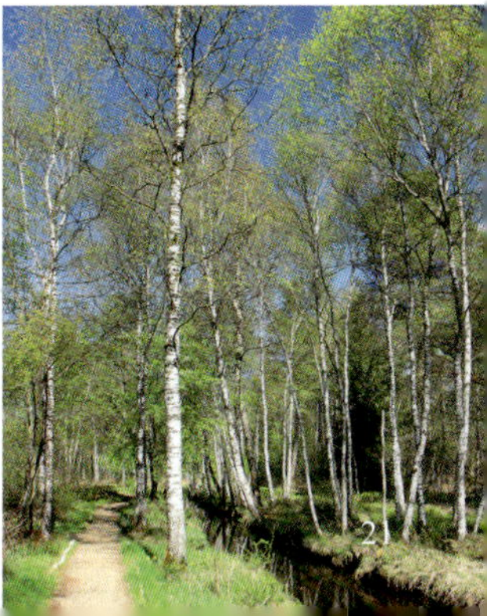

2 Seen-Wanderung bei Wolfegg

1.45 Std. | 40 Hm | 5,6 km

Immenried, ca. fünf Kilometer nördlich von Kißlegg; Wanderparkplatz am Holzmühleweiher ca. einen Kilometer westlich von Immenried, 700 m *(**Navi**: 88353 Kißlegg, Zur Holzmühle 20).*

einfache, breite Wege, kaum Steigungen.

keine unterwegs

Badewiese am Holzmühleweiher

Stille Weiher ganz im Westen des Allgäus

Weit im Westen des Allgäus zwischen Immenried und Wolfegg erwartet uns diese schöne Wanderung. Eine Handvoll stiller Seen und Weiher verteilt sich in der hübschen Landschaft mit ihrem Mix aus Wäldern und bunten Wiesen. Eine gemütliche Runde voller schöner Blickwinkel und ganz ohne Steigungen oder Hektik, auf der wir immer wieder auf eine der kleinen Wasserflächen stoßen.

Vom **Parkplatz** ①, 700 m, ist es nur ein Katzensprung hinüber zum Ufer des Holzmühleweihers, einem schönen, stillen See mit fast skandinavischem Flair, eingerahmt von Wäldchen und dichten Schilfgürteln im Hintergrund. Wir wenden uns nach links, spazieren an seinem bewaldeten Ostufer entlang und genießen die schöne Atmosphäre. Bald lassen wir den See hinter uns, stoßen auf eine Forststraße und erreichen auf dieser kurz darauf eine Wegkreuzung. Dort halten wir uns rechts, bleiben noch ein Stück

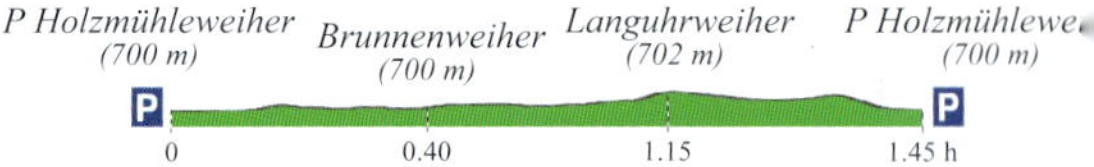

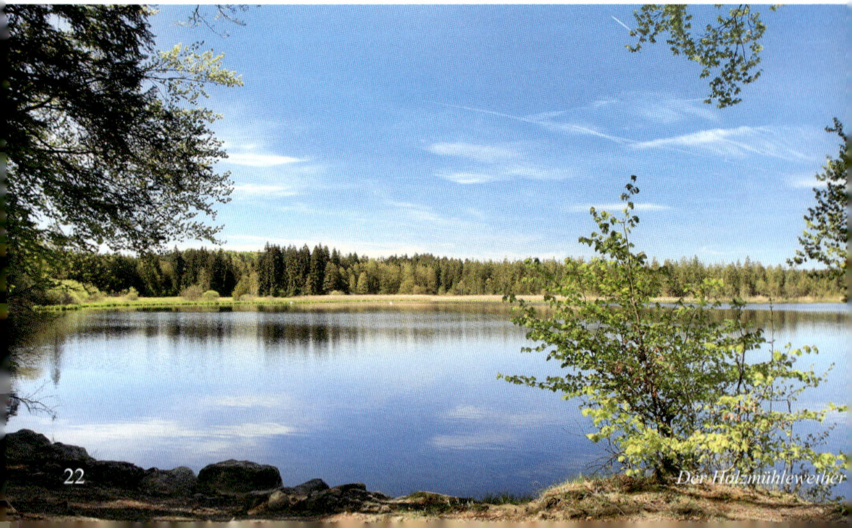

Der Holzmühleweiher

im Wald und wandern schließlich am Waldrand an schönen Wiesen entlang bis zu einer größeren Forststraßen-Kreuzung mit dem stillen **Brunnenweiher** ②, 700 m, direkt daneben. An der Kreuzung bleiben wir geradeaus, tauchen erneut in den Wald ein und biegen ca. 300 Meter weiter rechts in einen schmalen Wanderweg ein. Der Weg quert das Rotmoos und stößt knapp 15 Minuten später wieder auf eine breite Forststraße. Dort halten wir uns links und spazieren durch den Wald weiter, bis sich nach gut 750 Metern das Gelände öffnet. Wir bleiben aber nur kurz am Waldrand und biegen gleich wieder rechts ab in einen breiten Fahrweg, der uns wenige Schritte weiter zum kleinen Hasenweiher bringt. Auf dem restlichen Weg erwartet uns nun ein Mix aus ständig wechselnder Wald- und Wiesenfläche; wir passieren den wieder etwas größeren **Languhrweiher** ③, 702 m, und 10 Minuten später haben wir schließlich unseren Ausgangspunkt am Holzmühleweiher erreicht.

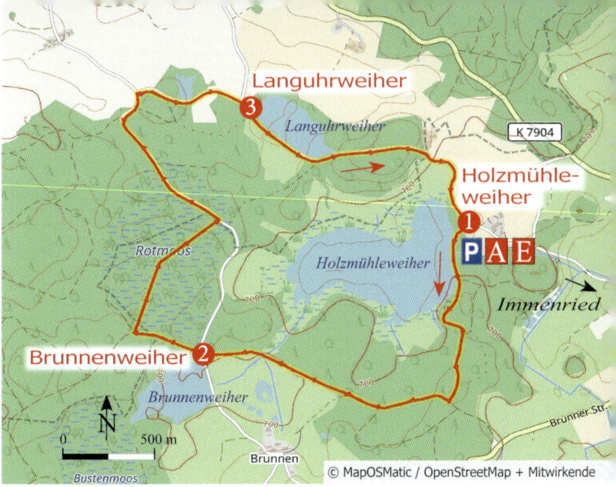

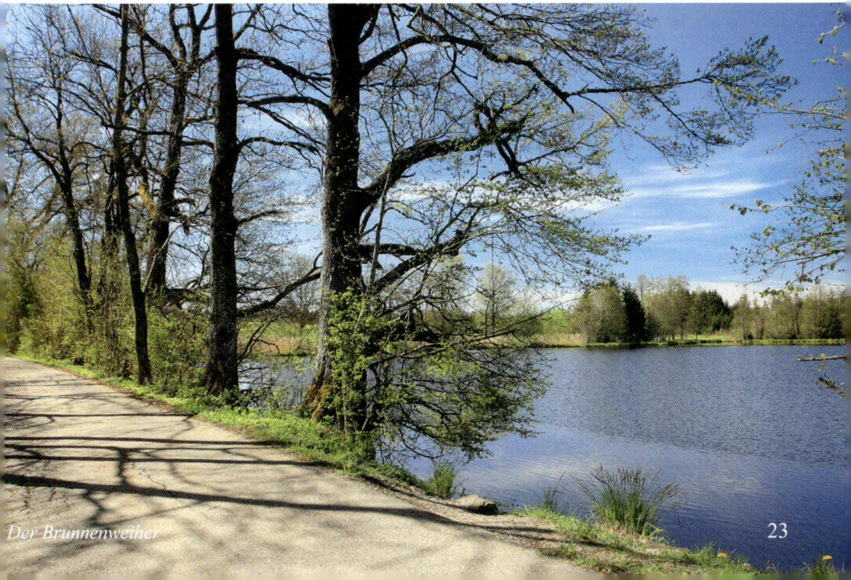

Der Brunnenweiher

3 Schloss Zeil & Wachbühl

2.45 Std. | 175 Hm | 8,5 km

Schloss Zeil, ca. fünf Kilometer Luftlinie nordwestlich von Leutkirch. Parkplatz vor dem Schlossgelände, 750 m *(**Navi**: 88299 Leutkirch, Schloss Zeil 30).*

Schmale Straßen und Wirtschaftswege.

Restaurant am Start-Parkplatz ①

Stille Wanderung im Norden von Leutkirch

Das Schloss Zeil mit seinen gepflegten, ausgedehnten Gartenanlagen thront auf einem aussichtsreichen Plateau gut 100 Meter oberhalb des weiten Talbodens der Wurzacher Ach, der sich nördlich von Leutkirch ausbreitet. Von dort spazieren wir auf gemütlichen Wegen zum Wachbühl, der höchsten Erhebung in der Umgebung mit weiten Panoramen über die stille Umgebung.

Die Besichtigung der Schlossanlagen können wir uns für das Ende der Tour aufsparen. Vorerst gehen wir vom **Schloss-Parkplatz** ①, 750 m, zurück zur Landstraße, queren diese und folgen einem Sträßchen auf der gegenüberliegenden Seite nordwärts. Anfangs noch durch gepflegte, zu den Schlossanlagen gehörende Wiesen spazieren wir bald durch Wald. Nach gut 800 Metern passieren wir die kleine, hölzerne Josefskapelle und biegen an der dortigen Verzweigung links ab. Vorbei an einer größeren Lichtung mit Teich und Bauernhof erreichen wir nach etwa 15 Minuten eine weitere Kreuzung im Wald, wo wir

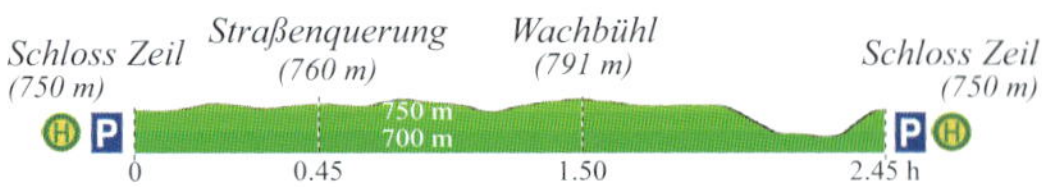

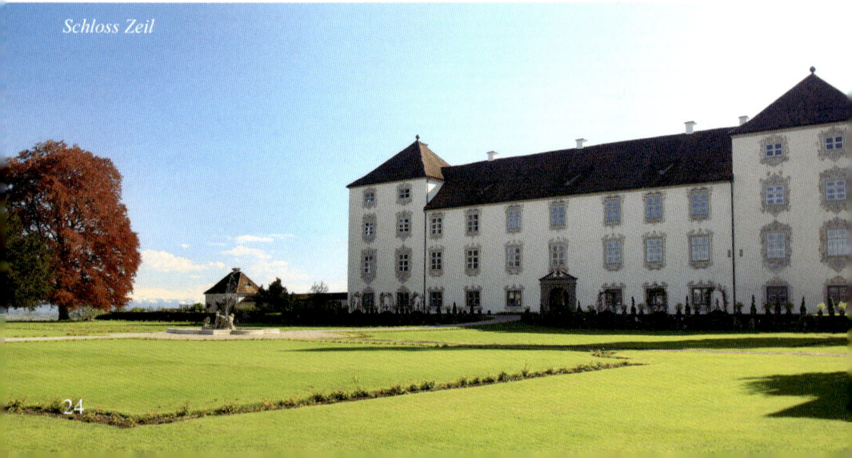

Schloss Zeil

uns scharf links halten und nach gut 300 Metern auf eine **Straße** ②, 760 m, treffen. Dort geradeaus, aus dem Wald hinaus und zu einer kleinen Häuseransammlung (Galgenhöfle). Wir wandern weiter durch die stille, bäuerliche Landschaft hinüber zum nahen Weiler Starkenhofen. Im Dorf links und gleich bei der Dorfkapelle erneut links. Nun geht es gut 600 Meter in südlicher Richtung weiter durch die Wiesen, bis links bei einer Holzkapelle ein kurzer Stichweg zur Erhebung des **Wachbühl** ③, 791 m, hinaufführt, einem hübschen Plätzchen mit Aussicht und alten Bäumen. Zurück an der Holzkapelle halten wir uns scharf links und erreichen auf dem Sträßchen nach gut 10 Minuten eine Wegkreuzung. Dort links, wenige Minuten später an einer weiteren Kreuzung rechts und in den Wald. Auf breitem Wirtschaftweg wandern wir in südöstlicher Richtung weiter. Hinter einer Lichtung verliert der Weg allmählich an Höhe, kurze Zeit später biegen wir links in einen Weg ein und steigen hinab in den Taleinschnitt des **Brunnentobelbaches** ④, 671 m. Auf dem dortigen Fahrweg wandern wir ca. 300 Meter links an einigen Fischteichen entlang, biegen dann scharf rechts ein und auf der gegenüberliegenden Talseite wieder gut 300 Meter zurück. Zwischen einigen Häusern führt links ein Fußweg recht steil die bewaldete Talflanke hinauf zum Schloss Zeil, das wir an der westlichsten Ecke erreichen. Geradeaus gelangen wir auf direktem Weg zum Parkplatz, wobei sich zum Abschluss ein Besuch der hübschen Schloss-Gartenanlagen anbietet. Von den Gartenmauern im Süden hat man einen schönen Blick über das breite Tal bei Leutkirch mit den Alpengipfeln in der Ferne.

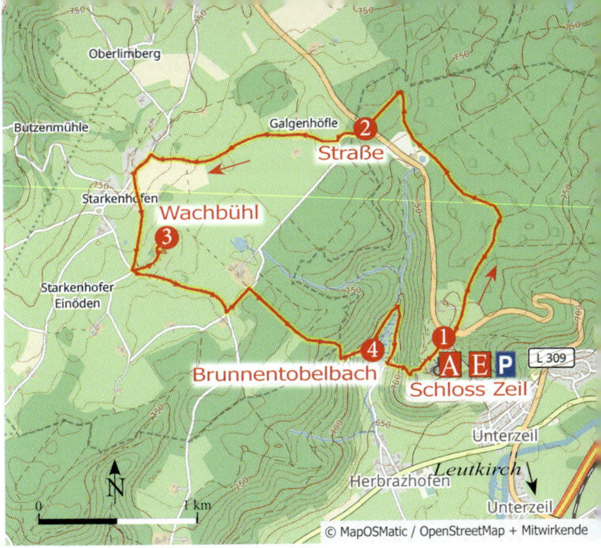

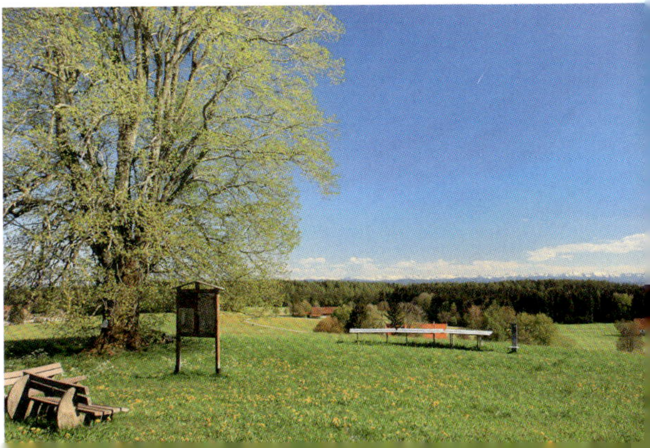

Aussichtshöhe Wachbühl

4 Leutkircher Weiher-Runde

2 Std. | 120 Hm | 6 km

Leutkirch, Parkplatz am Freibad Stadtweiher, ca. 1 km vom Stadtzentrum am östlichen Ortsrand an der Straße Richtung Altusried, 665 m *(**Navi**: 88299 Leutkirch, Kemptener Straße 65).*

einfache, breite Wege, einige mäßige Steigungen.

in der Fußgängerzone von Leutkirch ⑤

Freibad Stadtweiher

Stadtnaher Spaziergang zu stillen Gewässern

Am Stadtrand von Leutkirch erwartet uns der hübsche Stadtweiher, der sich auf einem schönen Uferweg umrunden lässt. Auf der abwechslungsreichen, kurzen Wanderung erkunden wir zudem den kleinen Repsweiher, schöne Mischwälder auf der Wilhelmshöhe sowie die gemütliche Altstadt von Leutkirch.

Wir verlassen den **Freibad-Parkplatz** ①, 665 m, in östlicher Richtung und folgen einem breiten, von hohen Bäumen gesäumten Fußweg. Bald tauchen wir ein in einen urtümlichen Auwald am Ostende des Weihers, queren den kleinen Neumühlebach und erreichen kurz darauf das Ufer des **Stadtweihers** ②, 659 m. Der schöne Weg verläuft weiter direkt an dessen Nordwestufer, wobei wir nach gut 300 m das Wasser hinter uns lassen und rechts abbiegen. Wir steigen einen bewaldeten Hang hinauf, queren eine Straße und gelangen auf eine Hochfläche. Es geht weiter geradeaus mit Wald zur Rechten und Wiese zur Linken, bis wir uns nach knapp 10 Minuten den Feuchtwiesen des Repsweihers nähern, der – zusammen mit dem Ochsen-

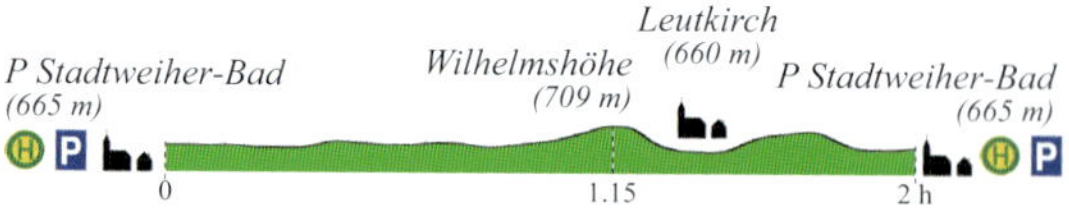

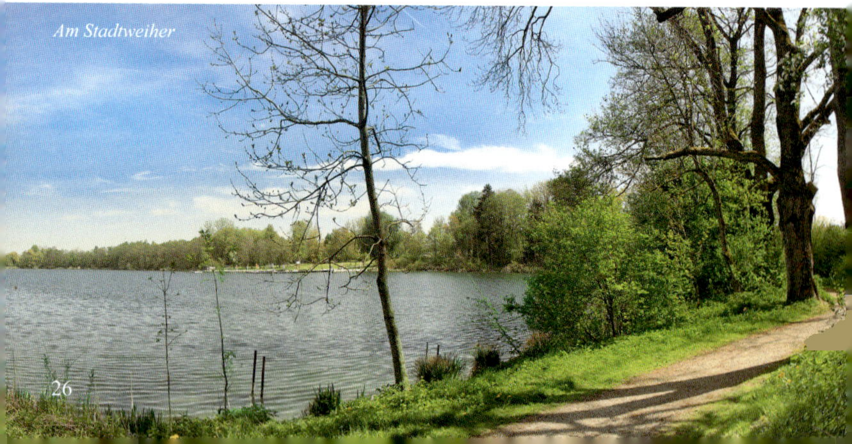

Am Stadtweiher

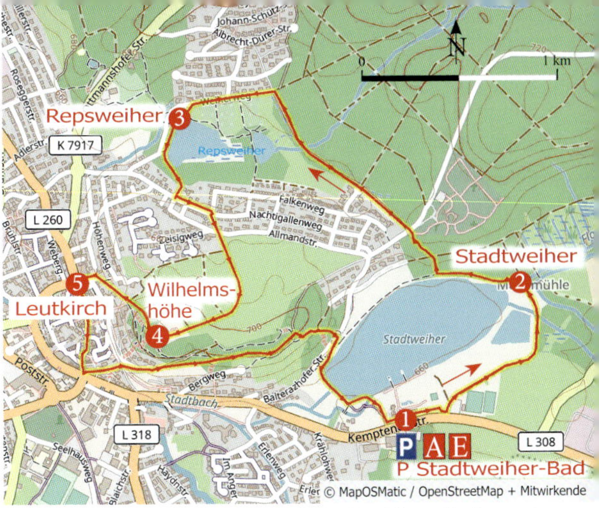

weiher – links in einer kleinen Senke liegt. Etwas weiter geradeaus stoßen wir auf eine Ortsstraße, gehen dort ca. 300 Meter links und dann erneut links auf einem Pfad hinüber zum kleinen **Repsweiher** ③, 662 m, und an dessen Westufer entlang. Dahinter erreichen wir – an einigen Häusern vorbei – wieder eine Ortsstraße, der wir links bis zu einer nahen Kreuzung folgen. Dort schräg rechts und wieder aus dem Ort hinaus. Vor uns liegt eine hübsche Allee, die im weiten Rechtsbogen leicht ansteigend durch die Wiesenlandschaft zur **Wilhelmshöhe** ④, 709 m, hinaufleitet. Von hier können wir noch der hübschen Altstadt einen kurzen Besuch abstatten. Wir halten uns rechts/nordwärts und spazieren auf einem schmalen Sträßchen hinab in den Ort bzw. zum Nordeingang der Fußgängerzone. Dort links und gut 300 Meter in südlicher Richtung durch die Altstadt, vorbei an Fachwerkhäusern, Türmen, Brunnen und **Marktplatz** ⑤, 660 m. Am Südende der Fußgängerzone – kurz vor der verkehrsreichen Hauptstraße – biegen wir links ab und steigen auf einem schönen Weg durch einen von hohen Laubbäumen bestandenen Hang leicht bergauf. Unterwegs passieren wir eine kleine Wiese mit weiter Aussicht, dann geht es am nächstfolgenden Abzweig rechts hinab zum Ufer des Stadtweihers. Dort rechts und schließlich an seinem westlichen Ufer entlang zurück zum Parkplatz am Freibad.

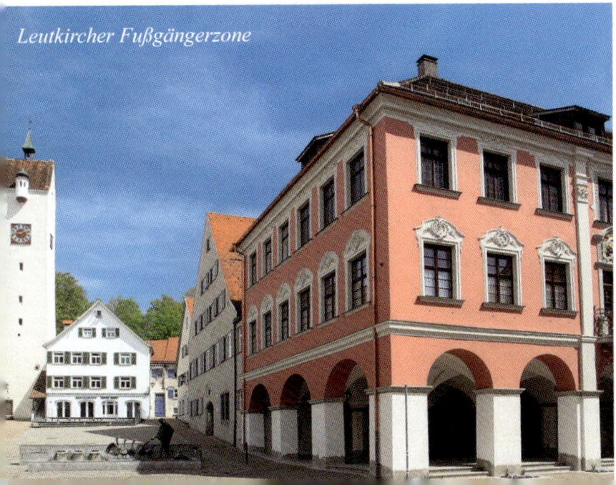
Leutkircher Fußgängerzone

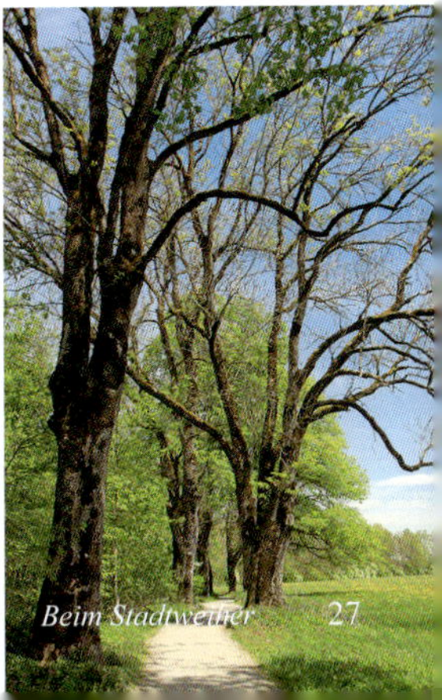
Beim Stadtweiher

5 Durchs idyllische Taufachmoos

2.20 Std. | 60 Hm | 7,3 km

Badsee bei Beuren, ca. sechs Kilometer Luftlinie nördlich von Isny. Parkplatz beim Naturbad am nördlichen Seeufer, 680 m *(**Navi**: 88316 Isny-Beuren, Allmisried 1).*

Leichte Wege; nach ergiebigen Regentagen im Moor teils recht nasse Passagen.

in Beuren ② sowie am Badsee ①

Badsee

Moorwanderung zwischen Ursee und Badsee

Das Westallgäu ist gespickt mit kleinen Weihern und ursprünglichen Mooren, die sich in der weiten Landschaft verstecken. Wir starten diese Wanderung am Badsee und durchstreifen in einer weiten Runde das hübsche Taufachmoos mit seinen beiden stillen Seen.

Vom **Parkplatz** ①, 680 m, folgen wir einem breiten Fußweg, der sich am Nordostufer des Sees entlangzieht. Dann lassen wir den See hinter uns und wandern – mit einer kurzen Steigung – über Wiesen hinauf zum kleinen Ort **Beuren** ②, 720 m. Im Ort links und auf der Hauptstraße ca. 400 Meter weiter zum Ortsausgang, wo links ein Nebensträßchen abzweigt. Auf diesem spazieren wir durch Wiesen und an einigen Häusern vorbei gut 25 Minuten ostwärts. Dann treffen wir auf eine Wegkreuzung, halten uns links und nähern uns dem Taufachmoos. Der Weg wird allmählich schmaler und quert schließlich mittels Holzsteg den kleinen, von breiten Schilfgürteln gesäumten **Fetzachgraben** ③, 695 m. Kurz darauf biegt der Pfad

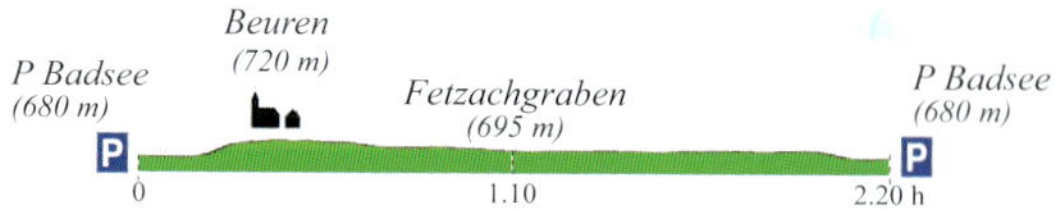

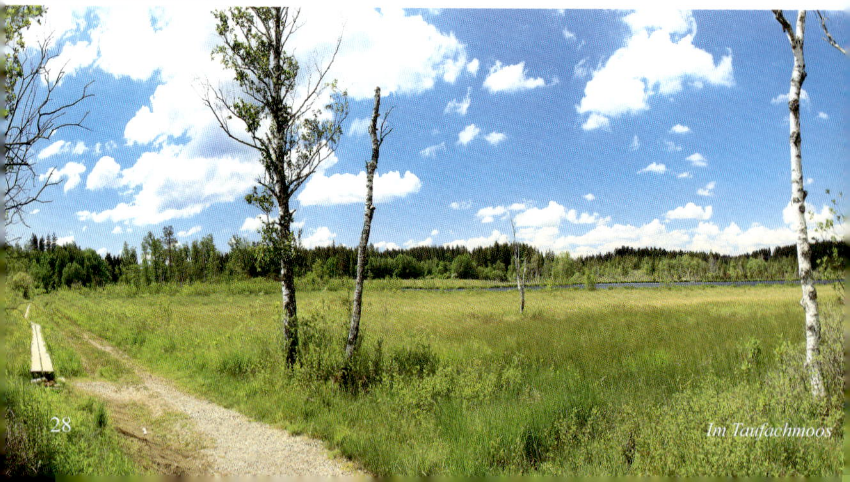

Im Taufachmoos

scharf nach links um. Ab hier erwartet uns nun der schönste Abschnitt des Moores, mit urtümlichen Moorflächen, Birken, Moorkiefern und feuchten Wiesen. Es geht weitgehend schnurgerade durch die hübsche Moorlandschaft, bis wir nach einem knappen Kilometer die beiden **Urseen** ④, 695 m, inmitten ihrer ausgedehnten Schilfbestände erreichen. Der zu querende Abschnitt zwischen den beiden Wasserflächen ist nach ausgiebigen Regenfällen oft etwas nass, so dass selbst der Holzsteg an seine Grenzen kommt. An der folgenden Kreuzung halten wir uns rechts und spazieren – mit dem Kleinen Ursee zur Rechten – durch die Wiesen weiter. Nach etwa 250 Metern biegen wir links ab und wandern auf einem schmalen Pfad durch Wald und Wiesen westwärts. Nach gut 10 Minuten treffen wir wieder auf einen breiten Weg, wenden uns nach links und spazieren – in leichtem Bogen und zum Ende am Rötelbach entlang – wieder zum Ostufer des Badsees; dort rechts und zurück zu unserem Ausgangspunkt.

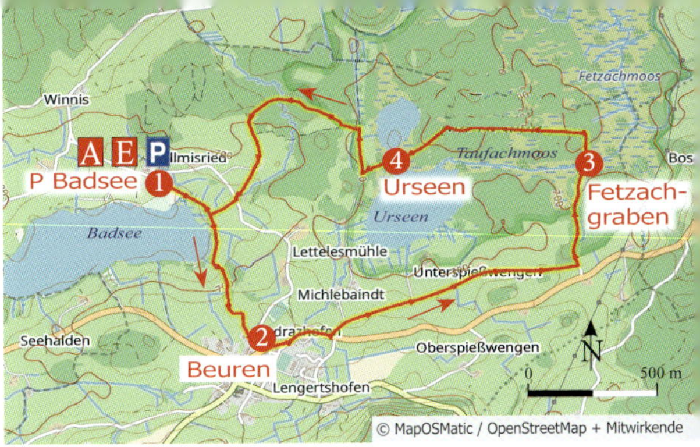

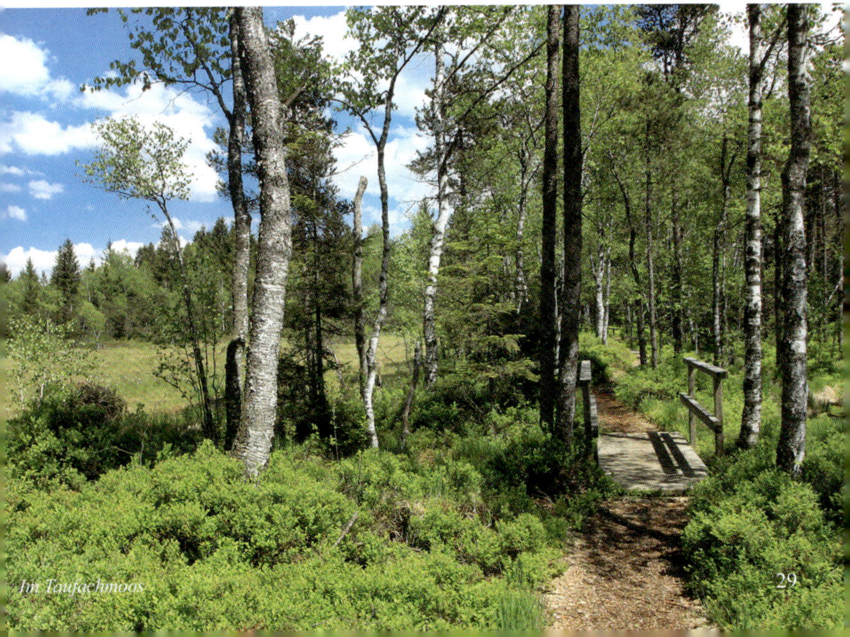

Im Taufachmoos

6 Durchs stille Arrisrieder Moos

1 Std. | 25 Hm | 4 km

Das Arrisrieder Moos liegt gut fünf Kilometer Luftlinie südlich von Kißlegg, Wanderparkplatz »Arrisrieder Moos« am Südrand des Moores, 646 m. *(**Navi**: 88353 Kißlegg, Hilpertshofen 1 - Parkplatz liegt ca. 300 westlich davon).*

Völlig eben; im Moor teils Holzschnitzel, teils Holzbohlen, Rückweg über Teerstraße.

keine unterwegs

Naturnahes Idyll bei Kißlegg

Das Arrisrieder Moos ist ein ungemein idyllisches Fleckchen. Umgeben von einer ruhigen, bäuerlichen Wiesen- und Weidelandschaft versteckt sich dieses Kleinod südlich von Kißlegg. Ein schmaler Pfad zieht sich durch das Moor, entlang von stillen Wasserflächen mit abgestorbenen Bäumen und durch wunderschöne, ursprüngliche Hochmoor-Bereiche. Eine kurze Tour zum Schlendern und Genießen. Der Rückweg erfolgt auf schmalen Straßen am Waldrand entlang.

Vom kleinen **Parkplatz** ①, 646 m, am Südrand des Naturschutzgebietes »Arrisrieder Moos« folgen wir einem Fußweg in nördlicher Richtung durch den lichten Wald, bis wir nach knapp 300 Metern das eigentliche Moor erreichen. Auf einem weichen Holzschnitzelpfad tauchen wir in eine ganz idyllische Landschaft ein. Am Süd- und Ostrand ist das ursprüngliche Moor in der Vergangenheit großflächig abgetorft worden. Die entstandenen Senken sind im Rahmen der Renaturierung nun wieder vernässt bzw. weitflächig unter Wasser gesetzt worden. Rechts und links

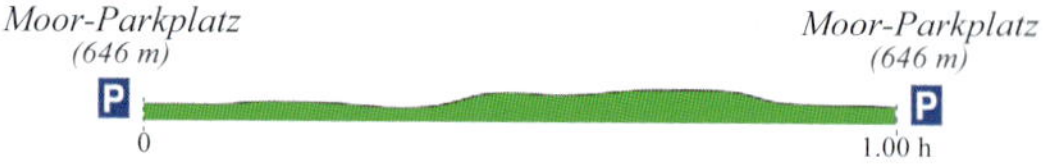

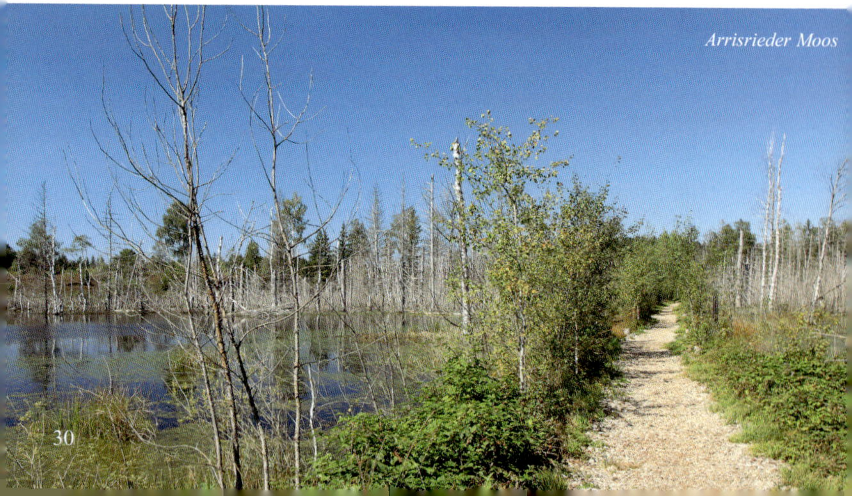

Arrisrieder Moos

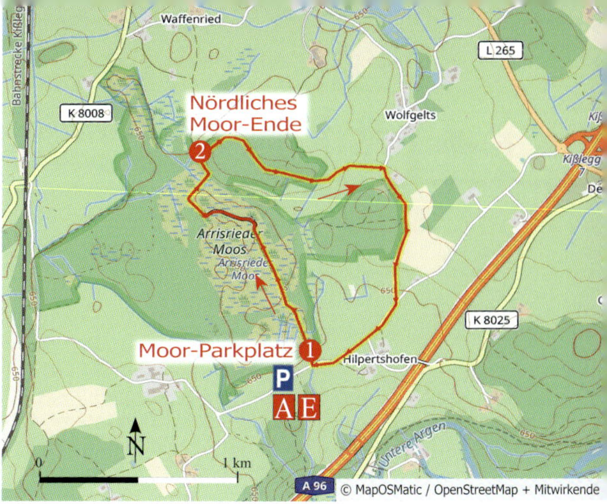

des Weges breiten sich stille Wasserflächen aus, aus denen unzählige abgestorbene Bäume herausragen und eine etwas surreale Atmosphäre ausstrahlen. Dann enden die Teiche und wir gelangen zum weitgehend unangetasteten Hochmoor. Fast schulbuchmäßig wölbt sich vor uns uhrglasartig der Boden wenige Meter auf. In diesem Bereich ist zwar nicht abgetorft worden, allerdings hat die allgemeine Entwässerung des Moores zu einer gewissen Austrocknung und Verheidung geführt. Das Resultat ist eine wunderschöne Landschaft, ein Mix aus Heidelandschaft und Hochmoor, durchsetzt mit vereinzelten Birken und Moorkiefern. Ein Holzbohlenweg schlängelt sich mitten hindurch, unterwegs führt ein kleiner Abstecher zu einem Torf-Aufschluss. Schließlich geht die offene Heide wieder in lichten Wald über, der Weg macht einige Schlenker und wir passieren ein letztes Mal eine von toten Bäumen durchsetzte Wasserfläche. Dann ist das Moor leider endgültig vorbei. An einem **Abzweig** ②, 650 m, halten wir uns rechts, spazieren knapp 10 Minuten durch einen Wald, ehe es auf einem breiten Fahrweg durch Wiesen hinüber zu einer schmalen Teerstraße geht. Auf dieser halten wir uns rechts, wandern am Waldrand entlang und zum Ende über offenes Weideland zurück zum Wanderparkplatz.

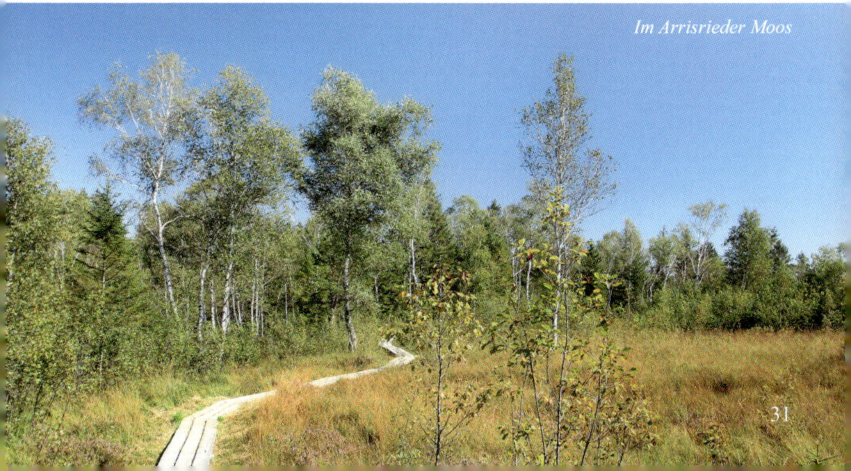

Im Arrisrieder Moos

7 Zur Burgruine Altratzenried

3 Std. | 100 Hm | 9 km

Ratzenried, kleiner Ort ca. sechs Kilometer nordöstlich von Wangen, Parkplatz mitten im Ort nahe der Kirche, 670 m *(**Navi**: 88260 Argenbühl, Wetzelsrieder Straße 12).*

Meist breite Wege durch Wiesen und Wälder mit sehr gemächlichem Auf und Ab.

nur in Ratzenried ①

Schöne Wanderung im Süden von Ratzenried

Diese abwechslungsreiche Wanderung führt uns durch die Umgebung von Ratzenried. Auf gemütlichen Wegen geht es durch stille Wälder und Wiesen, wir passieren den Schlossweiher, besuchen die eindrucksvollen Ruinen der Burg Altratzenried und genießen unterwegs weite Ausblicke Richtung Süden bis zu den fernen Gipfeln der Alpen.

Vom **Parkplatz** in der Ortsmitte von **Ratzenried** ①, 670 m, gehen wir wenige Schritte in westlicher Richtung, kurz rechts und gleich wieder links und folgen einem schmalen Fußweg, der hinüber zum nahen Dorfteich führt. An seinem linken Ufer entlang gelangen wir zu einer Schotterstraße im Wald, an der wir uns links halten. Wenige Schritte weiter verzweigt sich die Straße, wir wählen den rechten Weg (Beschilderung »Burgruine Altratzenried/Schlossweiher«). Dieser Fahrweg führt im weiten Bogen durch den Wald, an einigen Abzweigen zwischendurch richten wir uns immer nach den Wegweisern zur Burgruine, um schließlich nach knapp einem Kilometer eine Straße zu erreichen. Genau gegenüber führt eine Stichstraße

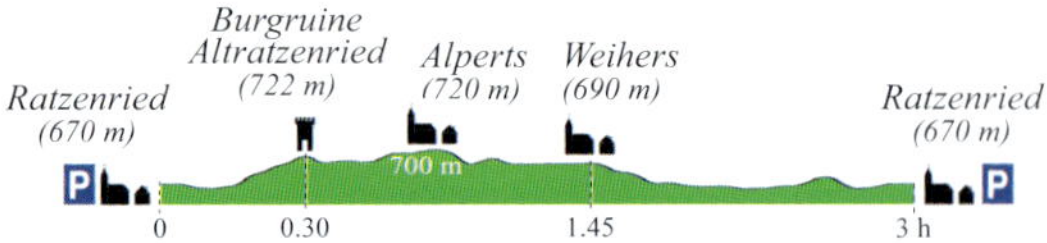

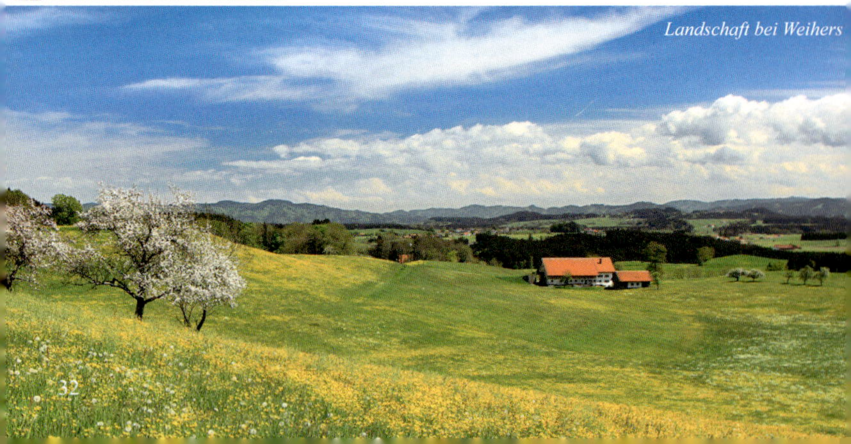
Landschaft bei Weihers

nach »Platz«. Auf dieser passieren wir nach etwa 250 Metern einen kleinen Wanderparkplatz. Der direkte Weg zur Ruine beginnt allerdings erst gut 100 Meter weiter gleich hinter einem nahegelegenen Haus. Dort führt ein Fußweg in wenigen Minuten hinüber zur **Burgruine Altratzenried** ②, 722 m. Der dichte Wald drumherum und die großen Buchen, die das Burggelände längst erobert haben, verhindern zwar jegliche Sicht, die man früher sicher von der erhöhten Lage genießen konnte, aber die Mauern und Türme versprühen dennoch eine eindrucksvolle Atmosphäre. Über den Stichweg geht es zurück zum Haus, dort rechts und am Waldrand (nicht dem breiten Weg in den Wald hinein folgen) ostwärts. Kurz darauf öffnet sich das Gelände. Wir spazieren über freie Wiesen mit weiten Ausblicken hinüber zu einer schmalen Straße und auf dieser weiter zum kleinen Weiler **Alperts** ③, 720 m. An dessen hinteren Ende folgen wir einem Wirtschaftsweg rechts hinab in den nahen Wald (Wegweiser »Sechshöf«). Durch diesen hindurch und im Anschluss wieder über freie Wiesen zum Weiler Sechshöf. Dort ca. 200 Meter an der Straße entlang, dann links in einen Wirtschaftsweg, auf dem wir nach wenigen Minuten die Häuser von **Weihers** ④, 690 m, erreichen. In Weihers 30 Meter links und gleich wieder rechts und auf dem breiten Weg leicht hinunter in eine weite, bewaldete Senke. An einer gleich darauf folgenden Verzweigung halten wir uns rechts (nicht beschildert) und spazieren anfangs durch Wald, später wieder über Wiesen weiter, bis wir erneut auf eine Straße treffen. Nun geht es rechts ca. 200 Meter an der (wenig befahrenen) Straße entlang, bis uns ein Wegweiser rechts auf einen schmalen Wiesenpfad aufmerksam macht. Diesem folgen wir zum nahen Wald und gelangen – anfangs auf schmalem Weg, der später zu einem Wirtschaftsweg wird, den wir bereits vom Hinweg kennen – in gut 20 Minuten zurück nach Ratzenried.

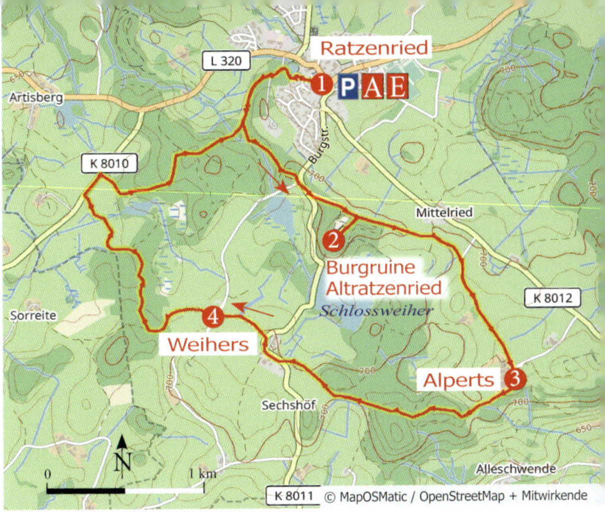

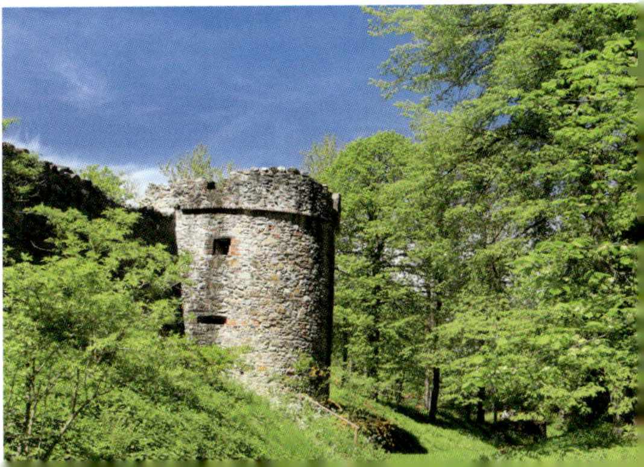

Burgruine Altratzenried

8 Durchs Rotmoos bei Isny

1.45 Std. | 20 Hm | 6,1 km

Isny, »Wanderparkplatz Rotmooshalle« an der Südostecke des Moores, wenige Hundert Meter von der Isnyer Altstadt entfernt, 695 m *(**Navi**: 88316 Isny, Schützenweg).*

völlig eben, leichte Wege.

nichts unterwegs, dafür am Ende der Tour in der nahen Altstadt von Isny reichlich Auswahl.

Leichter Spaziergang durch stille Wiesen und Moore

Direkt vor den Toren Isnys breitet sich das ausgedehnte Rotmoos aus: eine weitläufige, völlig ebene Landschaft, teils »richtiges« Moor, teils lichter Wald, zum größten Teil aber offene, von kleinen Bächen, Gräben und Wegen durchzogene Feuchtwiesen. Eine schöne, stille Landschaft, die Spazier- und Wandermöglichkeiten für jede Jahreszeit bietet.

Vom **Parkplatz** ①, 695 m, gehen wir knapp 150 Meter auf der Teerstraße westwärts, biegen kurz vor einem großen Schotterplatz rechts ab und stehen sogleich am Rand einer riesigen, tischebenen Wiesenfläche. Gleich am ersten Abzweig halten wir uns scharf links und spazieren – am Südrand dieser Ebene – für gut einen Kilometer durch die ausgedehnten Feuchtwiesen bis zu einer etwas breiteren Schotterstraße. Dort halten wir uns rechts und nähern uns einem kleinen Waldstück. Nun links am Waldrand entlang Richtung Boden. Kurz vor der kleinen Häuseransamm-

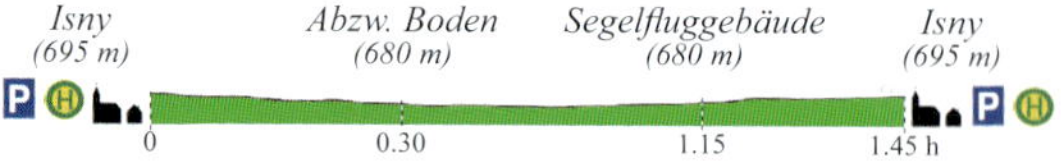

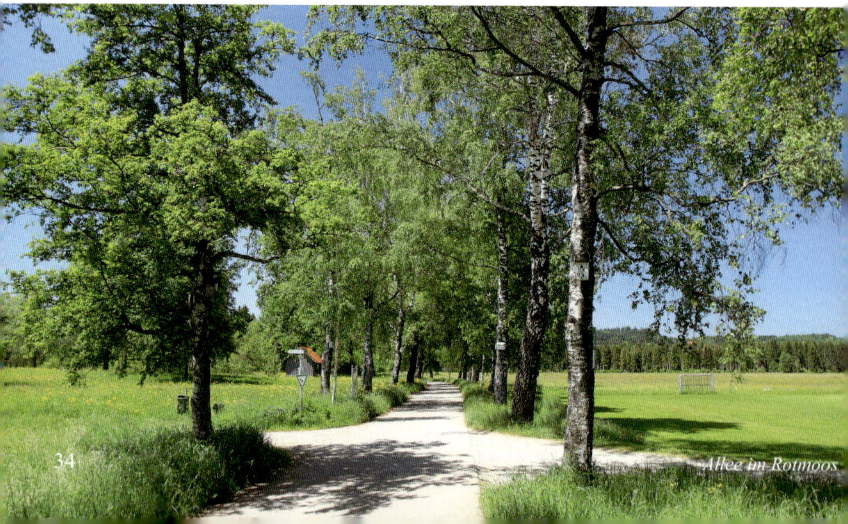

Allee im Rotmoos

lung zweigt scharf rechts (etwas versteckt) ein kaum beschilderter, etwas unscheinbarer **Weg** ab ②, 680 m. Auf diesem queren wir eine hübsche Moorwiese und gelangen über einen Holzbohlenweg durch lichten Wald zu einem kleinen Bach/Graben. An dessen linken Ufer wandern wir auf schmalem, etwas holprigem Weg bis zu einem kleinen Holzsteg (Wegweiser »Parkplatz Halden«). Wir wechseln auf die andere Bachseite, queren einen leicht moorigen Wald und später eine Wiese und erreichen schließlich eine Verzweigung, an der wir uns rechts halten. Vor uns liegt nun ein besonders schönes Wegstück durch ein von vereinzelten Birken bestandenes Moor, das schließlich am westlichen Ende einer Segelflug-Graspiste endet. Auf der anderen Seite der Graspiste geht es links und durch Wiesen hinüber zum **Segelflugplatz-Gebäude** ③, 680 m. Dort beginnt eine (Schotter-)Straße, die bald in eine hübsche Allee übergeht und die uns Richtung Isny bringt. Kurz vor den ersten Häusern nehmen wir rechts einen schmalen Weg, überqueren die Ach und gelangen auf der anderen Seite in wenigen Minuten zurück zum Parkplatz.

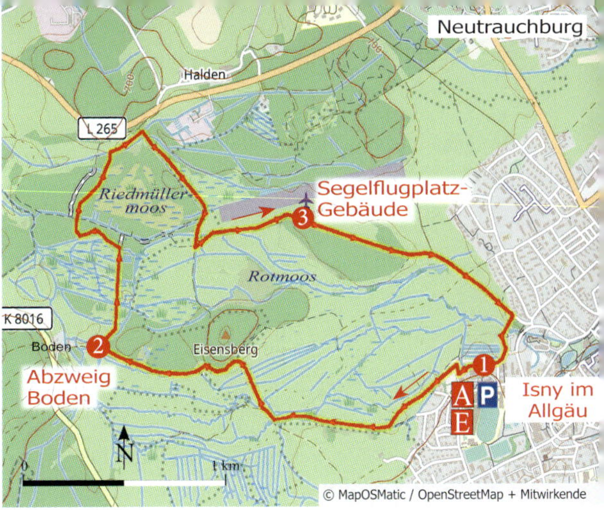

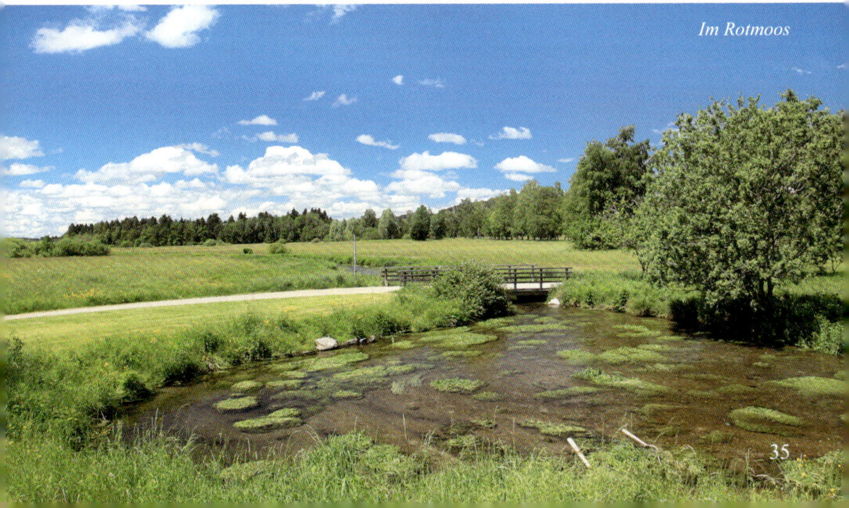

Im Rotmoos

9 Im Tal der Unteren Argen bei Isny

4.15 Std. | 150 Hm | 12 km

Neutrauchburg, zwei Kilometer nördlich von Isny, Parkplatz am südlichen Ortsende beim Minigolfplatz, 693 m *(**Navi**: 88316 Isny-Neutrauchburg, Schlossstraße).*

Feldwege, autofreie Teersträßchen, teils Waldwege, überwiegend flach, teils mäßige Steigungen.

Jägerhof ④

Moore, Weiher, Uferwege und weite Panoramen

Nördlich von Isny erwartet den Wanderer eine hübsche, abwechslungsreiche Landschaft im weiten Tal der kleinen Unteren Argen. Diese Rundtour bietet schöne Uferwege entlang des naturnahen Flusses, den stillen Herbisweiher, die offenen Feuchtwiesen des ausgedehnten Rotmooses sowie den langgezogenen Grat des Menelzhofer Berges, dessen Höhen prächtige Ausblicke über den weiten Talraum rund um Isny sowie die Nagelfluhkette im Hintergrund gewähren.

Vom **Parkplatz** ①, 693 m, folgen wir der Hauptstraße in den Ort Neutrauchburg hinauf und biegen nach ca. 200 Metern schräg rechts in die »Argenstraße«. Auf dieser queren wir ein kleines Waldstück, biegen nach knapp 300 Metern rechts ab und wandern am Waldrand entlang bis zu einem Wirtschaftsweg. Auf diesem links und durch Wiesen und Felder hinüber zu einer Brücke über die **Untere Argen** ②, 680 m. Auf der anderen Flussseite halten wir uns links und folgen dem rechten Argen-Ufer, bis nach ca. 350 Metern rechts ein breiter Weg abzweigt. Dieser Schotterweg bringt

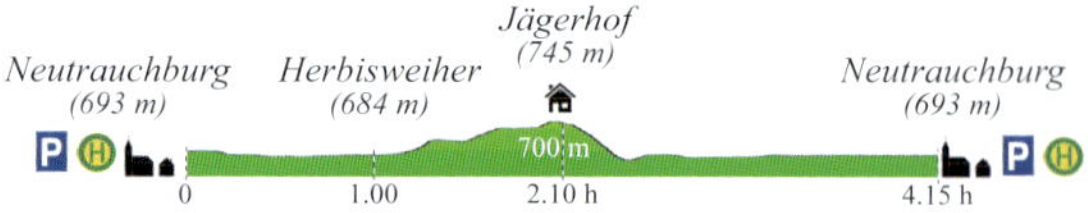

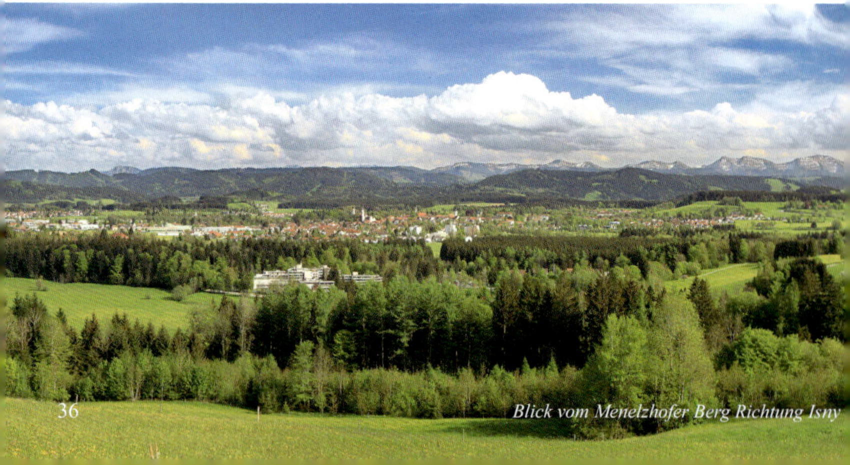

Blick vom Menelzhofer Berg Richtung Isny

uns – meist am Waldrand entlang – zum stillen **Herbisweiher** ③, 684 m, mit einem kleinen Aussichtssteg am Südostufer. Vom Steg geht es wieder ein paar Schritte den Hinweg zurück, dann am linken Seeufer entlang hinüber zu einem nahen Wald. In diesem steigen wir auf einem schmalen, etwas holprigen Waldweg bergan und erreichen nach knapp 15 Minuten eine Autostraße. Auf der gegenüberliegenden Seite folgen wir einem – fast autofreien – Teersträßchen, das stetig ansteigend den Menelzhofer Berg hinaufführt. Bald öffnet sich der Wald zu

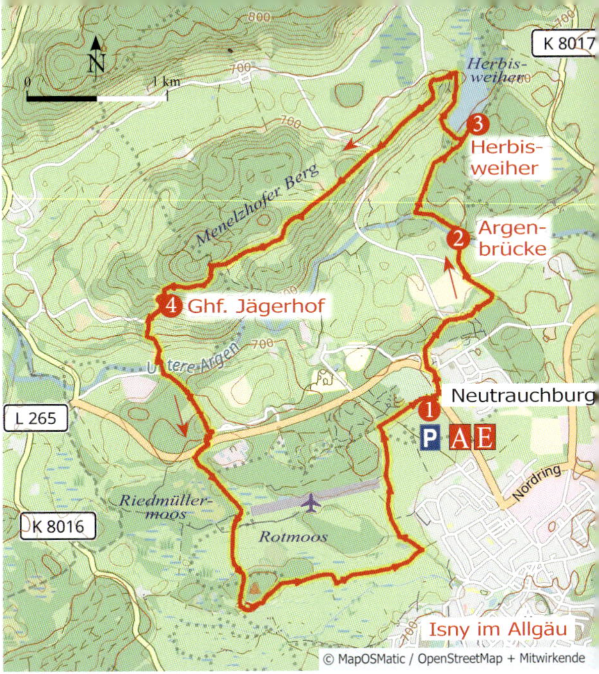

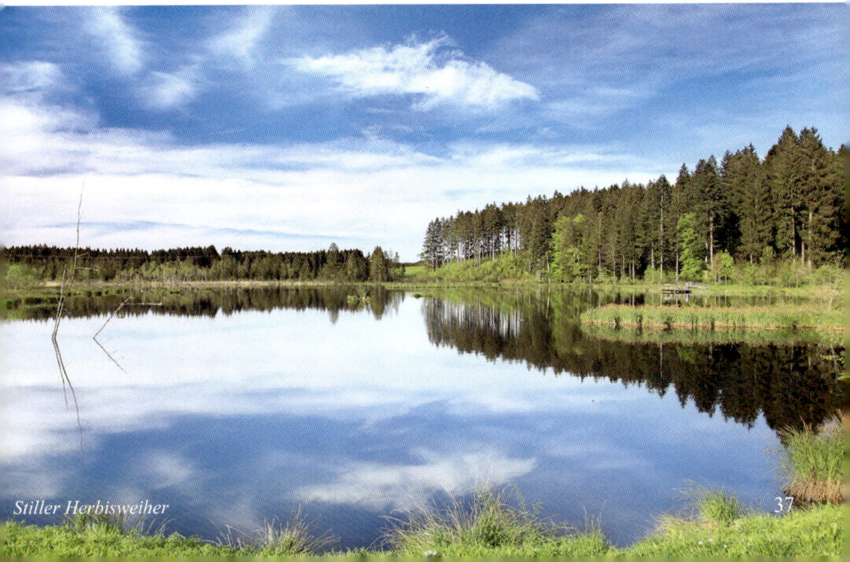

Stiller Herbisweiher

einigen Wiesenlichtungen, von denen wir schöne Ausblicke Richtung Isny und Nagelfluhkette genießen können. Kurz hinter einem einzelnen Wohnhaus zweigt im Wald links ein Weg ab, auf dem wir zum **Jägerhof** ④, 745 m, gelangen, einer ausgedehnten Hotelanlage mit schönem Panorama Richtung Süden. Wir folgen der Hotel-Zufahrtsstraße für gut 150 Meter und biegen dann links in einen Wanderweg ein, der uns steil hinab zur Unteren Argen bringt. Wir wechseln mittels **Brücke** ⑤, 671 m, aufs Südufer und gehen dort auf einer Teerstraße schräg links/geradeaus über eine kleine, bewaldete Erhebung bis zur Landstraße. Auf der gegenüberliegenden Seite rechts und auf einem breiten Weg ca. 100 Meter parallel zur Straße, dann links und hinein ins Rotmoos. Nun geht es ca. einen Kilometer etwa in südlicher Richtung weiter: Anfangs queren wir das kleine, hübsche Riedmüllermoos, passieren dann das westliche Ende einer Segelflug-Graspiste und spazieren durch offene Wiesen weiter. Direkt hinter einem kleinen Waldstück halten wir uns links und nach 200 Metern erneut links. Ab hier folgen wir – nun in östlicher Richtung – einem schmalen Fußweg, der sich für ca. einen Kilometer durch die Feuchtwiesen zieht. Dann erreichen wir eine breite Allee, biegen links ab und am nächsten Abzweig etwa 200 Meter später rechts. Der nun vor uns liegende Weg bringt uns in knapp 15 Minuten – wobei wir uns an zwei Verzweigungen jeweils rechts halten – durch die weiten Wiesen zurück zum Ausgangspunkt.

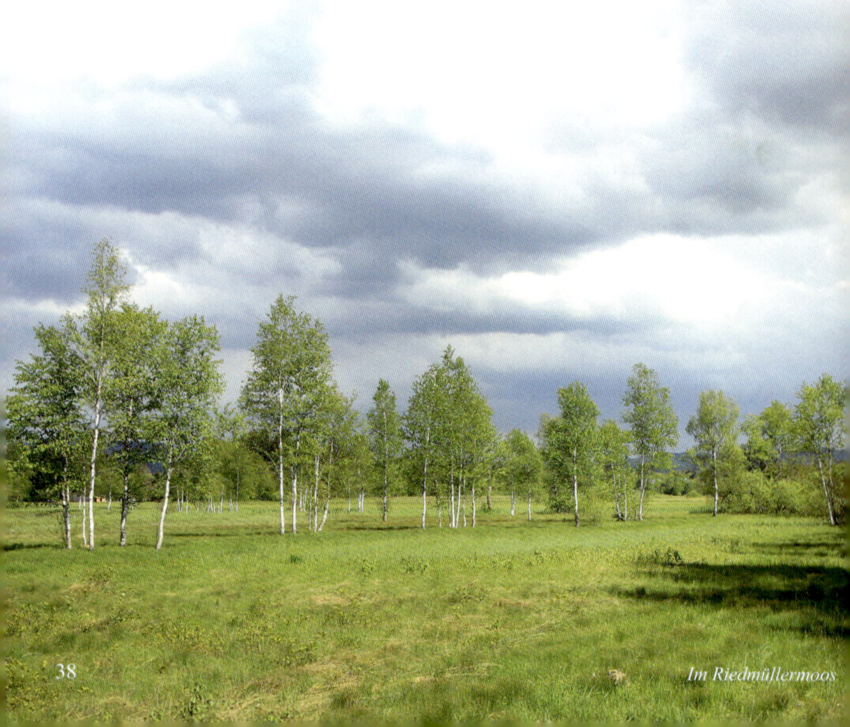

Im Riedmüllermoos

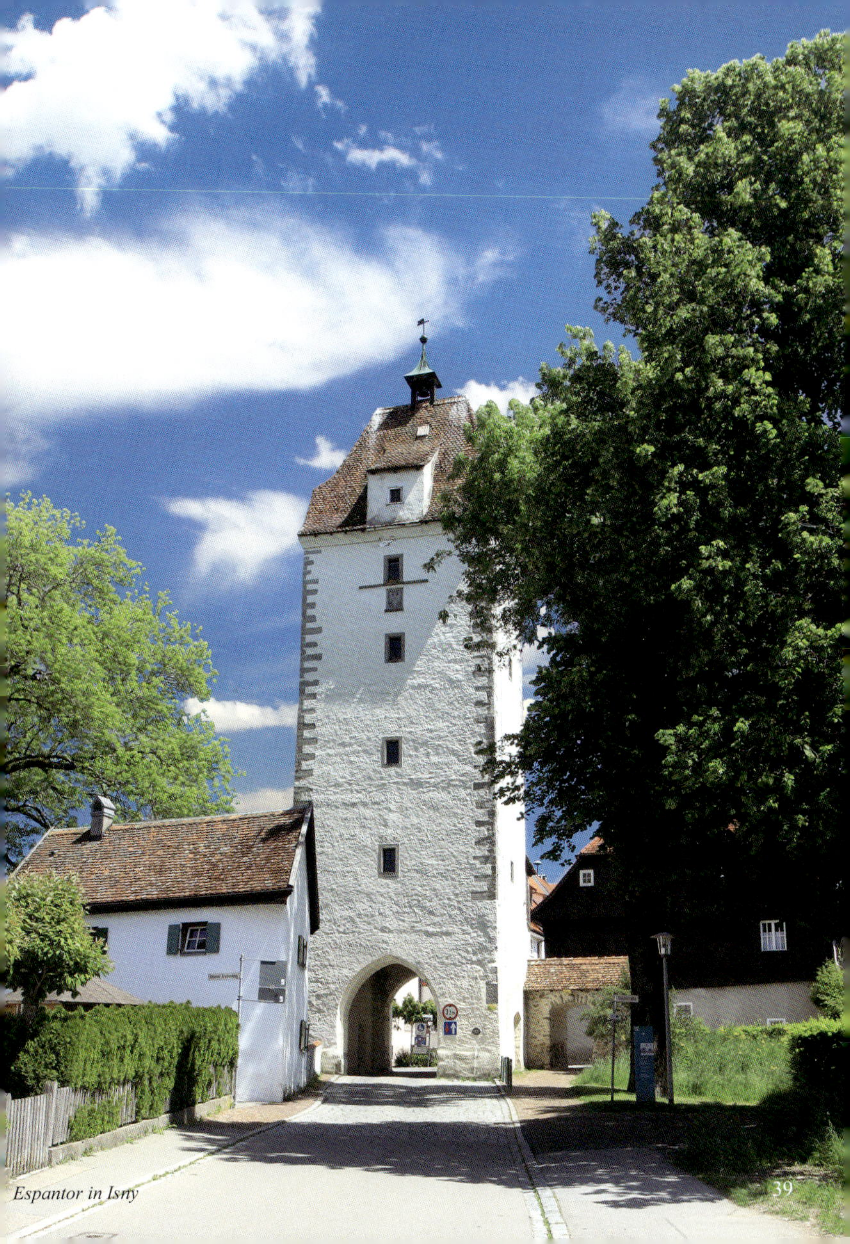

Espantor in Isny

10 Rohrdorfer Tobel und Gut Herrenberg

3.15 Std. | 300 Hm | 8,9 km

Rohrdorf, ca. vier Kilometer nordöstlich von Isny. Wanderparkplatz am Waldrand am östlichen Ortsrand am Tobel-Beginn, 740 m *(**Navi**: 88316 Isny-Rohrdorf, Tobelweg 11)*.

Überwiegend breite Forst- und Wirtschaftswege. Am Tobelende steiler Anstieg über die »Himmelsleiter« (zahllose Stufen), Abstieg nach Rohrdorf teils auf schmalem Waldweg.

keine unterwegs

Schöne Wanderung am Westrand der Adelegg

Östlich von Isny erstreckt sich die Adelegg, eine ca. 10 x 10 Kilometer umfassende, dicht bewaldete Landschaft mit überraschend hohen Bergrücken und tief eingeschnittenen Tobeln. Von Rohrdorf am Westrand dieser Berge steigen wir durch den Rohrdorfer Tobel und die »Himmelsleiter« hinauf auf den breiten Kamm und spazieren auf leichten Forstwegen zum Herrenberghaus inmitten ausgedehnter Wiesen. Über den »Kirchweg« gelangen wir zurück zum Ausgangspunkt.

Der Wanderparkplatz **Rohrdorf** ①, 740 m, befindet sich direkt am Tobel-Ausgang am östlichen Ortsrand. Wir wandern am kleinen Rohrdorfer Bach entlang taleinwärts und tauchen in den hübschen Wald ein. Der breite Weg steigt dabei allmählich an, neben uns plätschert der Bach, während rechts und links das Gelände steil hinaufzieht. Der Tobel wirkt – im Vergleich zu vielen anderen Tobeln im Allgäu – insgesamt recht »harmlos«, es handelt sich eher um eine

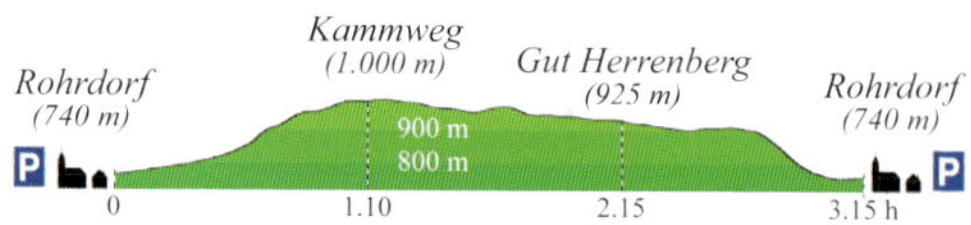

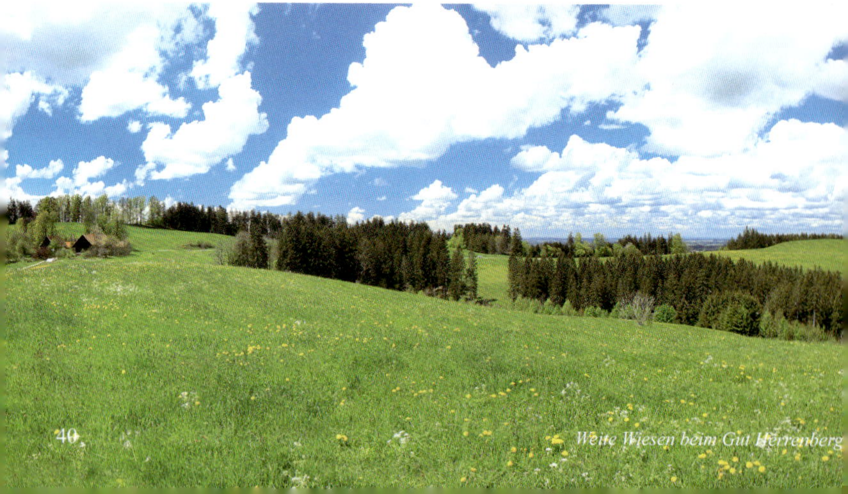

Weite Wiesen beim Gut Herrenberg

gemütliche Talwanderung mit Bach-Begleitung. Wobei allen Tobeln im Allgäu gemein ist, dass sie nach heftigen Starkregen auch ganz andere Gesichter zeigen können und für direkte Anrainer – in diesem Fall die Bewohner des direkt am Tobelausgang gelegenen Ortes Rohrdorf – immer ein gewisses Risiko darstellen. Der Bach selbst ist deshalb durch zahlreiche Stufen und kleine Wehre etwas gezähmt. Zum Ende wird der Taleinschnitt immer enger und steiler, so dass es schließ-

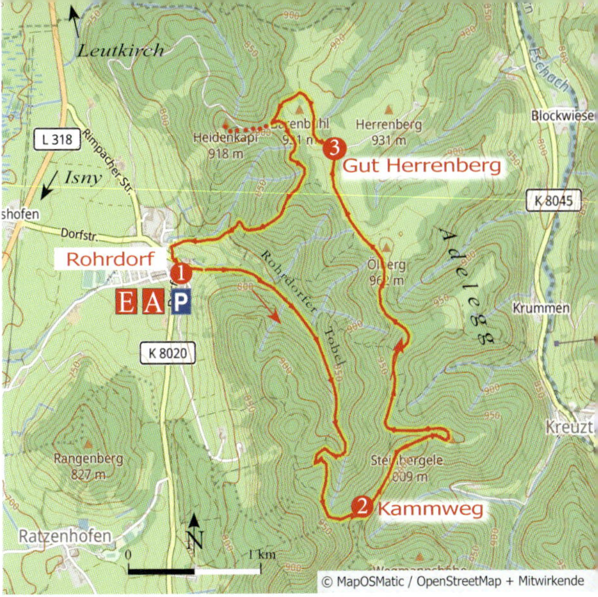

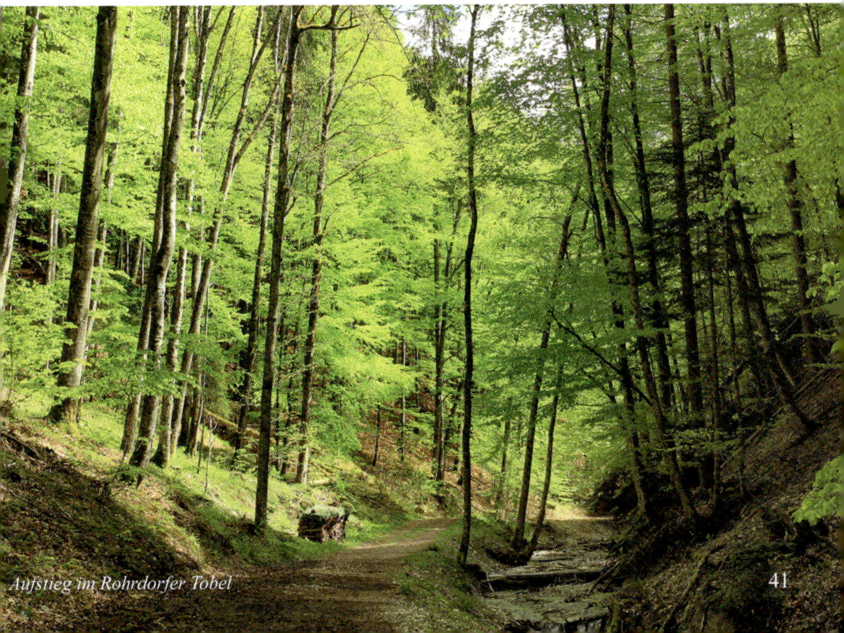

Aufstieg im Rohrdorfer Tobel

lich keinen Weg mehr direkt am Wasser entlang gibt. Hier erwartet uns die sogenannte »Himmelsleiter« (800 m), ein etwas poetischer Name für einen schmalen Pfad mit unzähligen Stufen, der den steilen Tobelrand hinaufführt.
Nach vielen Höhenmetern erreichen wir eine Schotterstraße, halten uns links und steigen – nun weniger steil und mit Blick von oben auf den Tobeleinschnitt zur Linken – noch etwas weiter an bis zum **Kamm** ②, 1000 m, wo wir uns links halten. Ein breiter, angenehmer Forstweg zieht sich in einigen weiten Schleifen und mit leichtem Auf und Ab nordwärts, wobei der Wald immer wieder kleinen Lichtungen weicht. Schließlich öffnet sich das Gelände zu einer weiten Hochebene mit ausgedehnten Wiesen. Den gesamten Hintergrund füllen die bewaldeten Höhenrücken der Adelegg. Wir spazieren gemütlich weiter und gelangen schließlich zu den Gebäuden von **Gut Herrenberg** ③, 925 m (kurz vorher passieren wir links einen ersten Abzweig Richtung Rohrdorf; schöner ist es jedoch, noch weiter auf der Hochebene zu bleiben und erst etwas später abzusteigen). Dieses für die Adelegg sehr ungewöhnliche Gut war über Jahrhunderte Außenstelle des Benediktinerklosters Isny. Knapp 500 Meter hinter den Gebäuden halten wir uns an einer Kreuzung links und tauchen wieder in den Wald ein.
Wenige Minuten später biegen wir scharf links in einen breiten Weg ein (wer mag, kann von hier noch einen Abstecher zum Heidenkapf machen, einem recht hübschen Aussichtspunkt Richtung Westallgäu; ca. 300 Meter geradeaus). Anfangs führt unser Rückweg noch weitgehend höhenparallel in südlicher Richtung – zwischendurch stößt von links oben erwähnte Abkürzung zu uns – dann geht es bergab. Der Weg durch einen schönen Buchenwald ist schmal, ziemlich steil und verliert recht schnell an Höhe, so dass wir schon bald die Häuser von Rohrdorf vor uns sehen. An der Kirche vorbei, dann links und wieder zurück zum Waldrand und zum Ausgangspunkt.

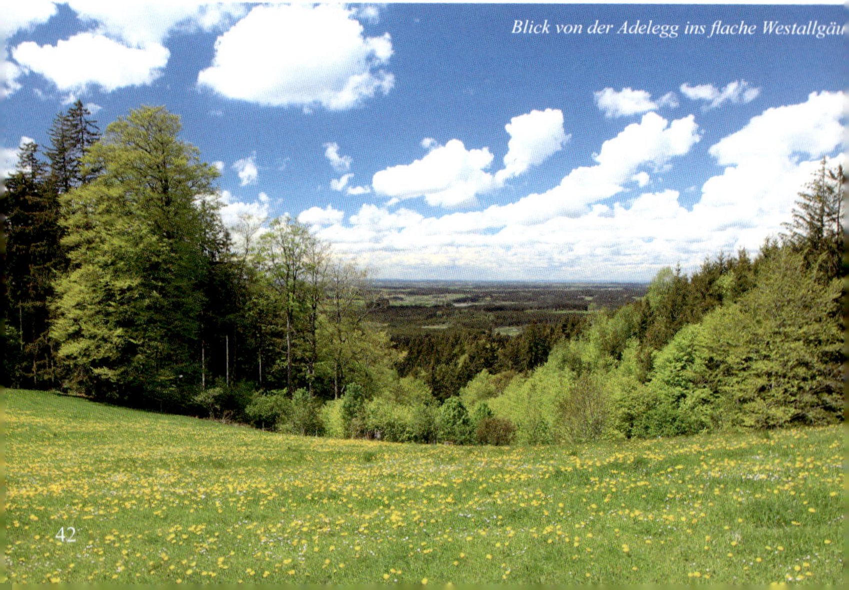

Blick von der Adelegg ins flache Westallgäu

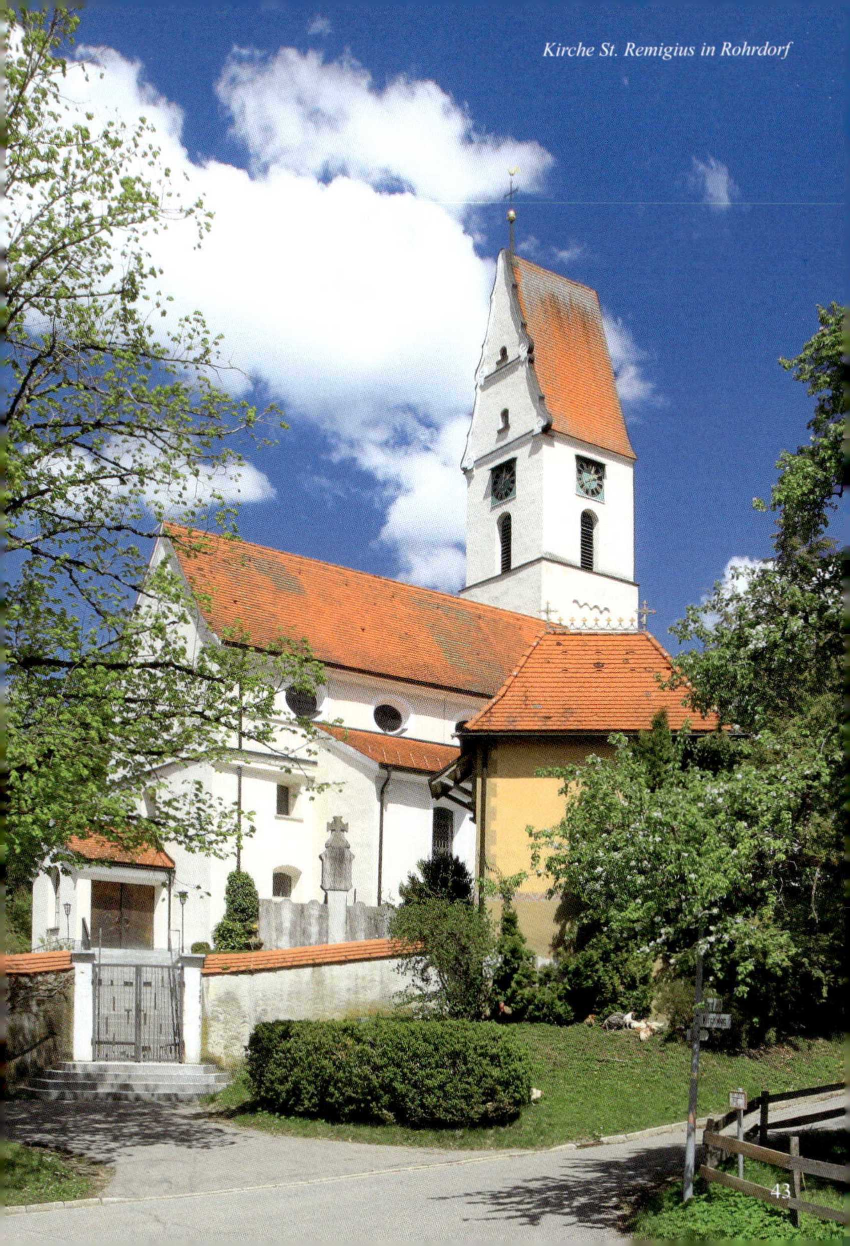

Kirche St. Remigius in Rohrdorf

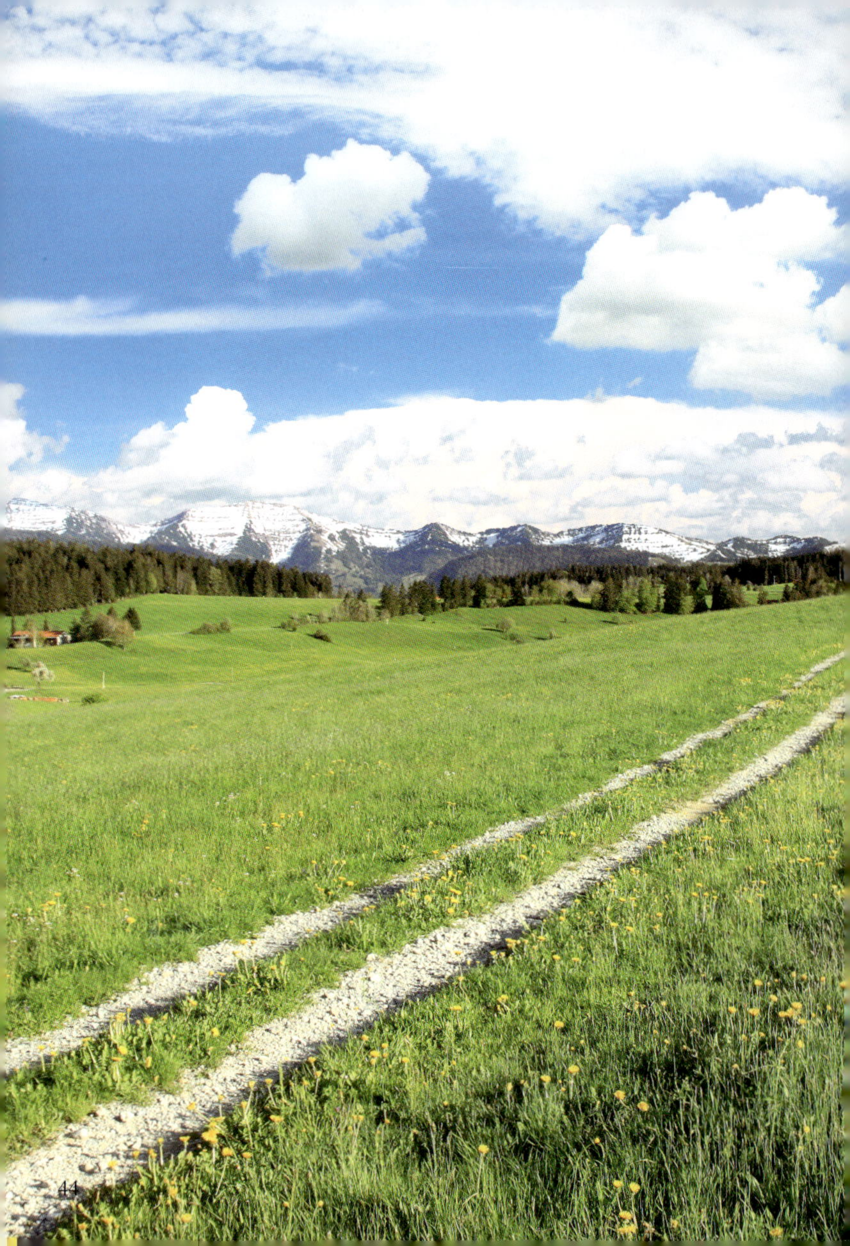

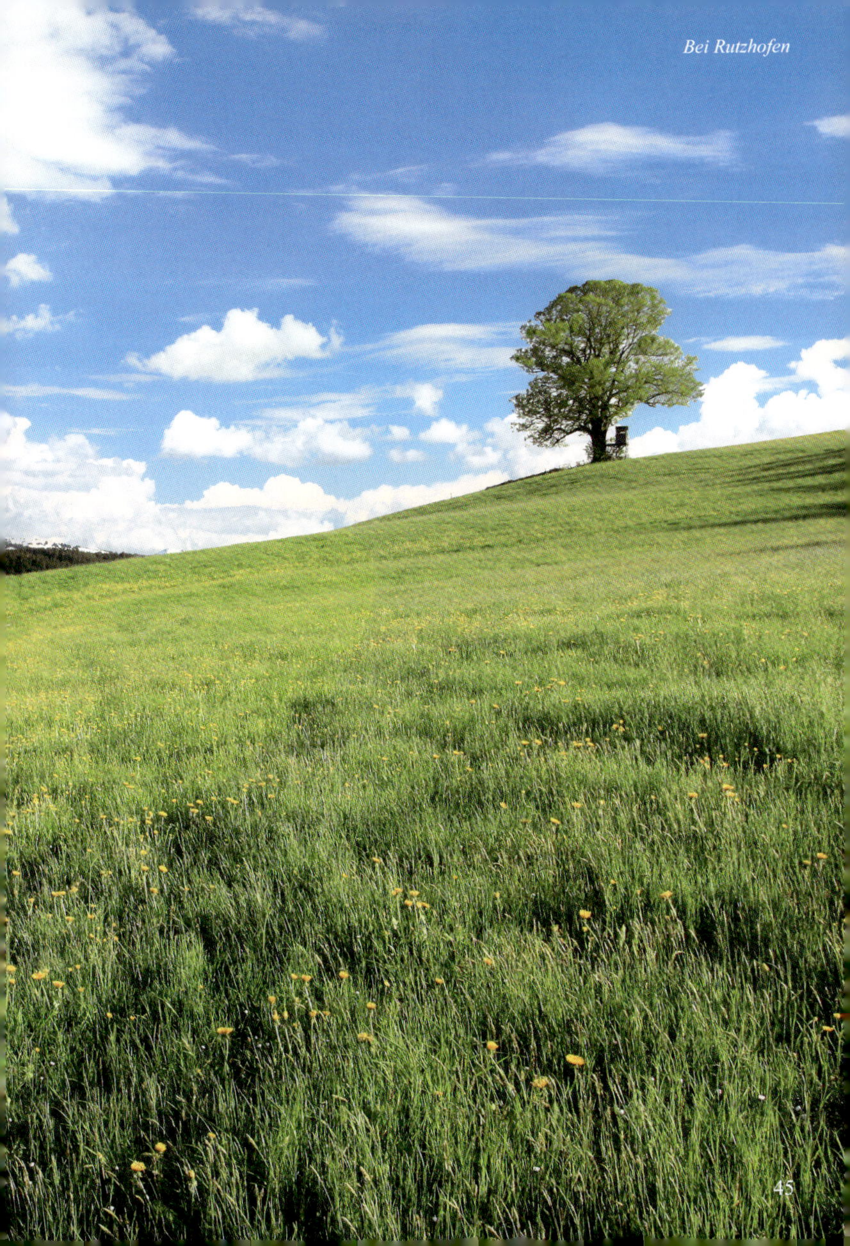
Bei Rutzhofen

11 Über Kreuzleshöhe und Steinberg

3.30 Std. | 330 Hm | 8,9 km

Kreuzthal/Eisenbach im Eschachtal im Zentrum der Adelegg an der Straße Leutkirch–Buchenberg, Parkplatz am nordwestlichen Ortsrand direkt an der Straße, 826 m *(**Navi**: 88316 Isny im Allgäu, Eisenbach 18).*

Teils (autofreie) Teerstraße, sonst Forstwege und Wiesenpfade.

nur am Ausgangspunkt

Schöne Aussichtsgipfel im Zentrum der Adelegg

Die Adelegg ist ein großes, geschlossenes und sehr dünn besiedeltes Waldgebiet zwischen Isny und Kempten. Langgestreckte Bergkämme, die bis auf über 1100 m ansteigen, dazwischen tief eingeschnittene, enge Täler sowie dichte Wälder, denen das Gebiet den etwas unfairen Beinamen »Dunkles Allgäu« verdankt. Mittendrin jedoch finden sich immer wieder freie Flächen mit aussichtsreichen Wiesen. Diese über weite Strecken sehr stille Tour beginnt im tiefen Eschachtal und führt hinauf auf die freien Kuppen unterhalb der Kreuzleshöhe und des Steinbergs.

Vom **Parkplatz Eisenbach** ①, 826 m, folgen wir der Hauptstraße für 100 Meter in den Ort hinein, queren die Eschach und biegen direkt hinter der Brücke links in den »Postweg« ein, der uns zur nahen Kirche bringt. Rechts an dieser vorbei und gleich dahinter auf einem Pfad steil

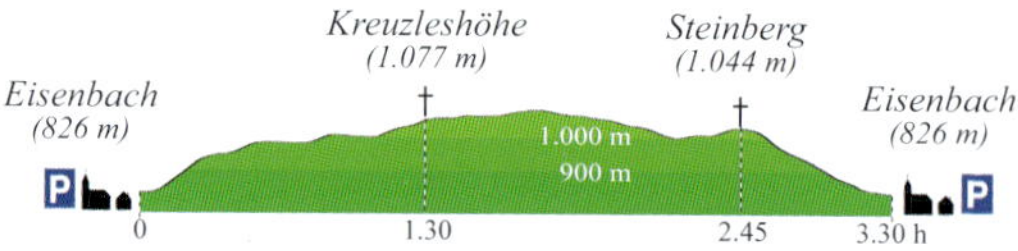

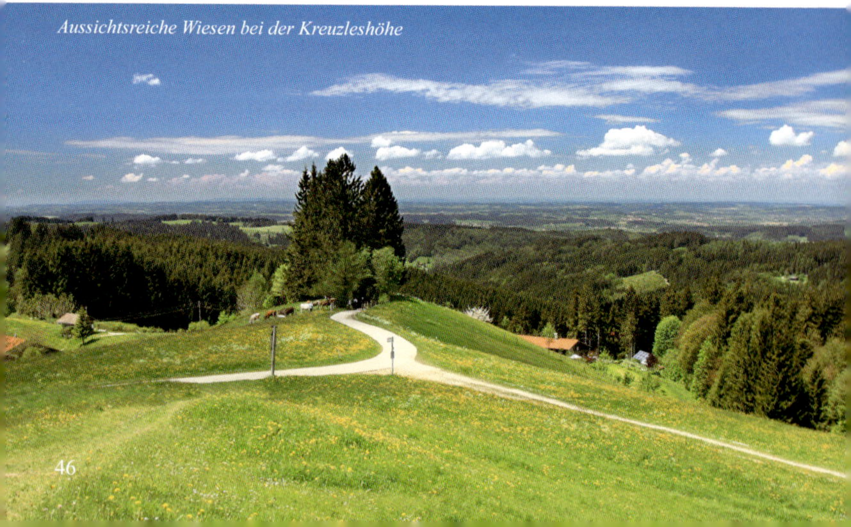

Aussichtsreiche Wiesen bei der Kreuzleshöhe

den Wald-und-Wiesen-Hang hinauf. Nach etwa 10 Minuten stoßen wir auf eine schmale Teerstraße (946 m). Auf dieser wandern wir – nun mit gemächlicherer Steigung – gemütlich weiter, mal über freie Wiesen, mal durch Wald, zur Rechten begleitet vom tiefen Einschnitt des Kreuztales. Nach gut 2,5 Kilometern erreichen wir schließlich eine Wegkreuzung unterhalb der **Kreuzleshöhe** ②, 1077 m. Der Gipfel selbst liegt noch gut 40 Höhenmeter höher, befindet sich aber im dichten Wald. Von den Wiesen unterhalb des Waldrandes bieten sich prächtige Ausblicke bis weit ins Westallgäu hinein. Dann halten wir uns rechts und folgen einem breiten Fahrweg südwärts, der sich am oberen Talschluss des Kreuztales entlangzieht. Wir passieren eine kleine Kapelle mit einem letzten Blick ins Tal, bevor wir in dichten Wald eintauchen. Eine Forststraße zieht sich im sanften Hin und Her durch den Wald – wobei wir uns unterwegs an einem Abzweig gleich hinter der »Kleinen Schwedenschanze« rechts halten – und bringt uns nach gut 15 Minuten zur kleinen Lichtung des **Fürstenbrunnen** ③, 1084 m. Dort rechts und noch gut einen Kilometer weiter auf der Haupt-Forststraße. In einer spitzen Kehre biegen wir rechts in einen schmalen Pfad Richtung »Wirtsberg« ein. Dann öffnet sich der Wald, und vor uns liegt der breite Wiesenrücken des **Steinberges** ④, 1044 m, auf dessen höchstem Punkt aussichtsreich ein stämmiges Kreuz thront. Dahinter beginnt unser Abstieg: Es geht schräg links am Waldrand einen Pfad hinab bis zu den ersten Häusern von Wirtsberg und weiter auf einer Teerstraße in einigen Kehren steil hinab zum Ausgangspunkt.

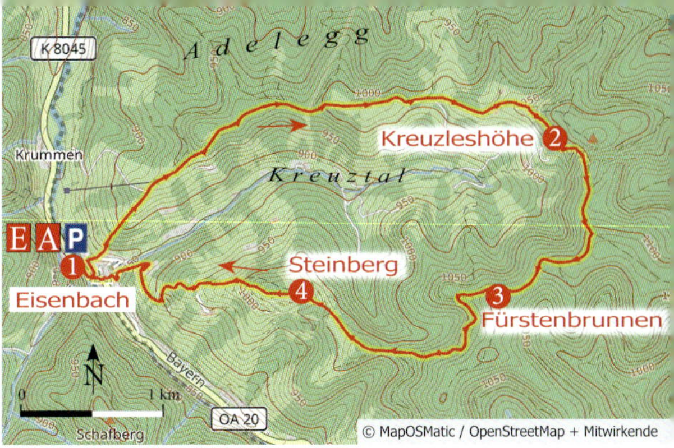

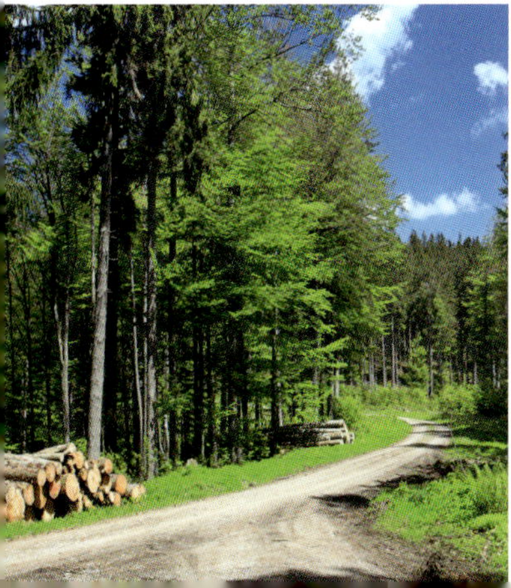

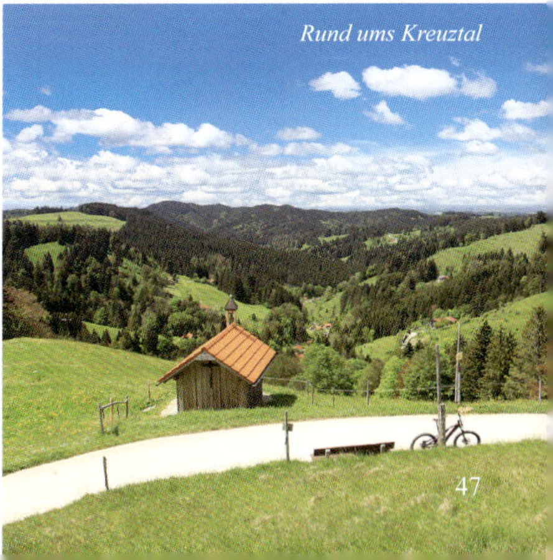

12 Zum Aussichtsturm Schwarzer Grat

2.45 Std. | 340 Hm | 9,8 km

Bolsternang, ca. sechs Kilometer südöstlich von Isny. Von der B12 Isny-Kempten etwa einen Kilometer bis zum Ort, dort geradeaus an der Kirche vorbei und dem »Gaiskopfweg« noch etwa 250 m bis zum Parkplatz folgen, 785 m *(**Navi**: 88316 Isny-Bolsternang, Gaiskopfweg).*

Beim Aufstieg überwiegend breite Forstwege, beim Abstieg schmalere Waldwege.

Wenger Egg-Alpe ③

Hoch hinauf in die Adelegg

Die Adelegg ist ein ausgedehntes, über 100 km² großes Waldgebiet östlich von Isny, dünn besiedelt, von langen Bergkämmen bis über 1100 m Höhe geprägt, kreuz und quer durchzogen von tiefen Tälern. Auf dem höchsten Punkt des westlichen, württembergischen Teils der Adelegg, dem 1118 m hohen Schwarzen Grat, steht seit Anfang der 1970er Jahre ein hoher Aussichtsturm, von dem der Blick über die Baumkronen bis weit hinüber zu den Gipfeln der Allgäuer Alpen reicht und zu dem uns diese stille Tour hinaufführt.

Vom **Parkplatz** ①, 785 m, gehen wir ca. 100 Meter zurück Richtung Dorf und biegen dann rechts in einen Wanderweg ein, der sich den Hang hinaufzieht. Nach gut 200 Metern erneut rechts und am oberen Rand einer Wiese weiter, bis wir in den Wald eintauchen. Kurz darauf stoßen wir auf eine Forststraße, halten uns dort links und gleich wieder rechts (Beschilderung »Schwarzer Grat«). Auf der

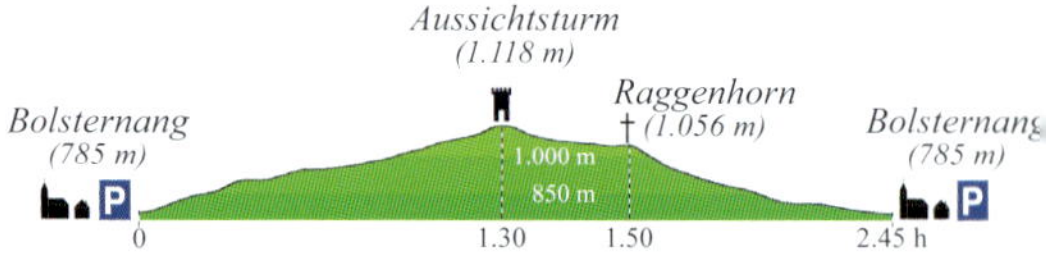

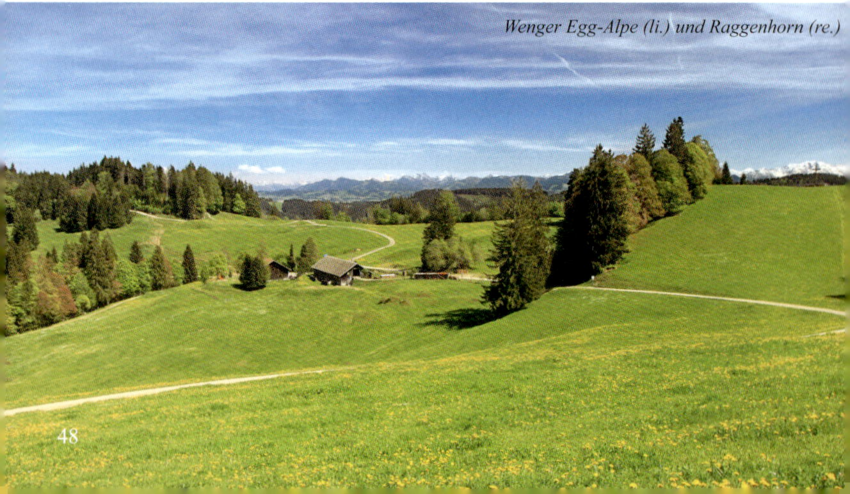

Wenger Egg-Alpe (li.) und Raggenhorn (re.)

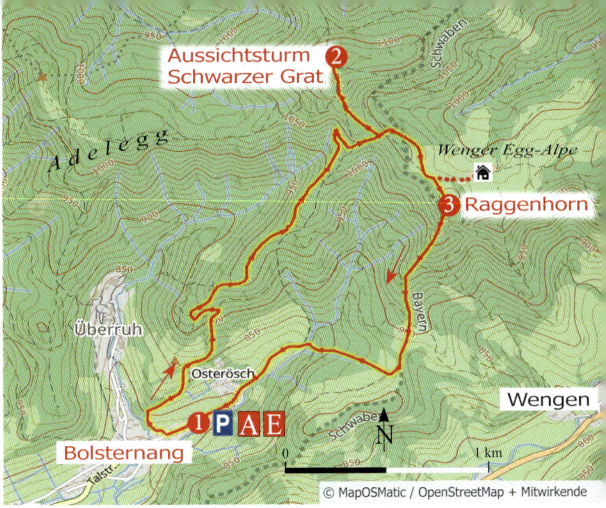

Forststraße geht es stetig leicht bergauf, wobei wir in unregelmäßigen Abständen kleine Infotafeln passieren, die uns Wissenswertes über Geschichte und Geologie der Region verraten. Diverse Abzweigungen unterwegs ignorieren wir und folgen immer den Schildern zum Turm auf dem Schwarzen Grat. Dann erreichen wir einen kleinen Sattel mit einer Wegkreuzung, wo wir den Forstweg verlassen und links über einen schmalen Waldweg hinauf zum **Aussichtsturm** ②, 1118 m, steigen. Der schlanke, hohe Holzturm thront auf einer kleinen Lichtung mit einem Spielplatz und Picknickplätzen. Oben von seiner Aussichtsplattform bietet sich ein hübsches Panorama über das ausgedehnte Waldgebiet, die Allgäuer Alpen weit im Süden sowie den Bodensee und das württembergische Alpenvorland. Nah im Südosten ist die kleine Lichtung der Wenger Egg-Alpe zu erkennen, unser nächstes Ziel. Der Rückweg erfolgt anfangs auf dem vom Hinweg bekannten, schmalen Waldweg hinab zur Wegkreuzung, dort kurz links-rechts und über einen breiten Weg Richtung Wenger Egg-Alpe (mit gemütlicher Einkehrmöglichkeit). Ohne – oder nach der – Einkehr steuern wir kurz vor der Alphütte südwärts über einen ansteigenden Wiesenhang das Gipfelkreuz auf dem **Raggenhorn** an ③, 1056 m, mit schönem Ausblick Richtung Süden. Der dann folgende Abstiegsweg ist etwas dürftig beschildert. Es geht steil geradeaus durch den Wald abwärts (Wegweiser nach »Kleinweiler«), dann quer über eine weglose Wiese weiter bergab (links sind die Häuser von Wengen zu erkennen), bis rechts eine Hütte auftaucht. Dort erwartet uns wieder ein breiter Forstweg, auf dem wir durch Wald absteigend zum Talboden gelangen (839 m). Von hier sind es noch etwa 10 Minuten zurück zum Parkplatz in Bolsternang.

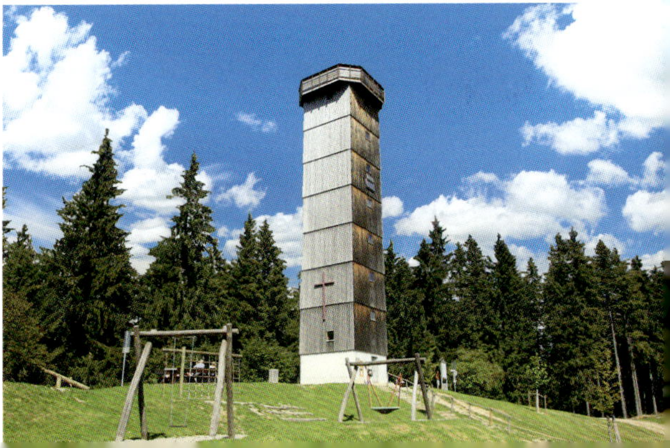

Aussichtsturm Schwarzer Grat

13 Zwischen Hohenkapf und Eschacher Weiher

2.15 Std. | 175 Hm | 6,7 km

Wanderparkplatz »Eschacher Weiher« an der Straße Buchenberg–Eisenbach/Kreuzthal, ca. ein Kilometer westlich von Eschach am Waldrand, 1033 m. *(**Navi**: 87474 Buchenberg-Eschach).*

Teils Wiesenpfade, ansonsten breite Wirtschaftswege; ein etwas steilerer Anstieg, sonst gemächliche Steigungen.

Schneiders Brotzeitstube (15 min. Abstecher/Umweg)

Eschacher Weiher

Aussichtsreiche Runde am Ostrand der Adelegg

Im Voralpenland westlich von Buchenberg schwingt sich das Gelände noch einmal in überraschende Höhen von über 1000 m auf und geht dann in das große Waldgebiet der Adelegg über. Kurz davor erwartet uns mit dem hübschen Eschachweiher ein besonderes Highlight. Von den den See umgebenden, freien Wiesen bieten sich wunderbare Ausblicke in Richtung Alpen, ehe wir auf dem Rückweg durch den Wald noch dem Hohenkapf-Gipfel einen Besuch abstatten.

Der Eschacher Weiher ist einer der beliebtesten Badeseen im Umkreis von Kempten, so dass insbesondere an schönen Sommer-Wochenenden der Parkplatz oft aus allen Nähten platzt. Für unsere Wanderung lassen wir den **Parkplatz** ①, 1033 m, schnell hinter uns und gehen über die aussichtsreichen Wiesen hinab Richtung Weiher, der in einer kleinen Senke vor uns liegt. Der Blick reicht weit über die Wiesenlandschaft bis ins Illertal und zu den fernen Gipfeln der Alpen. Schon nach wenigen Minuten haben wir den

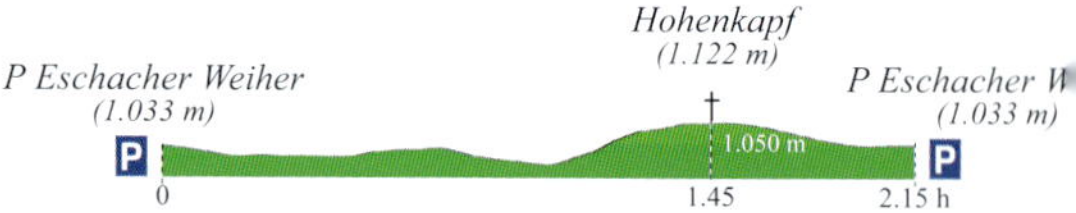

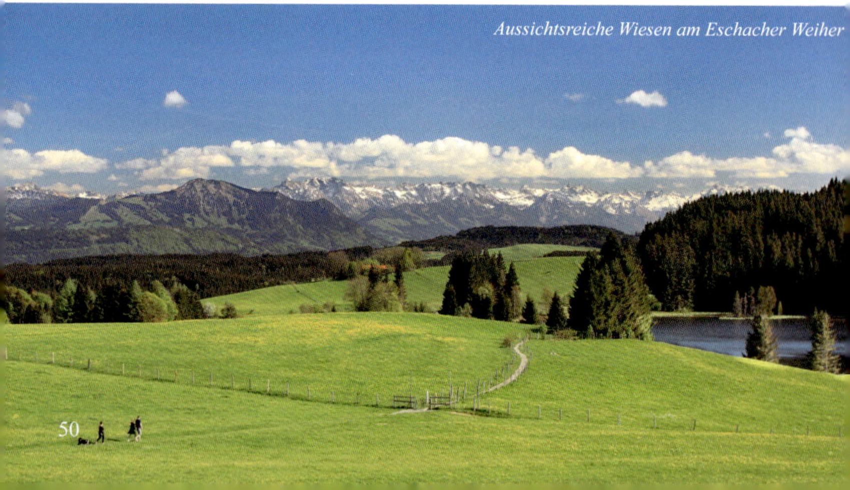

Aussichtsreiche Wiesen am Eschacher Weiher

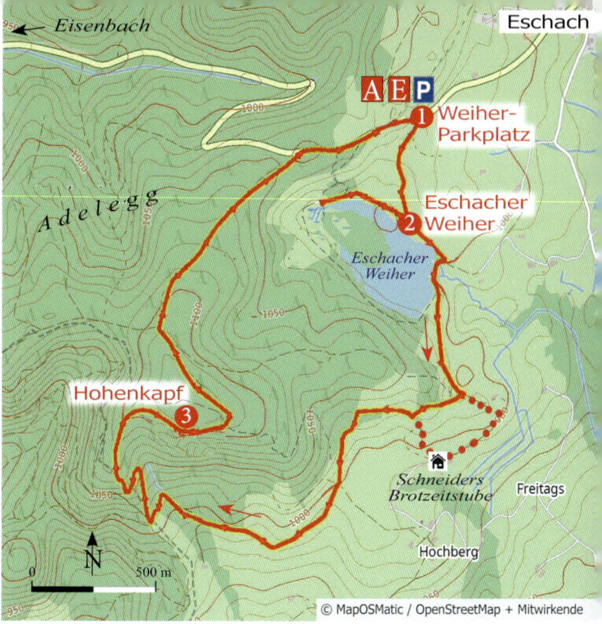

Eschacher Weiher ②, 999 m, erreicht und können rechts ein wenig am Ufer entlangschlendern, bis sich am Westufer der Weg in der Wiese verliert. Das gesamte Südufer ist Vogelschutzgebiet ohne Zugang. Zurück am Ostufer halten wir uns in südlicher Richtung und gehen über einen manchmal etwas matschigen Wiesen-Trampelpfad zu einer leichten Anhöhe hinauf, hinter der sich erneut ein weiter Blick öffnet (Abstecher zu Schneiders Brotzeitstube möglich). Oben wenden wir uns nach rechts und wandern am Waldrand entlang auf einem schmalen Weg im weiten Linksbogen gut 500 Meter bis zu einem Wirtschaftsweg. Auf diesem anfangs geradeaus und dann im Rechtsbogen durch die Wiesenhänge zum Wald hinüber. Damit enden die aussichtsreichen Wiesen und es beginnt unser Rückweg im Wald. Der Fahrweg geht in einen schmaleren Weg über, der sich in einigen Kehren den Taleinschnitt des Elzbaches hinaufzieht. Am Ende des Anstiegs erreichen wir wieder einen Forstweg und kurz darauf einen Stichweg zum **Hohenkapf** ③, 1122 m, dem höchsten Punkt der Tour. Die Sicht ist allerdings durch den teils dichten Wald arg eingeschränkt. Nun erwartet uns noch ein gut 1,5 Kilometer langer, ganz gemächlich an Höhe verlierender Fahrweg durch den Wald bis zur Landstraße. An dieser entlang sind es rechts nur wenige Schritte bis zum Ausgangspunkt.

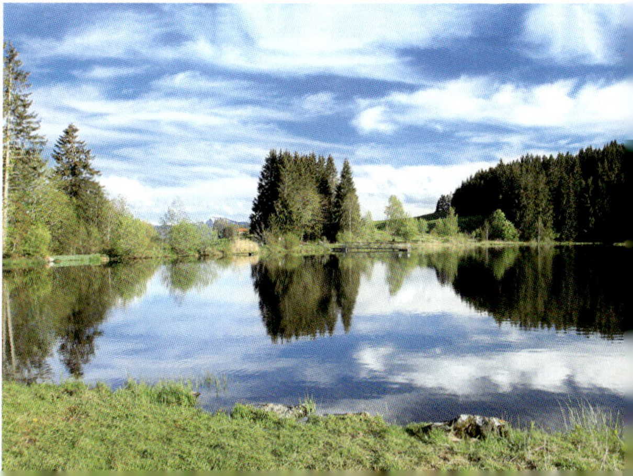

Eschacher Weiher

14 Spaziergang am Hengelesweiher

1.10 Std. | 40 Hm | 3,8 km

Wanderparkplatz »Hengelesweiher«. Ca. vier Kilometer südöstlich von Isny, von der B12 bei Großholzleute abbiegen und noch gut 700 südwestwärts bis zum Weiher (***Navi**: 88316 Isny, Hasenbergstraße*).

Breite, gute Wege, unterwegs ganz leichtes Auf und Ab.

keine unterwegs

Gemütlicher Spaziergang für Genießer

Der Hengelesweiher ist ein kleines, idyllisches Gewässer südöstlich von Isny, zwar künstlich aufgestaut, aber sehr naturnah mit ausgedehnten Schilfbeständen. Ein gemütlicher Spazierweg folgt seinem Nord- und Westufer und steigt dann gemächlich zu den Höhen von Wolfbühl hinauf, von wo es – mangels Rundweg-Alternative – auf dem gleichen Weg zurückgeht. Eine hübsche, kleine Tour zum Genießen, die sich gemütlich auf einer der vielen Bänke am Ufer ausdehnen lässt.

Vom **Wanderparkplatz** ①, 725 m, sind es nur wenige Schritte bis zum Ufer des Weihers. Wir queren den Maierhöfener Bach, über den der See entwässert, und spazieren am Ostufer direkt am Wasser entlang. Anschließend geht es auf dem gemütlichen Fußweg am Westufer weiter, zur Rechten anfangs von Wald, später von Wiesenhängen begleitet. Links füllt der trotz künstlicher Anlage sehr na-

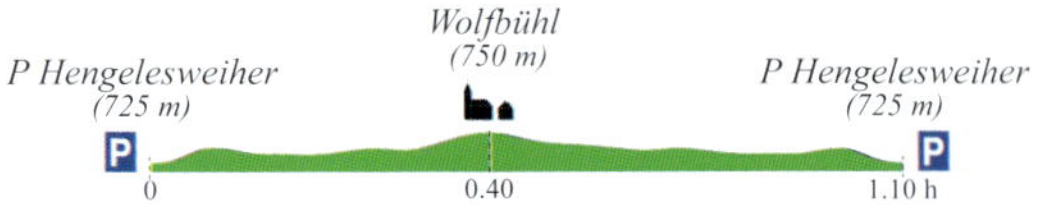

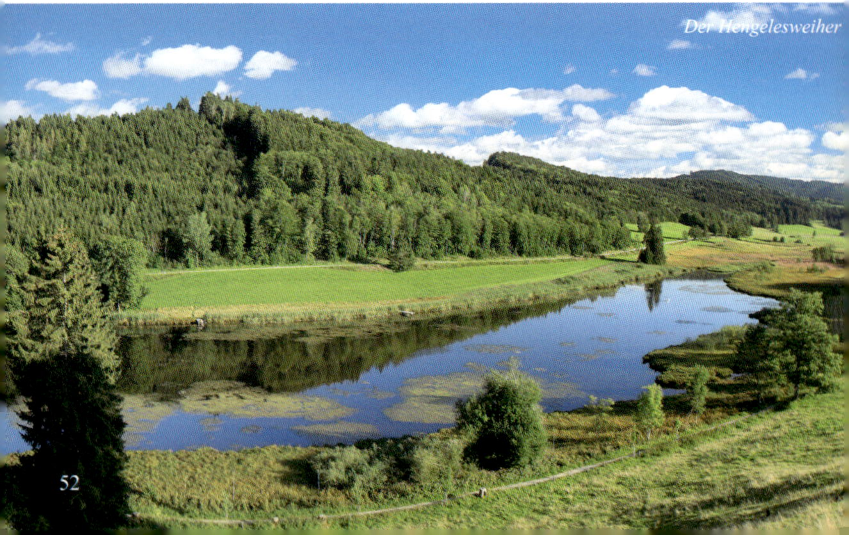
Der Hengelesweiher

turnahe See den Talboden. Während der See schließlich zunehmend in Schilfflächen und Feuchtwiesen übergeht, steigt unser Weg leicht an, taucht in den Wald ein und trifft auf eine Straße. Auf dieser gehen wir etwa 400 rechts und biegen dann erneut rechts (kurz vor den Häusern von **Wolfbühl** ②, 750 m) in einen Wanderweg ein. Über Wiesen spazieren wir wieder hinab, stoßen kurz darauf auf den Hinweg und gelangen auf diesem zurück zum Ausgangspunkt.

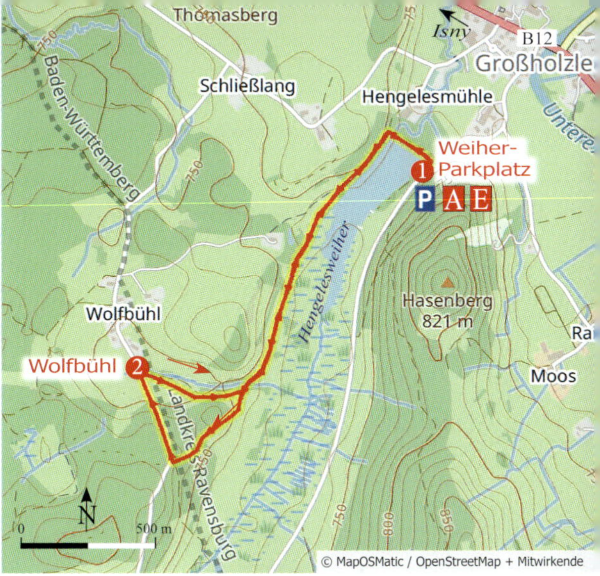

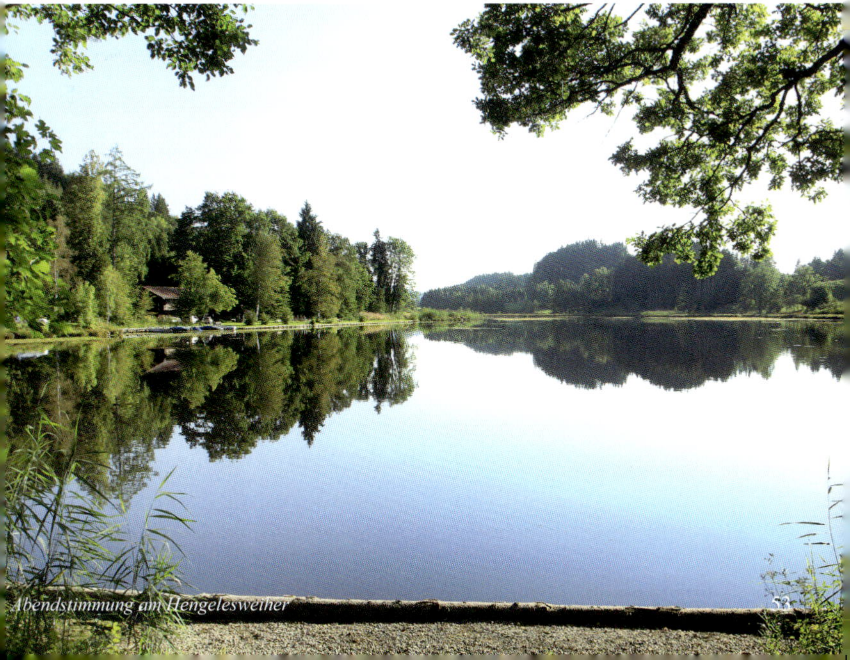
Abendstimmung am Hengelesweiher

15 Burgruine Alttrauchburg und Sonneck

2.15 Std. | 300 Hm | 6 km

Wanderparkplatz »Burgruine Alttrauchburg«, knapp zwei Kilometer ab der B12 Isny–Seltmans via Kleinweiler Richtung Burgruine Alttrauchburg; Parkplatz am unteren Waldrand mit Kneippanlage, 760 m *(**Navi**: 87480 Weitnau-Obergötzenberg).*

Waldwege und Forststraßen, teils recht steil.

Burggaststätte ②

Imposantes Mittelalter oberhalb des Argentales

Der Sonneck-Grat ist einer der vielen bewaldeten Höhenzüge, die sich nördlich der Gipfel der Allgäuer Alpen noch zu großen Höhen aufschwingen. Auf dieser Tour steigen wir hinauf zur eindrucksvollen Burgruine Alttrauchburg, die sich in seinen Nordhängen versteckt und weiter bis zum aussichtsreichen Sonneck-Grat.

Vom **Parkplatz** ①, 760 m, folgen wir einem Wanderweg in den Wald hinein und treffen nach knapp 200 Metern auf einen Querweg, wo wir uns rechts halten. Kurz darauf – bevor wir erneut den Waldrand erreichen – halten wir uns links und steigen auf einem Waldweg bergwärts. Es geht gut 100 Höhenmeter im Wald bergan, bis wir schließlich vor uns die trutzigen Mauern der **Burgruine Altrauchburg** ②, 903 m, aufragen sehen. Unterhalb der Mauern entlang spazieren wir hinüber zum südseitigen Zugang in Gestalt einer breiten (modernen) Holzbrücke. Die imposante Burganlage aus dem späten Mittelalter, erbaut aus teils mächtigen Nagelfluhquadern, gehört zu den besterhaltenen Burgruinen des Allgäus. Nach der ausgiebigen

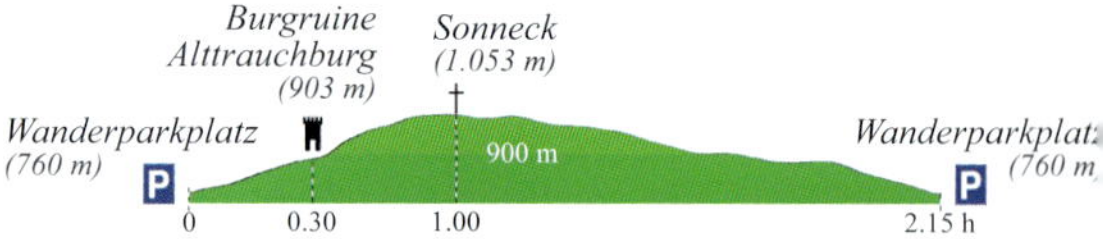

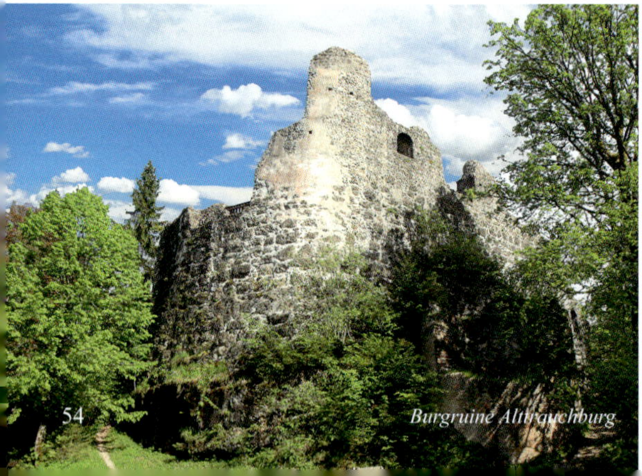

Burgruine Alttrauchburg

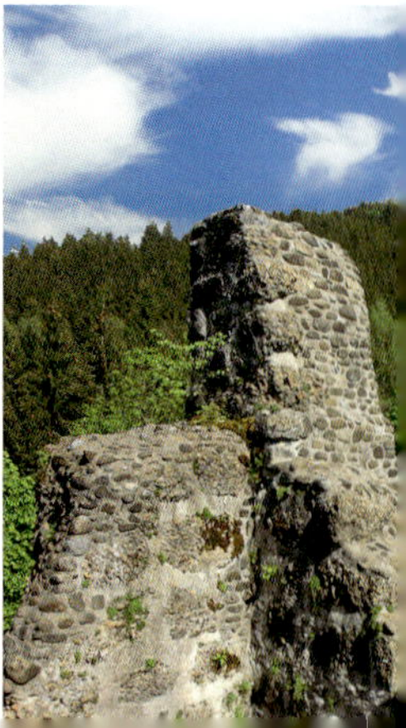

Besichtigung gehen wir von der Burgruine zur nahen Zufahrtstraße, wo gleich gegenüber ein Wanderweg den Hang hinaufführt. Es geht schnurstracks den bewaldeten Steilhang hinauf, dann zum Ende über einen Forstweg schräg links zum Grat. Dort verlassen wir den Forstweg und wandern auf einem schmalen Kammweg ostwärts. Von einer ersten Lichtung öffnet sich der Blick Richtung Süden über das weite Tal des Weitnauer Baches mit dem gleichnamigen Ort. Nach knapp 15 Minuten Kammweg erreichen wir das **Sonneck-Gipfelkreuz** ③, 1053 m, mit schönem Tiefblick. Nach weiteren 15 Minuten verlassen wir schließlich den Grat wieder, biegen scharf links ab und stoßen gleich darauf auf eine breite Schotterstraße. Auf dieser wandern wir – allmählich an Höhe verlierend und mit gelegentlichem, freiem Blick in Richtung Norden ins Tal der Wengener Argen – in westlicher Richtung wieder zurück zur Burgruine Alttrauchburg. Für den weiteren Abstieg gehen wir rechts an der Burganlage entlang, biegen am ersten Abzweig scharf rechts ab und queren einen kleinen Bach. Etwas unterhalb stoßen wir auf einen breiteren Weg, auf dem wir weiter im Wald absteigen und schließlich zurück zu unserem Ausgangspunkt gelangen.

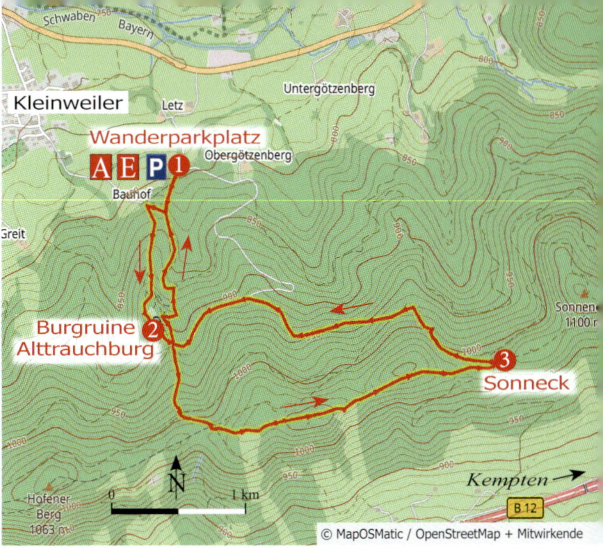

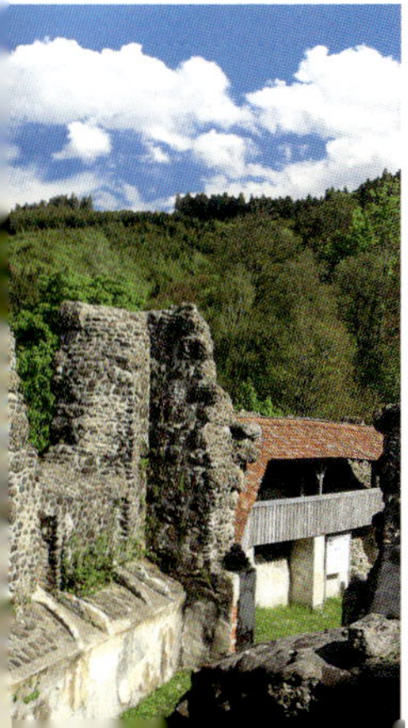

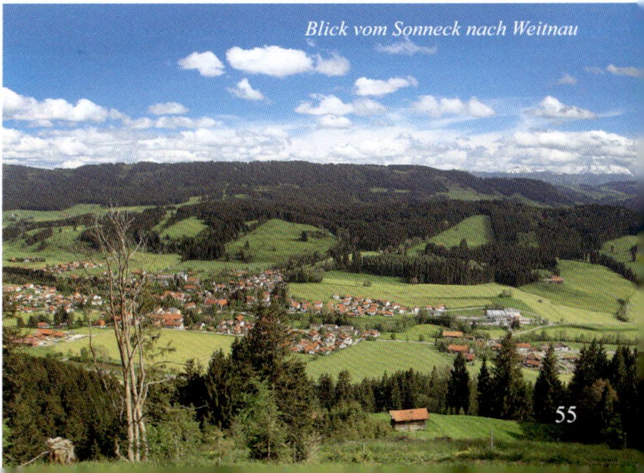
Blick vom Sonneck nach Weitnau

16 Durch den Eistobel

2 Std. | 150 Hm | 5,2 km

Argentobelbrücke, Luftlinie ca. fünf Kilometer südlich von Isny, auf halber Strecke zwischen Maierhöfen und Grünenbach, 709 m *(**Navi**: 88167 Grünenbach, Hauptstraße 83)*; Bus zwischen Isny und Oberstaufen via Argentobelbrücke unregelmäßig alle 1-3 Stunden (fast nur an Schultagen).

Insgesamt recht leichte Tobelwanderung meist direkt am Bach entlang. Teilweise Holzbohlenwege, die tückisch glatt sein können, deshalb ist gutes Schuhwerk ratsam. Retour geht es auf leichten Wegen durch bäuerliche Landschaft.

keine unterwegs

Wasserfälle an der Oberen Argen

Der Eistobel ist eine der weit über das Westallgäu hinaus bekannten Sehenswürdigkeiten der Region und entsprechend gut besucht. Südlich von Isny hat die Obere Argen ein tiefes Tal zwischen zwei Höhenzüge geschnitten und dabei den Eistobel geschaffen mit seinen zahlreichen Wasserfällen, hübschen Bachlandschaften und einer sehr schönen Atmosphäre. Ein leichter Uferweg führt durch den gesamten Tobel hindurch. Der Rückweg erfolgt durch eine stille Wiesenlandschaft.

Da die Obere Argen ein erstaunlich tiefes Tal in die Landschaft gefräst hat, erwartet uns zu Beginn unserer Wanderung ein steiler Abstieg, der uns vom **Parkplatz** ①, 709 m, hinab zum Fluss bringt. Am Talboden (650 m) angelangt halten wir uns rechts und wandern direkt am Wasser entlang flussaufwärts; rückblickend spannt sich hoch über uns die Autobrücke über das Tal. In diesem Abschnitt hat der »Tobel« noch einen recht friedlichen Charakter, das Wasser plätschert gemütlich durch einen lichten Laubwald, der hier und da von einer kleinen Wiesenlichtung aufgelockert ist. Nach gut 15 Minuten beginnt der eigentliche Tobel, es tauchen die ersten Felsblöcke auf, zwischen denen der Fluss hindurchströmt. Steile Felswände wechseln sich ab mit urtümlichen, fast wilden Wald, das Wasser schießt

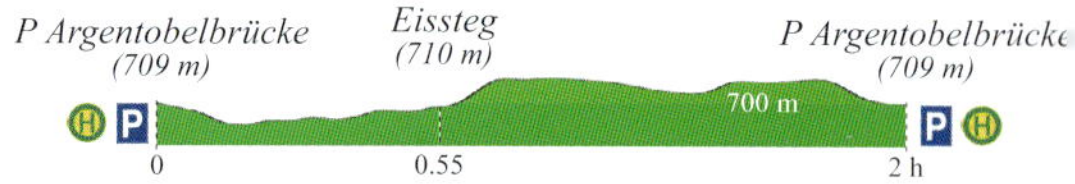

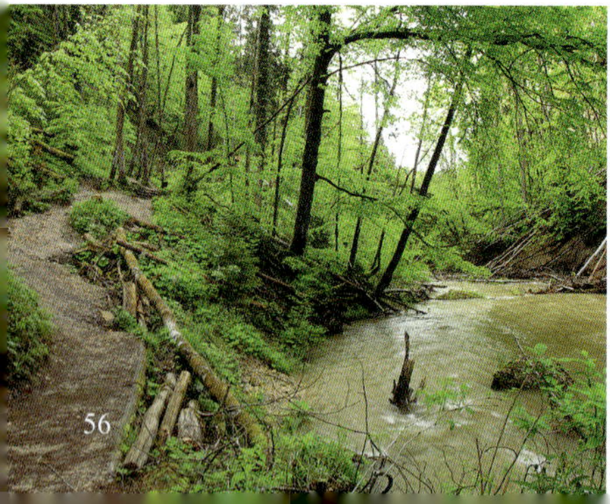

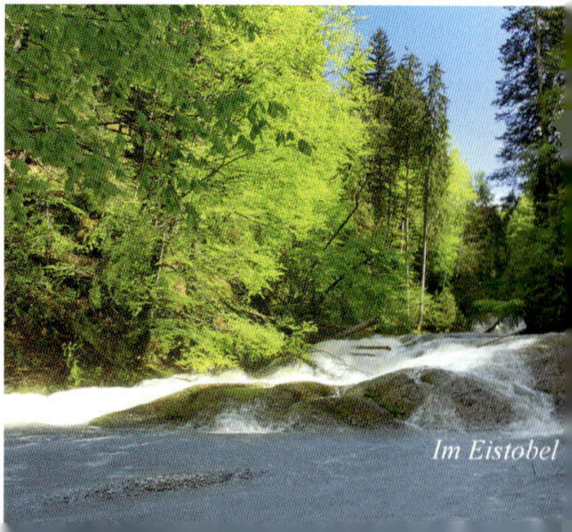

Im Eistobel

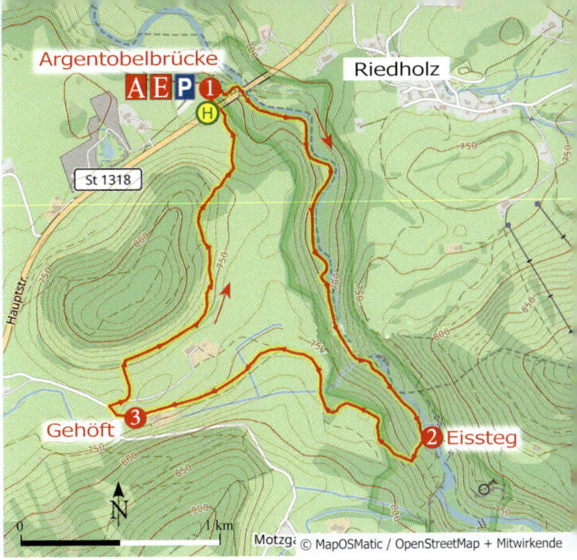

über glatt polierte Felsen. Unterhalb der »Ersten Wasserfälle« weitet sich das Flussbett ein wenig, und breite Kiesbänke locken mitwandernde Kinder zum Spielen am Wasser; ein sehr idyllisches Plätzchen!
Ab hier wird es etwas anstrengender, es geht Auf und Ab, ohne allerdings wirklich schwierig zu werden. Wir passieren den »Großen Wasserfall« sowie die »Hohe Wand« (ebenfalls mit schön gelegenen Picknickbänken und Spielmöglichkeiten für Kinder am und im Wasser) und gelangen schließlich zum **Eissteg** ②, 710 m. Hier befindet sich unser Umkehrpunkt, aber wer mag und einen kurzen, aber knackigen Anstieg nicht scheut, kann sich noch einen gut 10-minütigen Abstecher zu einem nahen Stausee mit einer eindrucksvollen Nagelfluhwand als Hintergrundkulisse gönnen. Ansonsten verlassen wir hier am Eissteg den Tobel und steigen über den bewaldeten, westlichen Hang aus dem Taleinschnitt hinaus. Oben noch kurz am Waldrand entlang, dann öffnet sich das Gelände zu einem sehr abgeschiedenen Hochtal. Auf einem breiten Fahrweg wandern wir in westlicher Richtung durch die Wiesenlandschaft, passieren ein **Gehöft** ③, 745 m, halten uns an einer Kreuzung rechts und wandern – nun auf der gegenüberliegenden Talseite – wieder in östlicher Richtung zurück. Der Wirtschaftsweg biegt dann allmählich links um und führt über eine kleine, bewaldete Kuppe. Dort verlassen wir den Fahrweg, biegen rechts in einen Pfad ein und wandern am Rand einer Wiese hinab zum Ausgangspunkt an der Argentobelbrücke.

Rückweg durch das stille Hochtal von Motzgatsried

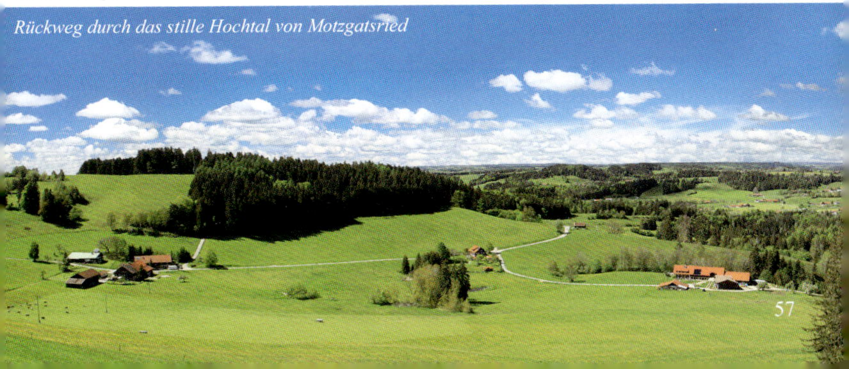

17 Zwischen Gestratz und Herrgottswiesen

3.30 Std. | 300 Hm | 10,2 km

Gestratz, kleiner Ort zwischen Isny und Lindenberg; Parkplatz im Dorfzentrum bei der Kirche, 630 m
*(**Navi**: 88167 Gestratz, Schulstraße 1).*

Meist schmale Teerstraßen (kaum Verkehr), teils Schotterwege, zu Beginn recht steile Passage bergan.

keine unterwegs, nur in Gestratz ①

Stille Wege mit großen Aussichten

Wer das Westallgäu bisher für eine eher flache Region gehalten hat, wird auf dieser Wanderung eines Besseren belehrt. Von Gestratz im Tal der Oberen Argen geht es steil hinauf nach Herrgottswiesen, wo sich ein fast grenzenloses Panorama Richtung Süden mit den unzähligen Gipfeln der Nagelfluhkette und des Bregenzerwaldes öffnet. Auf breiten Fahrwegen wandern wir »oben« durch eine bäuerliche Landschaft mit ihren weiten Wiesen, Wäldchen und kleinen Weilern, ehe es wieder allmählich hinab ins Argental geht.

Vom Parkplatz in der Ortsmitte von **Gestratz** ①, 629 m, folgen wir für wenige Schritte der Hauptstraße nordwärts und biegen dann in den »Kössentöbeleweg« ein. Nach gut 500 Metern lassen wir die letzten Häuser hinter uns, die Straße wird zum Schotterweg, und wir wandern in ein hübsches Tälchen hinein. Nach etwa 15 Minuten gelangen wir an dessen oberes Ende, treffen auf eine Straße, der wir für gut 250 Meter folgen, um dann links auf einer Stichstraße zu einem nahen Haus hinaufzusteigen. Dahin-

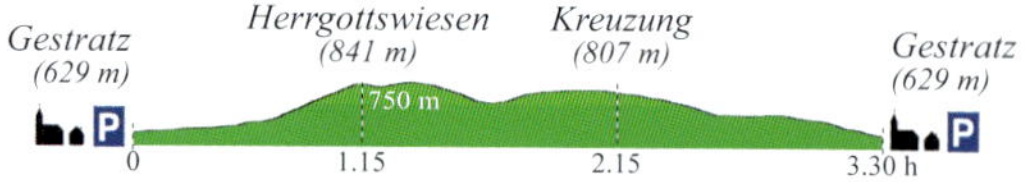

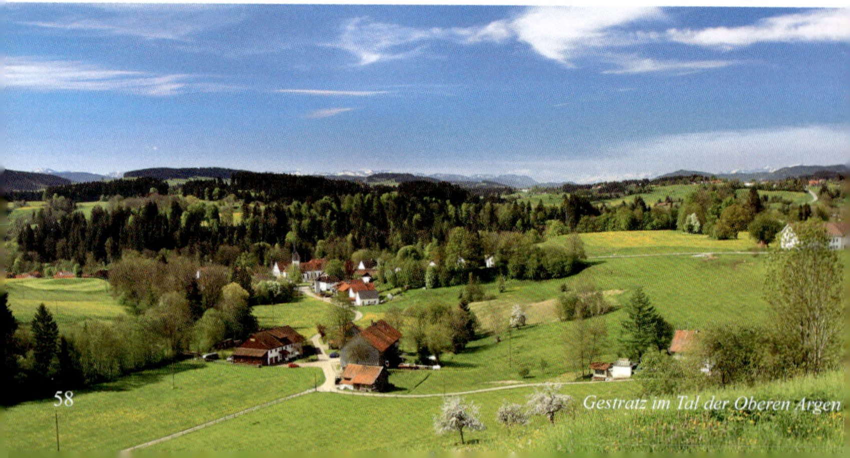

Gestratz im Tal der Oberen Argen

ter beginnt ein Fußweg, der recht steil den bewaldeten Hang hinaufführt. Nach knapp 10 Minuten Anstieg passieren wir ein einzeln stehendes Gebäude, dann geht es noch einige Minuten weiter über den Wiesenhang hinauf bis zu einer Straße, wo uns eine Bank erwartet (**Herrgottswiesen** ②, 841 m). Rückblickend öffnet sich hier oben ein prächtiges Panorama über das tiefe, weite Tal der Oberen Argen mit der langen Alpengipfelkette im Süden. Wir folgen der Straße,

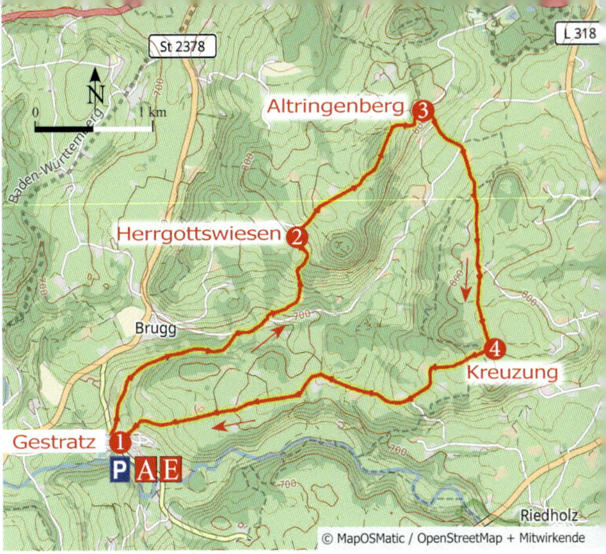

die weiter in nordöstlicher Richtung über die Hochfläche führt, hier und da ein Haus am Wegesrand, ansonsten weite Wiesen und kleine Wäldchen. Nach etwa 1,5 Kilometern gelangen wir zur kleinen Häuseransammlung von **Altringenberg** ③, 810 m. Hinter dem Weiler rechts und knapp 500 Meter auf einer Straße durch eine kleine Senke hindurch zu einer Wegkreuzung, wo wir uns schräg rechts halten. Auf dem vor uns liegenden stillen Teer- und Schottersträßchen geht es – anfangs leicht ansteigend – etwa 1,5 Kilometer weiter in südlicher Richtung, begleitet von vereinzelten Höfen und freien Ausblicken. An einer **Wegkreuzung** (④, 807 m) halten wir uns schließlich rechts und steuern – nun in westlicher Richtung – Gestratz an. An der Szenerie ändert sich wenig: weite, stille Wiesen mit hübschen Ausblicken, hier und da ein Haus oder Bauernhof. Der Weg verliert allmählich an Höhe, bis wir schließlich nach etwa einer Stunde unseren Ausgangspunkt im Talgrund der Oberen Argen erreichen.

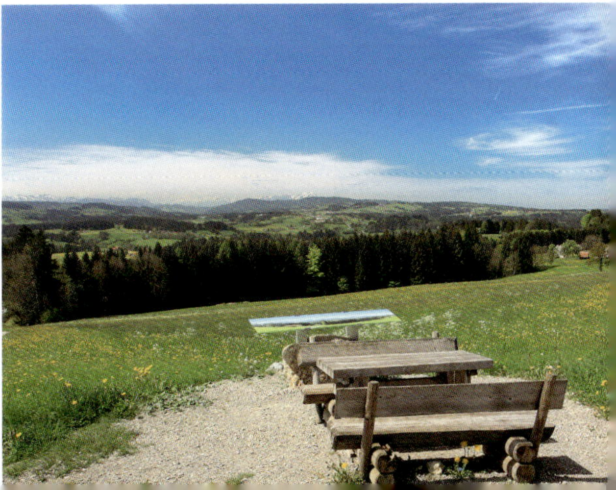

Panorama bei Herrgottswiesen

18 Uferwege am Argen-Zusammenfluss

2.20 Std. | 100 Hm | 7 km

Wanderparkplatz Grub, ca. einen Kilometer westlich von Neuravensburg am Waldrand unterhalb der A96, 510 m *(**Navi**: 88239 Wangen-Grub, Fischerweg).*

Wald- und Forstwege, bei Nässe streckenweise etwas rutschig.

keine unterwegs

Unterwegs auf stillen Wald- und Uferwegen

Fast das gesamte Westallgäu wird geprägt von den beiden Flüssen Obere und Untere Argen, denen wir auf zahlreichen Wanderungen in diesem Buch begegnen. Südwestlich von Wangen vereinen sich beide Flüsse schließlich zur Argen, die dann ihren restlichen, nicht mehr weiten Weg zum Bodensee antritt. Auf dieser Tour besuchen wir den Zusammenfluss und folgen auf stillen Waldwegen ihren Flussufern.

Vom **Wanderparkplatz** ①, 510 m, folgen wir dem breiten – linken – Forstweg in den Wald hinein, überqueren kurz darauf die Obere Argen und unterqueren fast gleichzeitig die hohe Autobahn-Brücke. Etwa 150 Meter weiter biegen wir rechts in einen schmaleren Wanderweg ab. Für die nächsten zwei Kilometer verläuft der Weg im Wald weiter, wobei wir uns oft direkt am Flussufer entlangbewegen. Dann erreichen wir den **Zusammenfluss von Oberer und Unterer Argen** ②, 490 m, mit Schutzhütte am Ufer und ausgedehnten Kiesbänken. Im weiteren Verlauf folgen wir

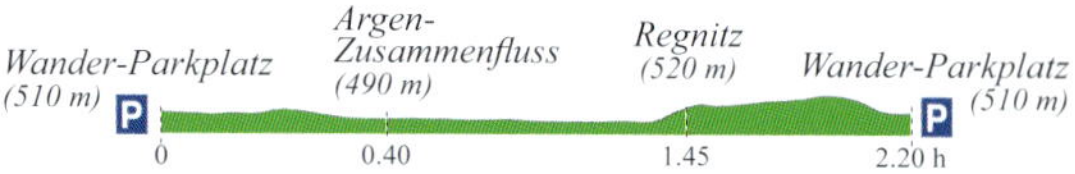

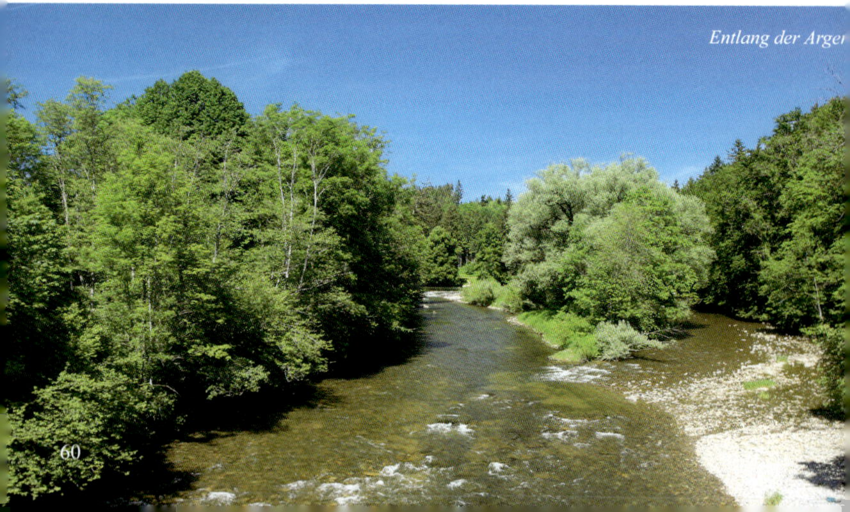

Entlang der Arge

dem linken Ufer des nun etwas breiteren und nur noch Argen genannten Flusses. In weiten Mäandern geht es südwärts, wobei der Weg mal näher, mal etwas weiter entfernt vom bewaldeten Ufer verläuft. Nach einer knappen Stunde verlassen wir das Flusstal und steigen links den Waldhang zum kleinen Weiler **Regnitz** ③, 520 m, hinauf. Von dort halten wir uns nordostwärts und spazieren auf breiten Wirtschaftswegen durch die Weide- und Wiesenlandschaft. Gut 15 Minuten später queren wir die kleine Häuseransammlung von Strohdorf und tauchen dahinter – nach einer Geländekante – wieder in den Wald ein. Es geht wieder bergab ins Flusstal, wo wir schließlich den vom Hinweg bekannten Forstweg erreichen. Nun noch unterhalb der Autobahn hindurch, über die Obere Argen und schon sind wir am Parkplatz angekommen.

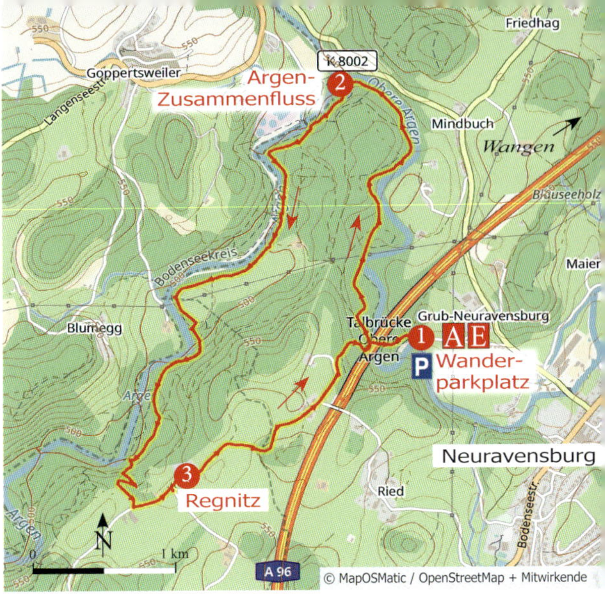

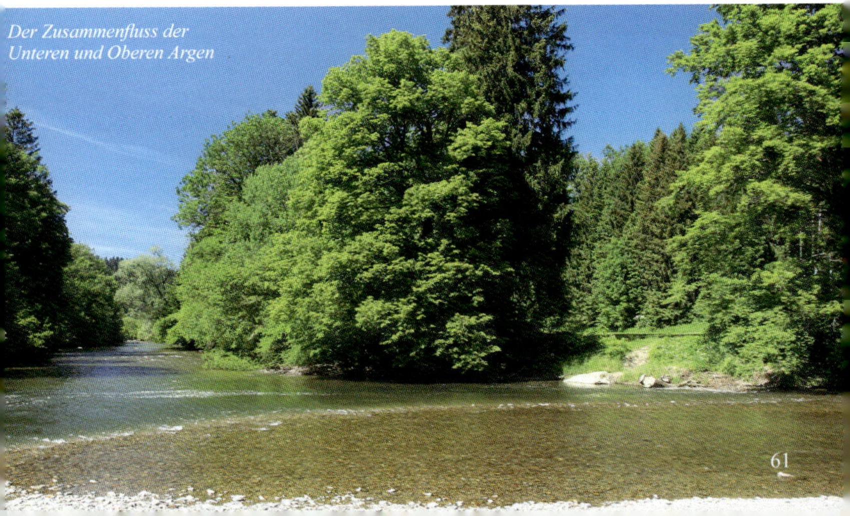

Der Zusammenfluss der Unteren und Oberen Argen

19 Auf den Hochberg bei Scheidegg

4 Std. | 300 Hm | 11 km

Scheidegg, »Skywalk«-Parkplatz (Naturerlebnispark). Am südlichen Ortsende von Scheidegg hinter dem Kurhaus auf einer Stichstraße gut zwei Kilometer bis zum »Skywalk«, 890 m
*(**Navi**: 88175 Scheidegg, Oberschwenden 1).*
Für Anreisen aus Richtung Lindau ist auch ein Start in Möggers möglich (Wanderung von dort ist etwas kürzer: 3.15 Std.).

Breite Wege durch Wald und Wiesen, mäßige Steigungen.

Gasthof Paradies (kurzer Abstecher); Riedstüble

Aussichtsgipfel zwischen Bregenzerwald und Bodensee

Scheidegg liegt hoch oben auf einem langen Höhenzug, der sich bis hinüber zum Pfänder erstreckt, dem Bregenzer Hausberg. Von unserem Startpunkt beim Skywalk (Baumwipfelpfad) mit prächtigen Ausblicken Richtung Bregenzerwald führt diese Tour durch stille Wälder hinauf zum Hochberg. Der Rückweg erfolgt über die Westseite des Kammes, der sich Richtung Bodensee öffnet. Eine schöne Runde mit weiten Panoramen.

Vom **Skywalk-Parkplatz** ①, 890 m, gehen wir ein kurzes Stück auf der Straße wieder zurück, biegen vor der Straßenkehre rechts in einen Fußweg ein und erreichen kurz darauf eine Forststraße. Auf dieser geht es für knapp zwei Kilometer stetig, aber meist recht gemächlich im stillen Wald bergan, bis wir auf den quer verlaufenden »Höhenweg« stoßen, der von Möggers heraufführt. Dort halten wir uns links und wandern gemütlich noch ein Stück durch

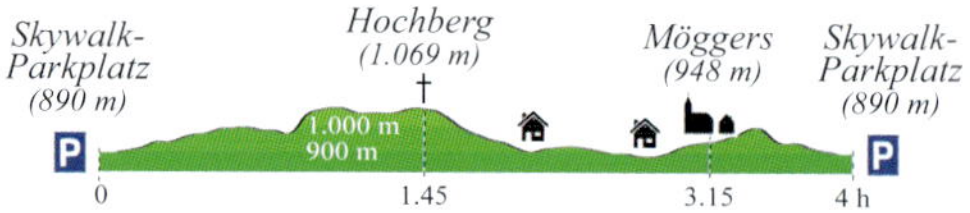

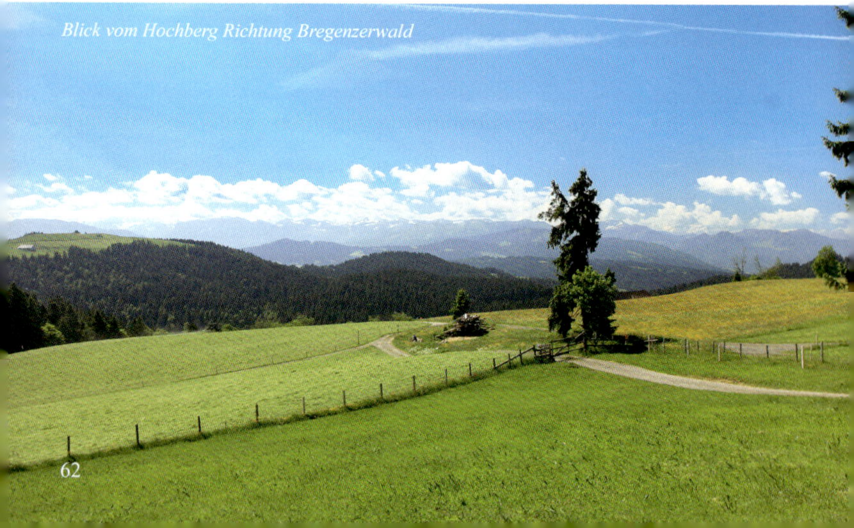
Blick vom Hochberg Richtung Bregenzerwald

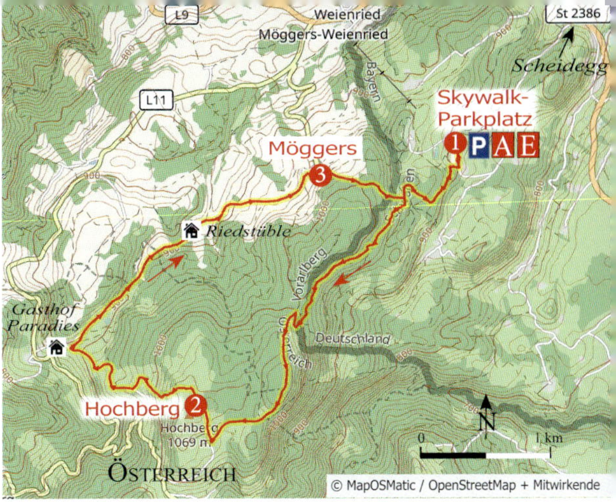

den Wald, bis sich das Gelände zu den offenen Wiesen des **Hochbergs** ②, 1069 m öffnet. Im Süden breitet sich ein weites Panorama aus mit den Gipfeln des Bregenzerwaldes in der Ferne. An der ersten Verzweigung halten wir uns rechts und erreichen den höchsten Punkt unserer Tour bei einem einzelnen Bauernhaus. Der Abstieg erfolgt über seine Nordwestflanke, anfangs auf einem schmalen Wiesenweg, später auf einer Teerstraße. Vor uns öffnet sich dabei ein phantastischer Blick über den Bodensee. Bei einem Bauernhof am unteren Ende des langen Wiesenhanges besteht die Möglichkeit eines kurzen Einkehr-Abstechers hinab zum Gasthof Paradies, andernfalls wenden wir uns dort nach rechts. Nun wieder in nordöstlicher Richtung geht es durch ein hübsches, stilles Tälchen. Hinterm Riedstüble halten wir uns rechts und steigen hinauf nach **Möggers** ③, 948 m. Dort oberhalb an der Kirche vorbei (nicht den Weg zum Wasserbehälter) im Wald hinauf zur Ulrichskapelle sowie zur Staatsgrenze. Kurz darauf stoßen wir wieder auf den Forstweg, den wir vom Hinweg her kennen. Auf diesem links und zurück zum nahen Parkplatz.

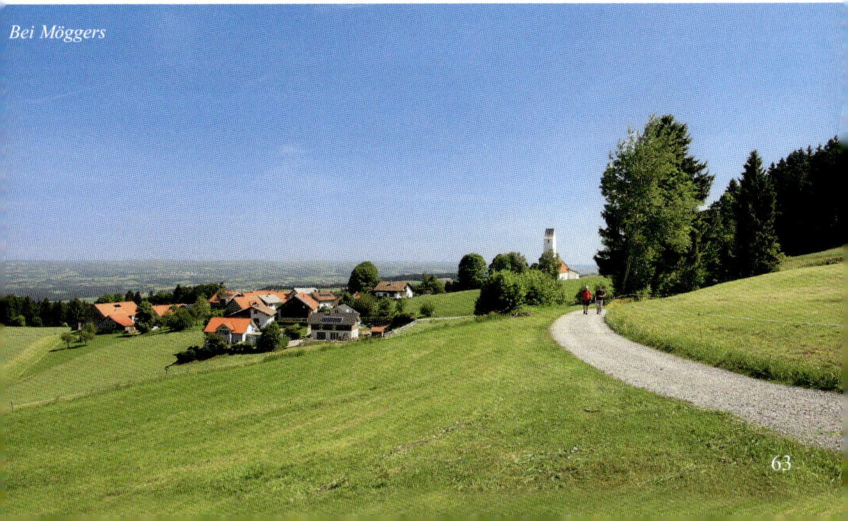

Bei Möggers

20 Scheidegger und Hasenreuther Wasserfälle

2.15 Std. | 175 Hm | 6,6 km

Scheidegg, Scheidegger Wasserfälle, Parkplatz ca. 1,5 Kilometer westlich von Scheidegg an der B308 Richtung Lindau, 720 m *(Navi: 88175 Scheidegg, Scheidegger Wasserfälle).*

Ordentliche Forst- und Waldwege, am Hasenreuther Wasserfall bei Nässe rutschig.

bei den Scheidegger Wasserfällen ① und in Gretenmühle (kurzer Abstecher am Ende der Tour).

(Be)rauschendes im tiefen Wald

Westlich von Scheidegg lassen sich zwei besonders eindrucksvolle Wasserfälle entdecken. Der kleine Rickenbach stürzt in Gestalt der Scheidegger Wasserfälle über zwei jeweils rund 20 Meter hohe Gesteinsstufen in die tiefe Rohrachschlucht, und etwas versteckt im dichten Wald hat der Riedbach den sehenswerten Hasenreuther Wasserfall geschaffen. Beide Ziele lassen sich auf dieser stillen Wanderung miteinander verbinden.

Vor Beginn der eigentlichen Wanderung statten wir den eindrucksvollen **Scheidegger Wasserfällen** ①, 720 m, einen Besuch ab. Ein schöner, knapp 45-minütiger Rundweg (Eintritt) führt zu diversen Aussichtspunkten im Tal des Rickenbaches: zu den hohen, zweistufigen Hauptwasserfällen, die man sowohl von oben als auch über einen längeren Abstieg von unten bestaunen kann sowie zu einem kleinen, hübschen Nebenfall. Für Kinder ist im Eingangsbereich ein schöner Wasserspielplatz angelegt worden. Nach diesem rauschenden Einstieg führt uns die Wanderung schließlich vom Parkplatz auf einer Teerstraße südwärts in zwei weiten Bögen zum Weiler Rickenbach und

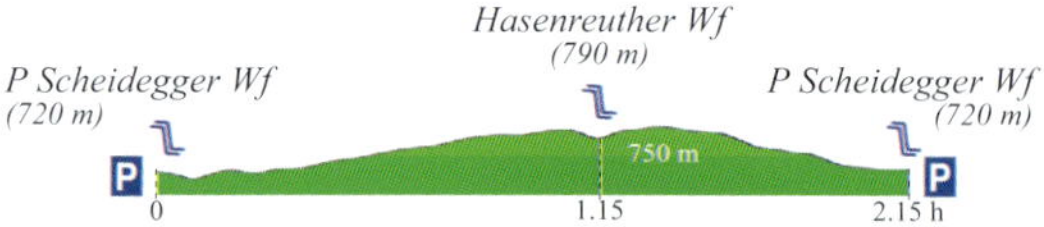

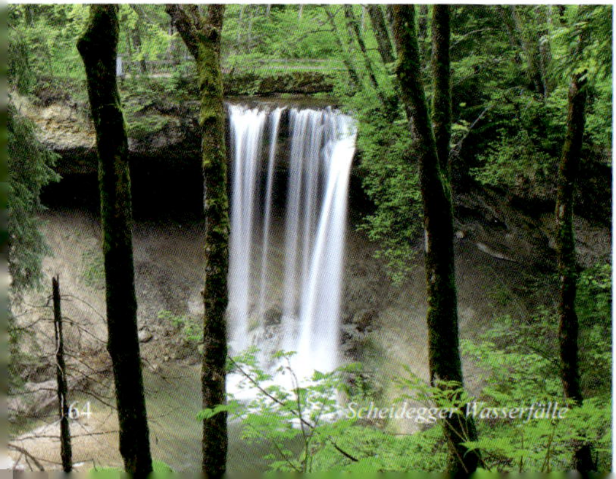

Scheidegger Wasserfälle

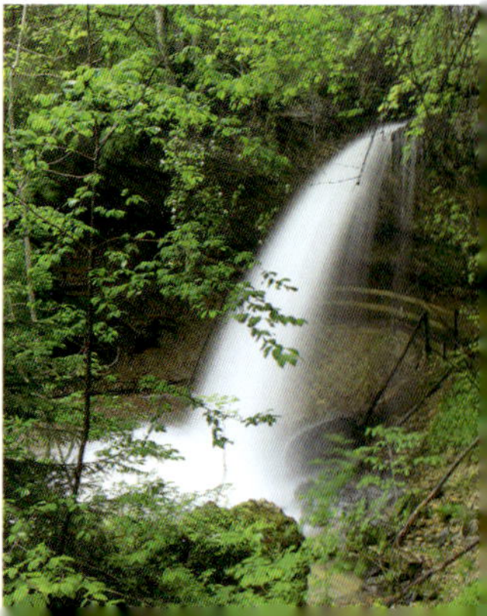

weiter – auf einem breiten Fahrweg – durch Wald und über Wiesen allmählich aufwärts. Nach knapp 1,5 Kilometern, kurz hinter den wenigen Häusern von **Aizenreute** ②, 804 m, überqueren wir den Riedbach und erreichen im dichten Wald eine Landstraße. Dort links und an der Straße entlang ca. 400 Meter Richtung Scheidegg, bis links ein schmaler Waldweg abzweigt (leicht zu übersehen). Auf diesem steigen wir durch den Wald in wenigen Minuten zum malerischen, etwas versteckt liegenden **Hasenreuther Wasserfall** ③, 790 m, hinab. Zurück zur Straße geht es auf gleichem Weg, dort links und für gut 750 Meter an der Straße entlang bis zu den ersten Häusern von Scheidegg. Gegenüber dem »Bergwaldweg« folgen wir links einem Wirtschaftsweg über die Wiesen bis zu einer Geländekante. Es geht links abwärts und nach 150 Metern scharf rechts, dann weitgehend geradeaus durch den bewaldeten Taleinschnitt des Riedbaches zurück zum Parkplatz bei den Scheidegger Wasserfällen.

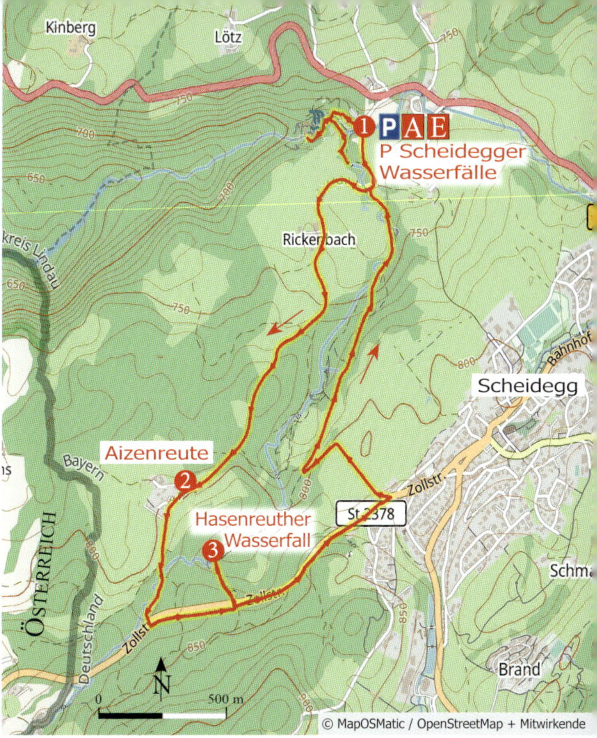

Hasenreuther Wasserfall

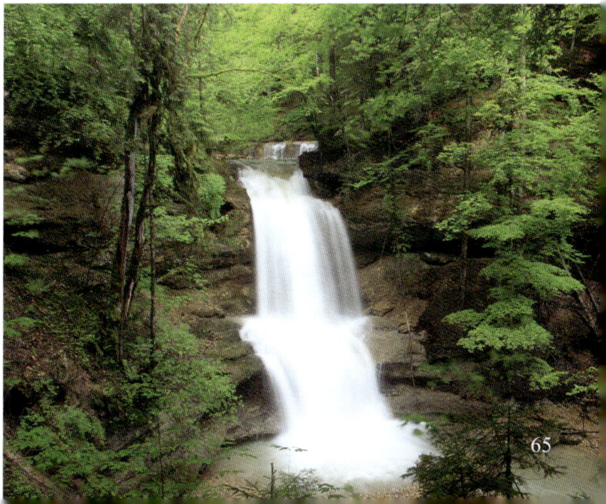

21 Vom Waldsee zu den Scheidegger Wasserfällen

3.30 Std. | 150 Hm | 9,6 km

Waldsee in Lindenberg. Vom Ortszentrum Lindenberg ca. ein Kilometer auf Ortsstraßen zum Parkplatz direkt am Waldsee am nordwestlichen Ortsrand, 765 m *(**Navi**: 88161 Lindenberg, Austraße 41).*

Leichte, breite Wege mit mäßigen Steigungen.

Am Waldsee ①; bei den Scheidegger Wasserfällen ④; in Gretenmühle

Am Waldsee

Auf aussichtsreichen Wegen zu hohen Wasserfällen

Die eindrucksvollen Scheidegger Wasserfälle haben es mit Leichtigkeit auf die Liste der »Schönsten Geotope Bayerns« geschafft. Wir starten diese Wanderung am stillen Waldsee in Lindenberg und wandern durch einsame Moore und aussichtsreiche Wiesen hinüber zu den Wasserfällen.

Vom **Parkplatz** ①, 765 m, sind es nur wenige Meter hinüber zum Ufer des stillen Waldsees. Wir spazieren an seiner rechten Seite hinüber zum Freibad und biegen gleich dahinter links ab (Wegweiser »Allmansried«). Der Wanderweg verläuft für knapp zwei Kilometer in westlicher Richtung durch einen Mix aus Wald, Moor und kleinen Lichtungen und schließlich über offene Weideflächen bis nach **Allmansried** ②, 820 m. Es geht weiter geradeaus durch das kleine Dorf hindurch, dann am hinteren/west-

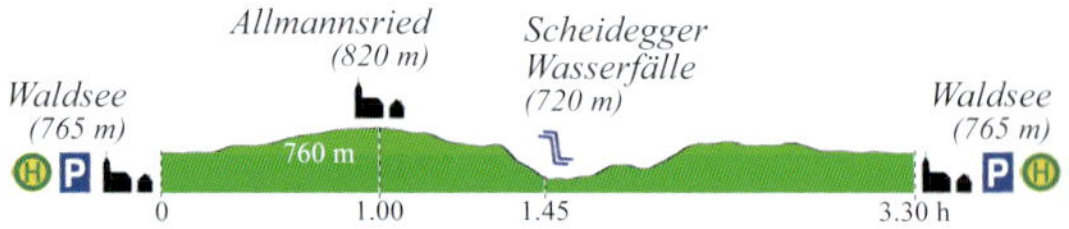

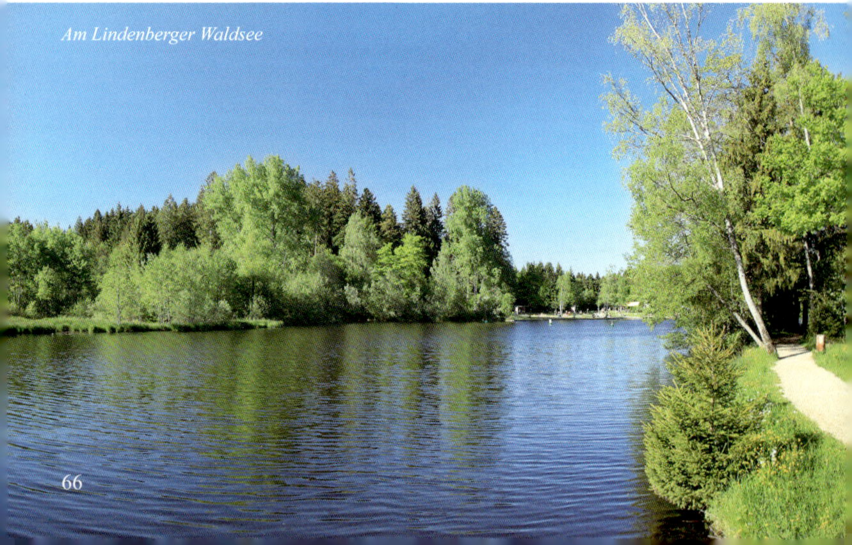

Am Lindenberger Waldsee

lichen Dorfende links (Wegweiser »Lötz«) und über eine Wiesenkuppe. Kurz darauf gelangen wir zu einer leerstehenden Feriensiedlung am oberen Rand eines steil nach Süden abfallenden Hanges. Richtung Süden öffnet sich ein schöner Blick über das tiefe Tal des Rickenbaches hinüber nach Scheidegg mit der Nagelfluhkette und den Gipfeln des Bregenzerwaldes in der Ferne. Wir wandern am oberen Rand der Ferienbungalows am Waldrand westwärts, dann kurz über einen Wiesenweg und schließlich auf einem Schotterweg – mit feinem Blick über weite Wiesen bis hinab zum fernen Bodensee – gemütlich hinab zu den Häusern von **Lötz** ③, 785 m. Dort links, kurz durch Wald und – erneut vorbei an einigen Ferienhäusers – nach weiteren 200 Metern auf einem Sträßchen rechts abwärts zur B308. Direkt gegenüber gelangt man mit wenigen Schritten zum Eingang

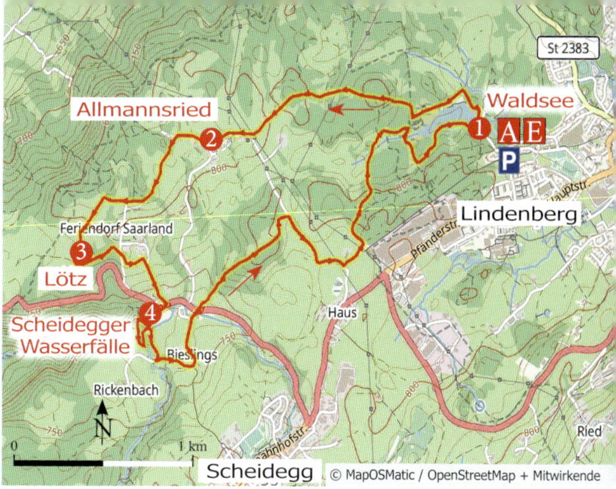

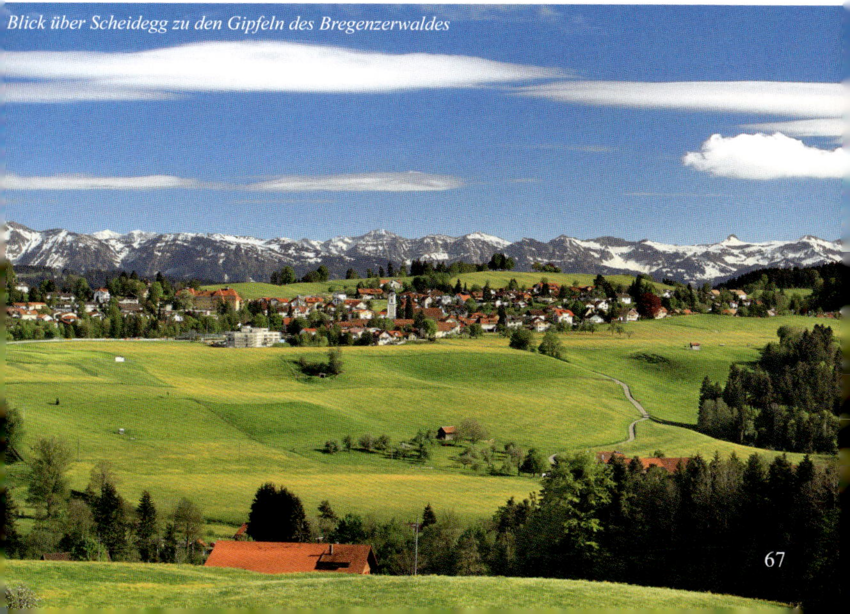
Blick über Scheidegg zu den Gipfeln des Bregenzerwaldes

der **Scheidegger Wasserfälle** ④, 720 m (Eintritt). Das Wasser des Rickenbachs stürzt hier über zwei insgesamt gut 40 Meter hohe Stufen in die tiefe Rohrachschlucht. Ein ca. 30-45 minütiger Rundweg führt zu mehreren Aussichtspunkten mit hübschen Details unterwegs. Im Eingangsbereich gibt es einen schönen Wasserspielplatz für junge Mitwanderer.

Unsere weitere Wanderung vom Eingangsbereich führt uns gut 200 Meter auf der kleinen Straße in südlicher Richtung bis zu einer Kreuzung, wo wir links abbiegen und zu den nahen Häusern von Biesling gelangen. Dort erneut links und ca. 350 Meter weiter bei Gretenmühle (mit kleinem Reptilienzoo) wieder über die B308. Genau gegenüber folgen wir einem Fahrweg etwa einen Kilometer einen bewaldeten Hang hinauf bis zu einer Teerstraße, dort rechts und nach etwa 10 Minuten (unter einem Hochspannungsmast) links. Nach 200 Metern erreichen wir einen weiteren Waldrand, dort etwa 100 Meter links, dann rechts hoch über eine bewaldete Kuppe und in wenigen Minuten auf der anderen Seite wieder hinab in eine Feuchtwiesen-Ebene. Dort gehen wir im leichten Rechtsbogen hinüber Richtung Waldsee. An der ersten Verzweigung scharf rechts, über einen kleinen Holzsteg und gut 200 Meter später scharf links. Auf dem folgenden Weg gelangen wir kurz darauf zum Südufer des Waldsees und dann am Wasser entlang zum Ausgangspunkt.

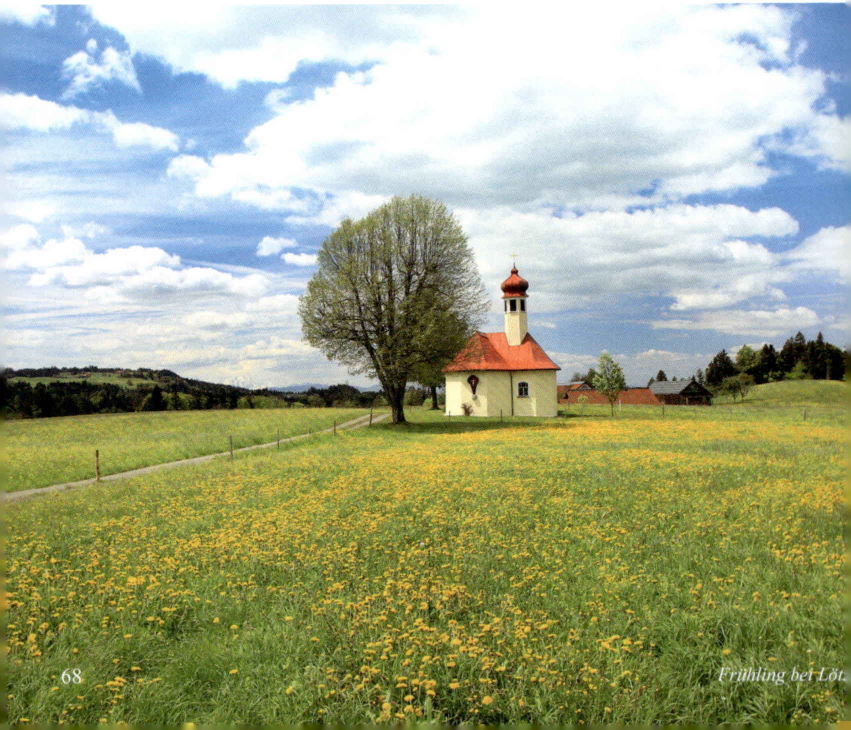

Frühling bei Löt.

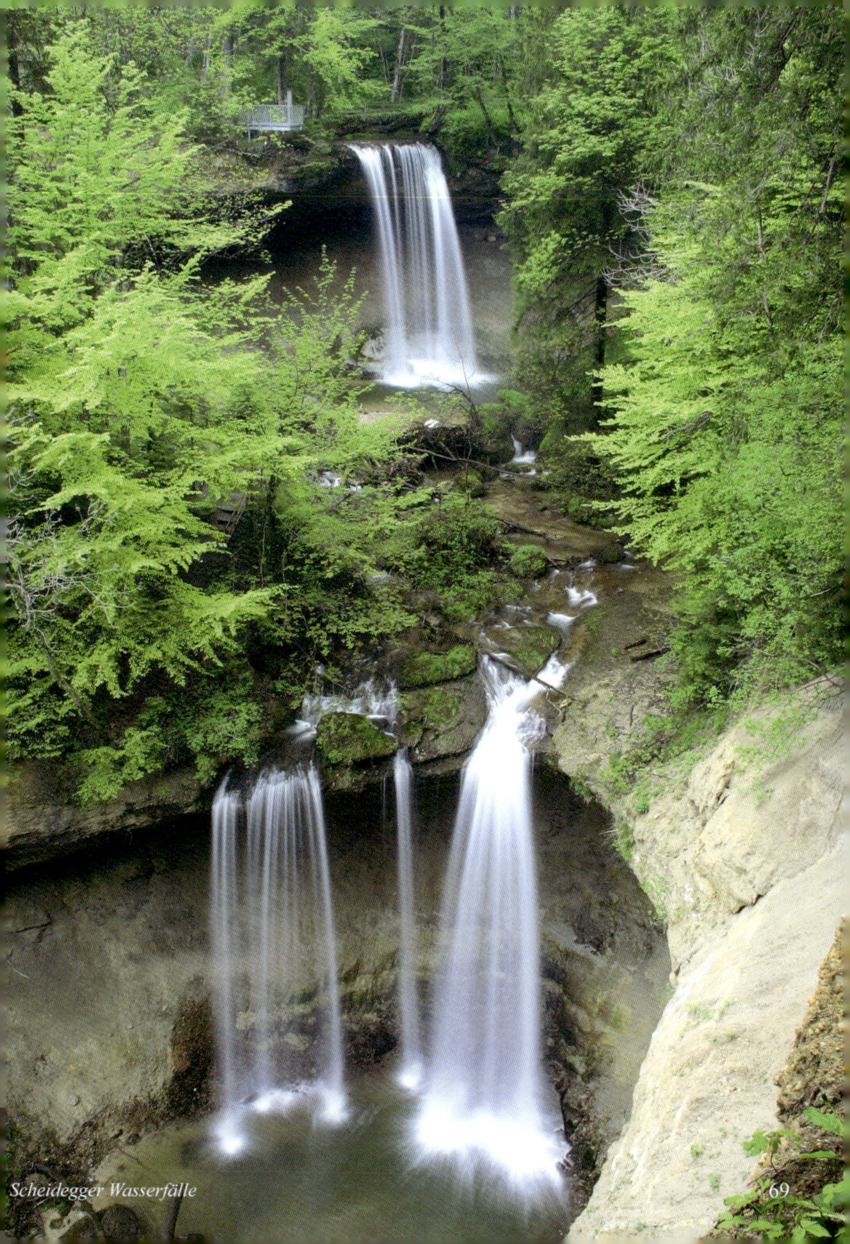

Scheidegger Wasserfälle

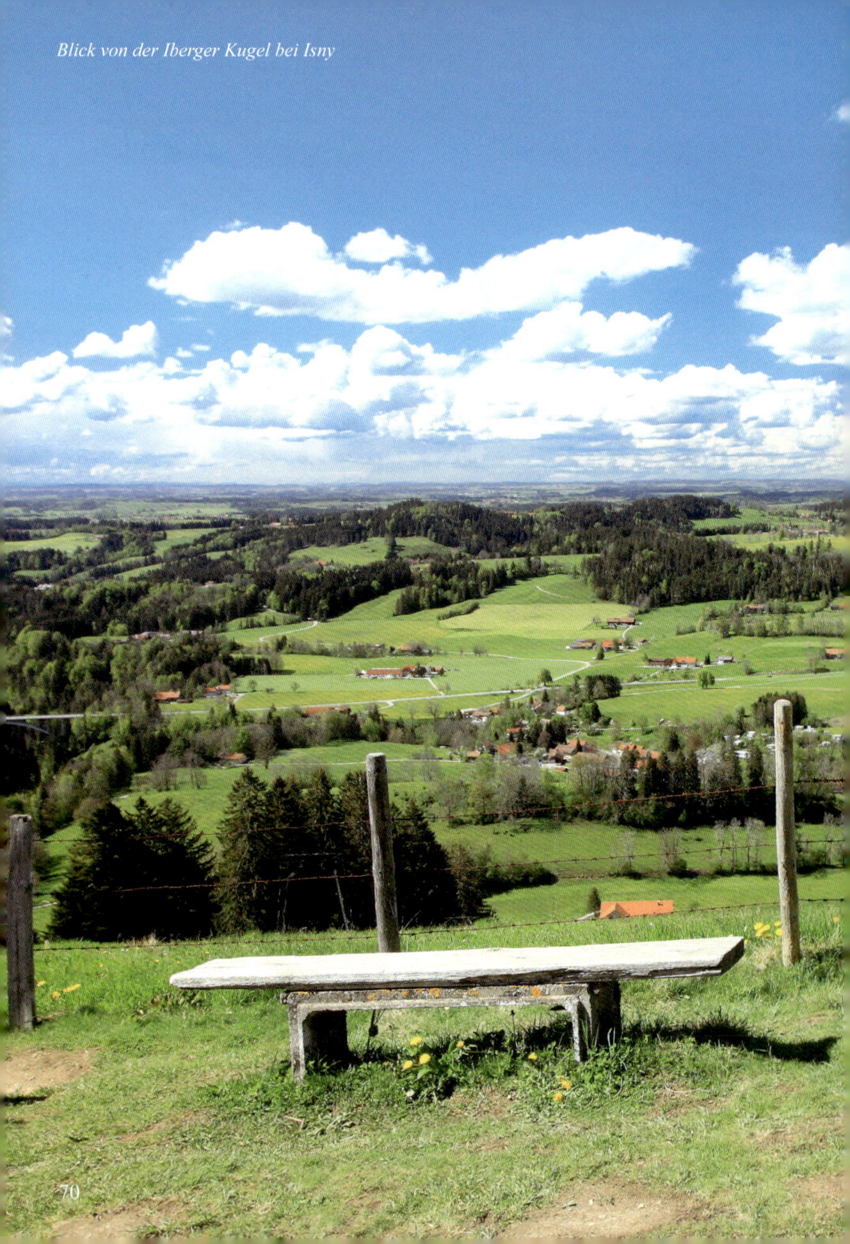

Blick von der Iberger Kugel bei Isny

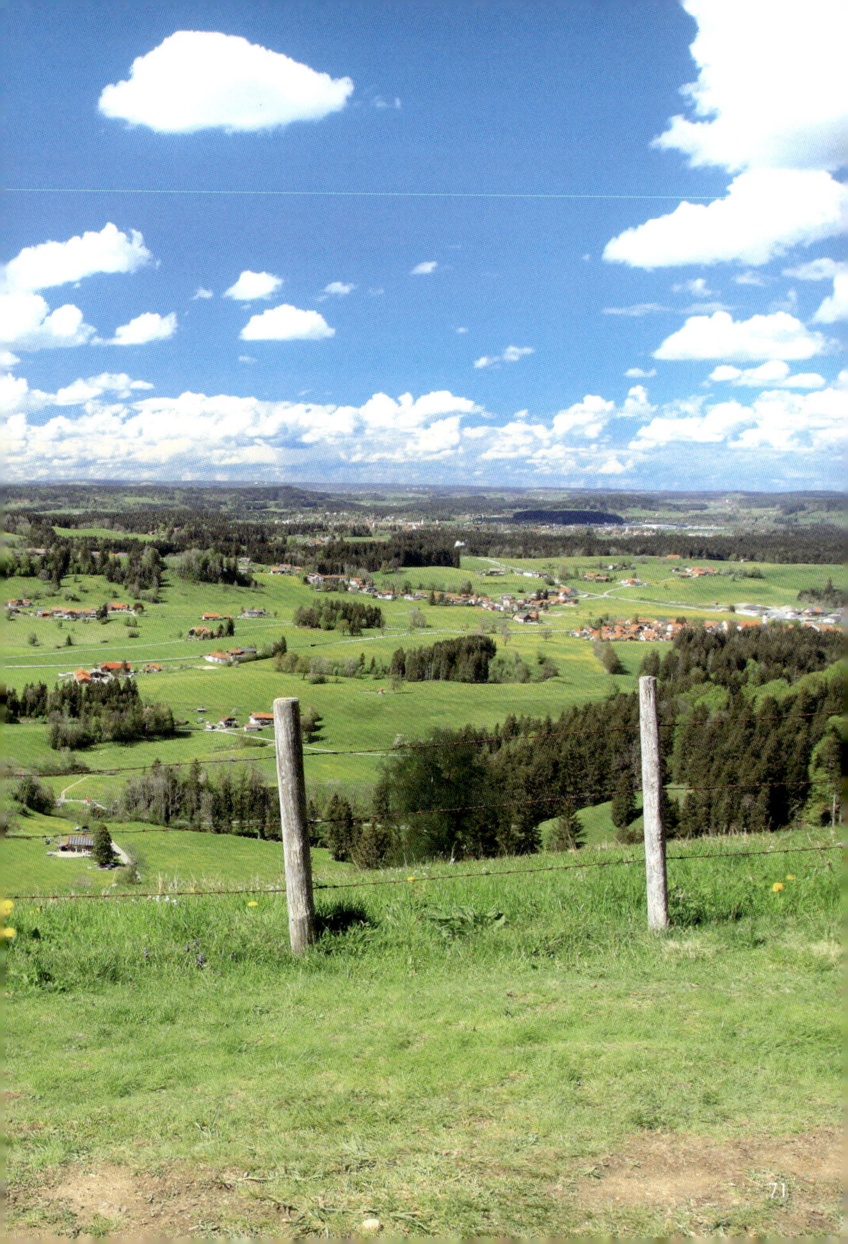

22 Durch den Ellhofer Tobel bei Röthenbach

3.15 Std. | 175 Hm | 9,6 km

Röthenbach, ca. neun Kilometer Luftlinie südwestlich von Isny. Parkplätze direkt neben der Kirche im Ortszentrum am Tobelbeginn, 650 m *(**Navi**: 88167 Röthenbach, Mühlenstraße 1).*

Oft schmale, aber nicht schwierige Pfade, teils breite Wege. Einige kurze, steile Passagen.

keine unterwegs

Stille Pfade in einem einsamen Tobel

Südlich von Röthenbach erstreckt sich ein ca. fünf Kilometer langes Tal, das der kleine Tobelbach in die weite, wellige Landschaft gegraben hat. Auf einem über weite Strecken sehr einsamen Wanderweg durchstreifen wir fast den gesamten Tobel mit seinen idyllischen Wiesen, steilen Hängen und dichten Wäldern, oft direkt am klaren Wasser entlang.

Der kleine Ort Röthenbach liegt am Ausgang eines stillen Tales, das wir auf dieser Tour ansteuern. Vom Parkplatz unterhalb der **Röthenbacher Kirche** ①, 650 m, folgen wir dem »Kirchweg«, der hinüber zum rechten Talrand und dann am Waldrand ins Tal hineinführt. Bald lassen wir die letzten Häuser hinter uns, erreichen den Tobelbach und spazieren an seinem rechten, bewaldeten Ufer auf schmalem Pfad weiter taleinwärts. Einen Fußgängersteg über den Bach ignorieren wir, bleiben rechts des Ufers und gelangen kurz darauf zu einem überraschend großen Stauwerk, das bei Hochwasser den Bach dahinter aufstau-

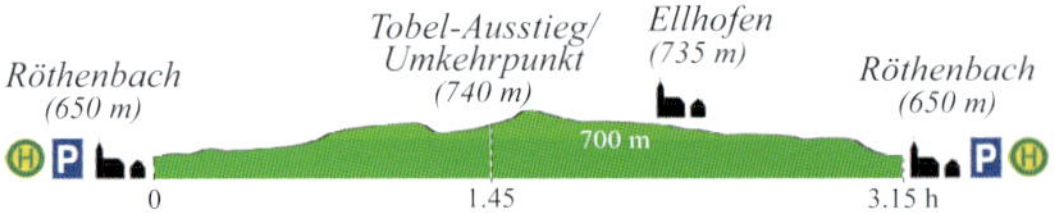

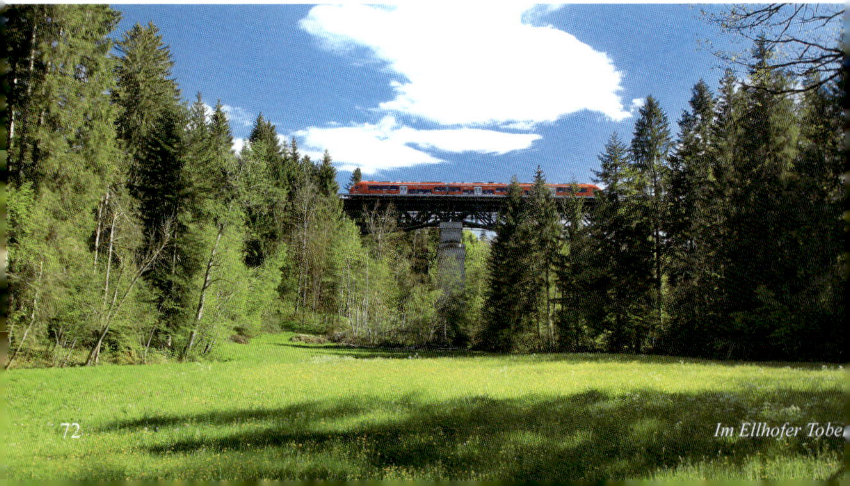
Im Ellhofer Tobel

en soll, um Röthenbach vor Überflutung zu schützen. An einem sonnigen Frühlingstag mit einem harmlos dahinplätschernden Bach wirkt das Bauwerk allerdings sehr gewaltig. Wir wechseln hier aufs linke Ufer und biegen gleich dahinter rechts ab. Unterhalb einer hohen **Eisenbahnbrücke** ②, 675 m, wechseln wir wieder die Bachseite. Während es sich bei dem unteren Abschnitt des Tales eher um ein idyllisches Tälchen handelt, in dem sich Wald und Wiesen abwechseln mit dem kleinen Tobelbach mittendrin, wird das Gelände ab hier nun doch ein wilder, enger Tobel mit rutschigen, unpassierbaren Steilhängen. Der

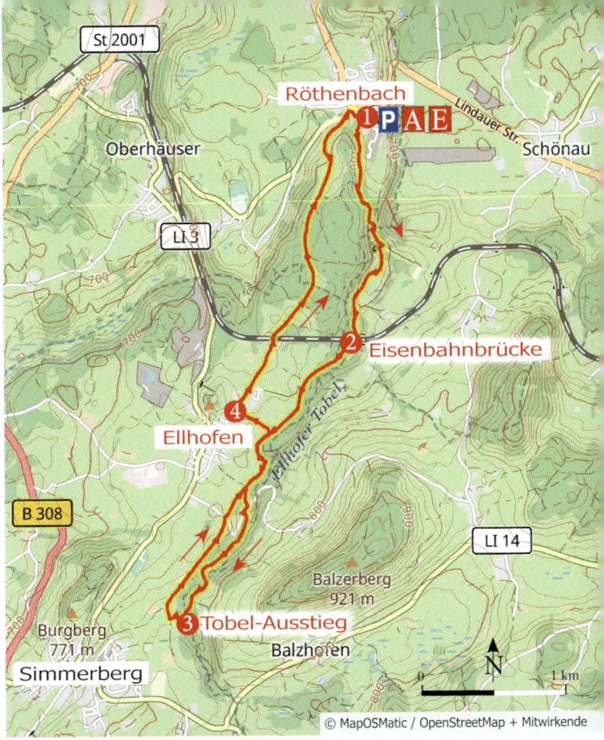

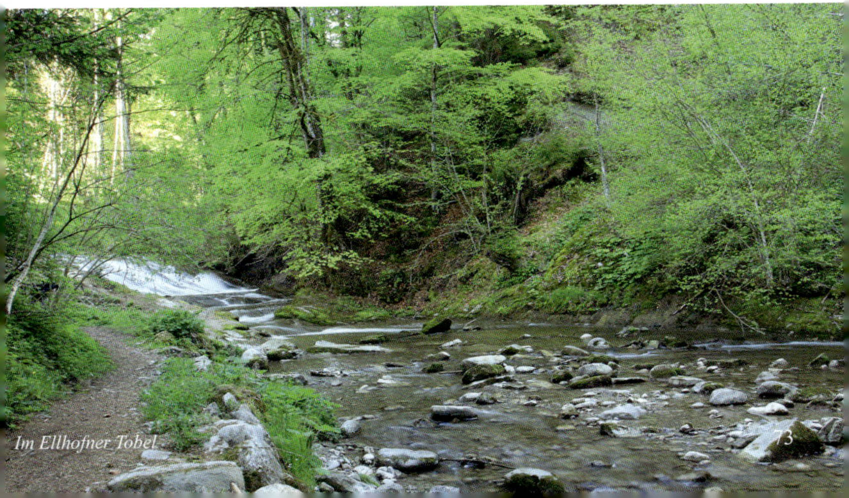

Im Ellhofner Tobel

Weg verlässt daher den Einschnitt und führt zum Tobelrand hinauf, der scharfkantig in eine Wiesenebene übergeht. Der weitere Pfad verläuft als »Tobelrandweg« direkt an dieser Kante entlang; rechts schweift der Blick weit über das leicht wellige Westallgäu, links fällt das Gelände sehr steil in die tiefe, bewaldete Schlucht ab.
Nach etwa einem Kilometer folgen wir einem steilen Pfad wieder hinab in den Tobel, queren den Tobelbach und erreichen die Tobelmühle (718 m). Dahinter bleiben wir für wenige Schritte auf einer Straße und wandern dann auf einem schmalen Fußweg am linken Bachufer taleinwärts. Hier zeigt sich der enge Tobel mit seinen steilen Hängen von einer ganz anderen Seite als zu Beginn der Tour. Kurz darauf gelangen wir zu einem weiteren Gebäude (Hammerschmiede, 725 m), hinter dem sich der Weg erneut etwas vom Wasser entfernt, da die steilen Hänge keinen Uferweg zulassen. Auf einigen Stufen steigen wir den linken Hang hinauf, ehe es etwas erhöht weiter in Richtung Süden geht. Nach knapp 10 Minuten wechseln wir schließlich ein letztes Mal aufs gegenüberliegende Ufer. Der Tobel und auch der Tobelweg führen zwar noch einen knappen Kilometer weiter, für uns ist hier jedoch der **Umkehrpunkt** ③, 740 m. Durch den steilen Westhang steigen wir aus dem Tobel hinaus, erreichen wieder offene Wiesen und halten uns oben rechts. Begleitet von schönen Ausblicken Richtung Westen spazieren wir zu einem nahen Gebäude (rechts liegen versteckt im Wald einige Mauerreste der Burg Ellhofen) und immer weiter am Tobelrand entlang. Nach insgesamt knapp 30 Minuten auf dem Tobelrandweg biegen wir schließlich links ab und steuern auf **Ellhofen** ④, 735 m, zu. Dort die zweite Straße rechts und wieder aus dem Ort hinaus. Ab hier geht es immer geradeaus und fast völlig eben weiter. Die Straße führt anfangs durch Wiesen, dann über die Eisenbahnschienen und im Anschluss als autofreier Forstweg durch Wald nordwärts. Zum Ende geht es bergab bis zur Kirche von Röthenbach sowie zum Ausgangspunkt.

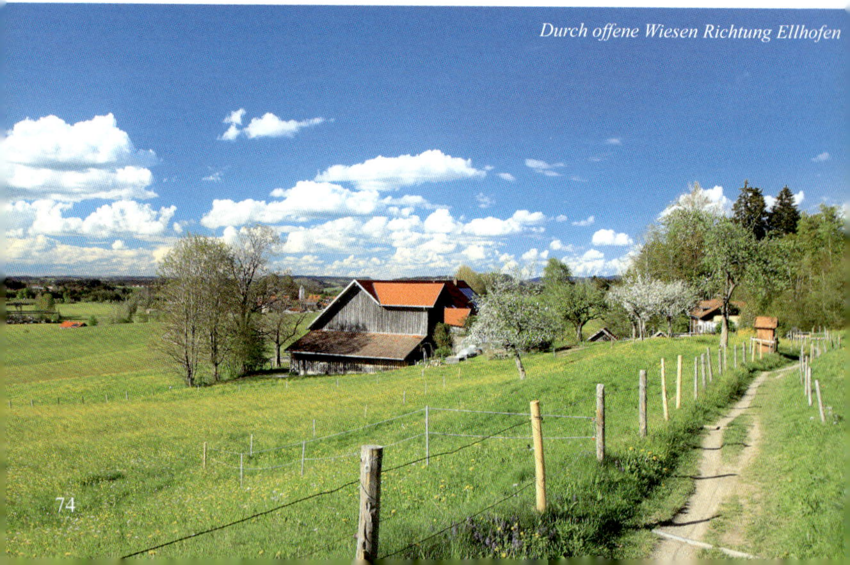
Durch offene Wiesen Richtung Ellhofen

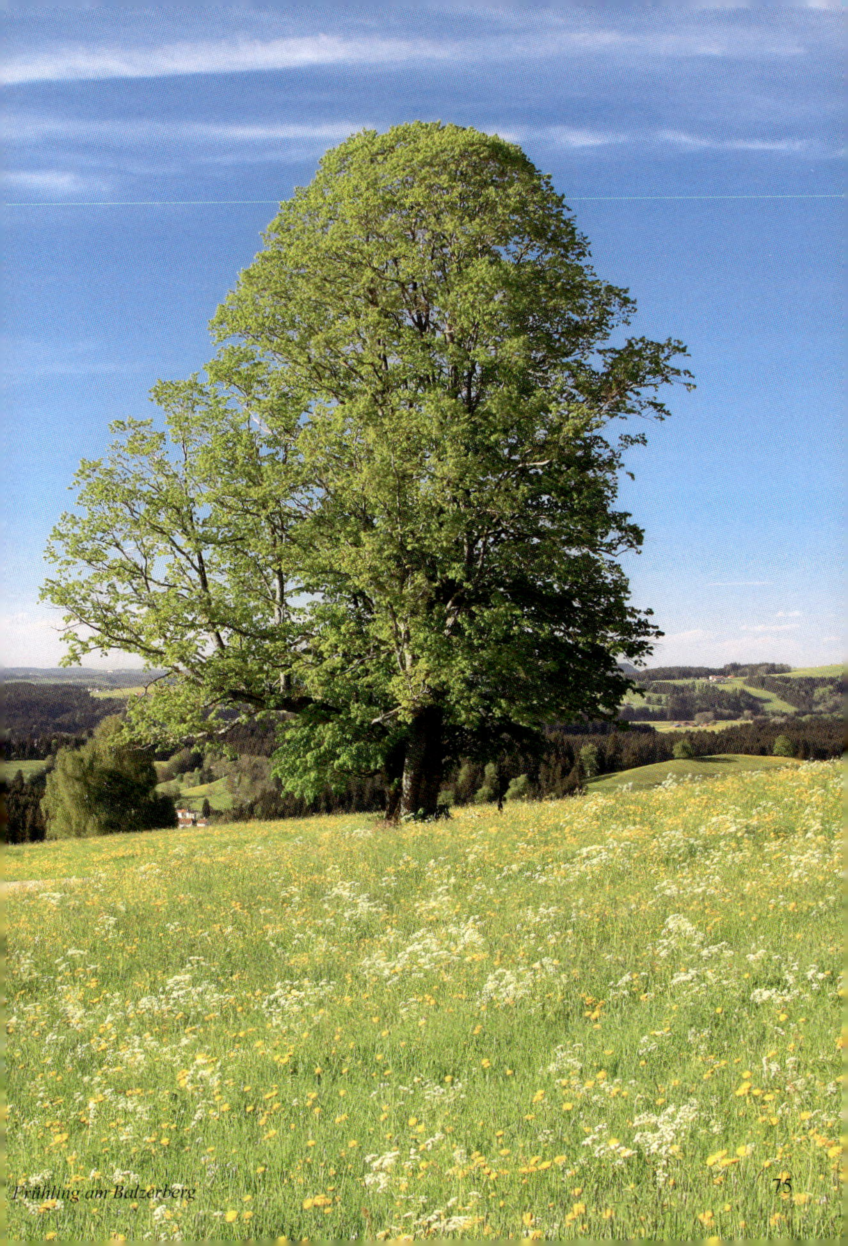

Frühling am Balzerberg

23 Balzerberg und Ellhofer Tobel

3 Std. | 200 Hm | 7,8 km

Rutzhofen, kleines Dorf ca. 1,5 Kilometer westlich von Stiefenhofen an der Straße Richtung Simmerberg. Wanderparkplatz ca. 500 m nordwestlich von Rutzhofen am östlichen Ende des Balzerberges am Waldrand, 860 m
*(**Navi**: 88167 Stiefenhofen, Rutzhofen 18).*

Teils breite Schotter- und Teerwege, im Tobel schmale Pfade; mäßige Steigungen.

keine unterwegs

Große Aussichten und schöne Uferwege

Das nur auf den ersten Blick recht flach wirkende Westallgäu überrascht immer wieder mit tief eingeschnittenen Tälern und – oft bewaldeten – Höhenrücken. Auf dieser Tour wandern wir durch den wilden Ellhofer Tobel und genießen prächtige Aussichten von den Wiesenhängen des Balzerberges.

Vom **Wanderparkplatz Balzerberg** ①, 860 m, gehen wir ein paar Schritte zurück zur Straße und wenden uns dort nach links. Vor uns liegt eine – fast autofreie – Straße, die im weiten Bogen am Hang südwestwärts führt. Links steigt das Gelände zum Balzerberg an, während sich zur Rechten ein prächtiges Panorama über das Westallgäu entfaltet. Hinter der kleinen Häuseransammlung von Bergruggen führt die Straße schließlich recht steil in den bewaldeten Taleinschnitt des Ellhofer Tobels hinab. Wir erreichen den Talboden bei dem einsamen Gebäude der

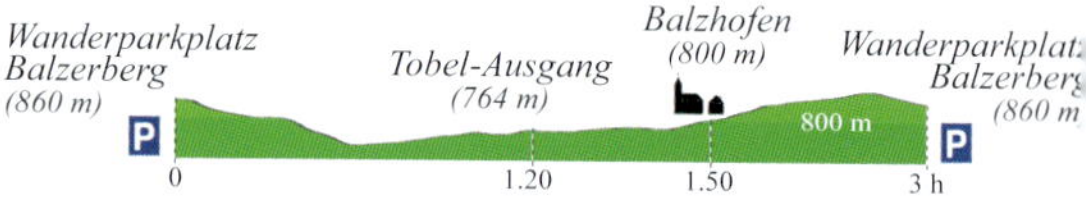

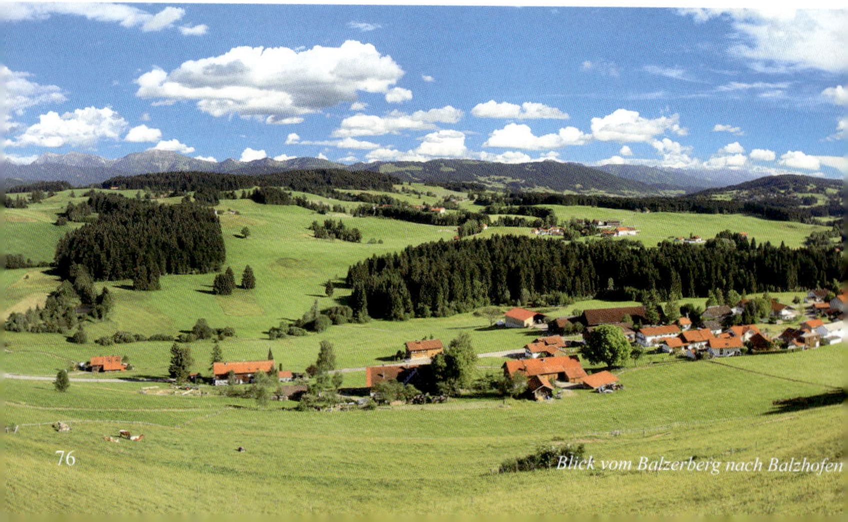

Blick vom Balzerberg nach Balzhofen

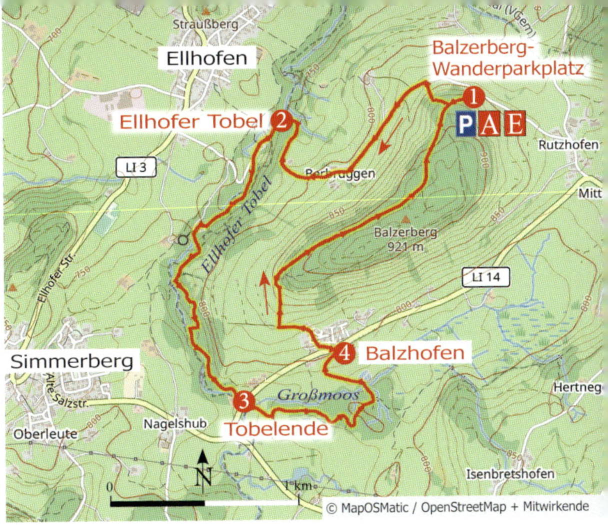

Tobelmühle ②, 718 m. Bevor die Straße kurz dahinter den Tobelbach quert, zweigt links ein Wanderweg ab, dem wir flussaufwärts folgen. Es geht am linken Ufer durch den engen Tobel mit seinen beidseitig steil ansteigenden Hängen weiter, bis wir auf ein weiteres Gebäude stoßen (Hammerschmiede). Ab hier wird der direkte Uferbereich etwas unzugänglicher und der Wanderweg verläuft meist oberhalb des Baches am linken Talhang, nähert sich aber zwischendurch immer wieder dem Bach. Schließlich haben wir das **obere Ende des Tobels** ③, 764 m, erreicht und stoßen auf eine Straße. Fast genau gegenüber folgen wir einem Wirtschaftsweg in das Großmoos hinein, eine feuchte, vom Balzhofer Bach durchflossene Ebene. Der Weg windet sich durch die stille Landschaft, mal durch Moor, mal durch Wiese oder Wald und wird zwischenzeitlich etwas schmaler. Dann lassen wir die Ebene wieder hinter uns und steigen hinauf nach **Balzhofen** ④, 800 m. Im Ort auf der Hauptstraße 50 Meter links, gegenüber 20 Meter hoch und gleich wieder links in eine Querstraße, die den Hang hinaufführt. Kurz hinter den letzten Häusern biegen wir an einer Kreuzung rechts ab und steigen geradewegs weiter hinauf zum Waldrand am Südrand des Balzerberges. An der dortigen Kreuzung nehmen wir den linken Wirtschaftsweg, der auf der bewaldeten, nördlichen Bergseite um ebendiesen herumführt und uns zurück zu unserem Ausgangspunkt bringt.

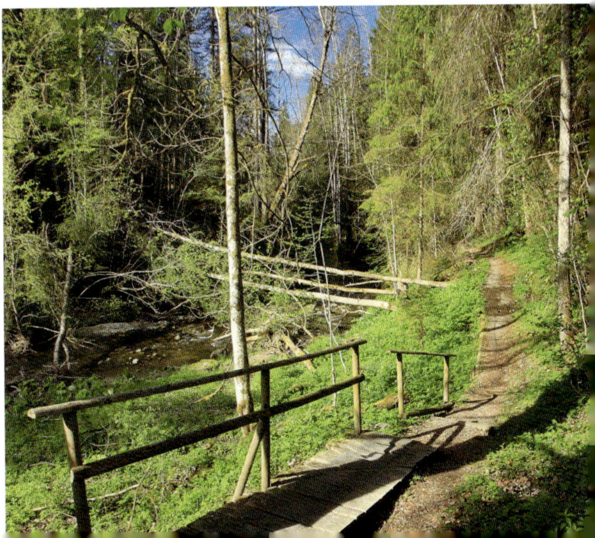

Im Ellhofer Tobel

24 Durch die Hausbachklamm

3.15 Std. | 250 Hm | 10 km

Weiler, wenige Kilometer südöstlich von Lindenberg, an der B308 zwischen Oberstaufen und Lindau, Parkplätze neben der Kirche, 632 m *(**Navi**: 88171 Weiler-Simmerberg, Kirchplatz 1)*; Bus ab Lindenberg bzw. Röthenbach Bhf. ca. stündlich (dort Bahn-Anschluss nach Immenstadt/Kempten bzw. Lindau).

Leichte Tobelwanderung auf teils schmalen Pfaden, teils breiten Wald- und Schotterwegen, meist direkt am Bach entlang mit insgesamt mäßigen Steigungen.

keine unterwegs

Variante: Wer nicht den gleichen Weg zurückgehen mag, kann vom oberen Tobel-Ausgang (kleiner Weiler Schnellers) ggf. per Taxi nach Weiler zurückkehren (ca. fünf Kilometer).

Malerische Bachwanderung bei Weiler

Der Hausbach ist ein kleiner, gemütlicher Fluss, der auf seinem Weg von den Höhen bei Sulzberg hinab nach Weiler einen engen, bewaldeten und gut fünf Kilometer langen Taleinschnitt erschaffen hat. Es handelt sich zwar – trotz des Namens – nicht wirklich um eine Klamm, aber Wanderer kommen in den Genuss einer sehr idyllischen, hübschen Bach- und Tobellandschaft.

Wir starten die Wanderung direkt gegenüber der Rückseite der großen **Kirche** im Ortszentrum von **Weiler** ①, 632 m, wo ein Fußweg zwischen zwei Wohnhäusern hindurch in den Einschnitt des Hausbaches hineinführt. Auf den ersten 500 Metern fließt der Bach noch innerhalb des Ortes, und es geht an Gärten und Hinterhöfen entlang. Dann haben wir das letzte Haus hinter uns gelassen, und die gesamte Szenerie wird natürlicher. Die Steinmauern und kleinen Stufen im Bachbett bleiben zurück, und das Wasser plätschert gemütlich durch ein stilles, bewaldetes Tal. Der Weg verläuft fast auf der gesamten Strecke direkt am Ufer entlang (abgesehen von einem Abschnitt gleich im ersten Drittel der Tour, an dem wir uns ein gutes Stück vom Wasser entfernen). Weiche Waldwege wechseln sich mit Schotterwegen ab, und gelegentlich geht es an steile-

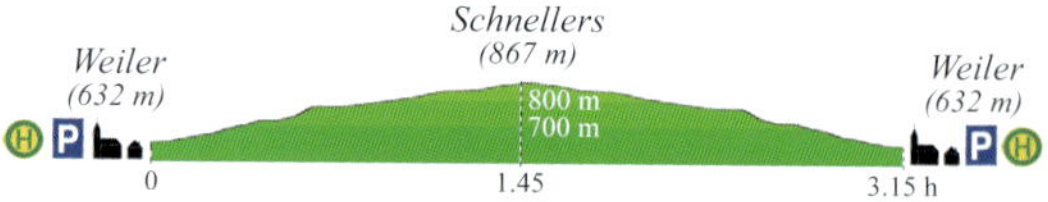

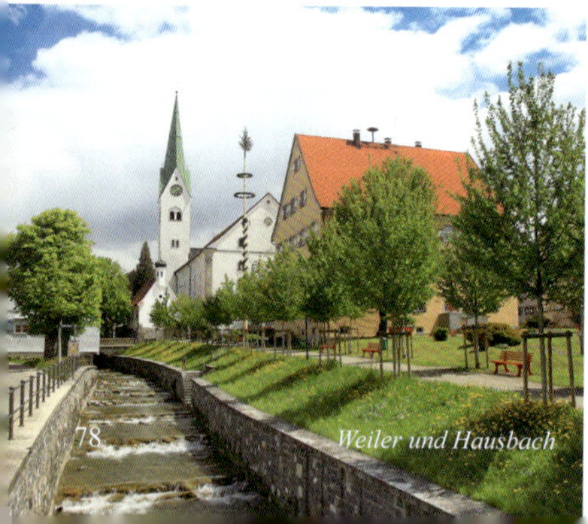
Weiler und Hausbach

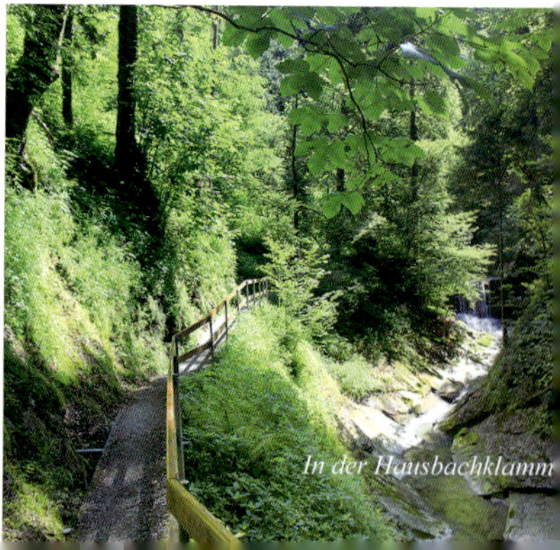
In der Hausbachklamm

ren Hängen über Holzstege, die bei Nässe etwas unangenehm rutschig sein können. Bei der Hausbachklamm handelt es sich trotz des Namens um keine »echte« Klamm (wenn man von einigen sehr kurzen, etwas felsigen Passagen absieht), es ist eher eine idyllische Tobelwanderung mit einer sehr schönen Atmosphäre: hier eine Stromschnelle, dort ein kleiner Wasserfall, Felswände, glattpolierte Steine, eine Wasseramsel, die knapp über der Wasseroberfläche entlangflitzt, dazu der hübsche Mischwald. Auf halber Strecke wechseln wir auf einer **Autobrücke** ②, 730 m, auf die linke Bachseite und erreichen – etwa 15 Minuten vor dem oberen Ende der Klamm – einen hübschen, direkt am Bach angelegten Abenteuerspielplatz, an dem ggf. mitwandernder Nachwuchs viel Zeit verbringen kann, um Dämme zu bauen, Wasser umzuleiten und was alles so getan werden muss an einem schönen Bergbach. Etwas später haben wir das obere Ende des Taleinschnitts und die kleine Häuseransammlung von **Schnellers** ③, 867 m, erreicht. Zurück geht es auf demselben Weg (der ja nicht allzu lang ist und in anderer Richtung und mit anderer Perspektive schon wieder ganz anders wirkt) oder man ruft sich ein Taxi.

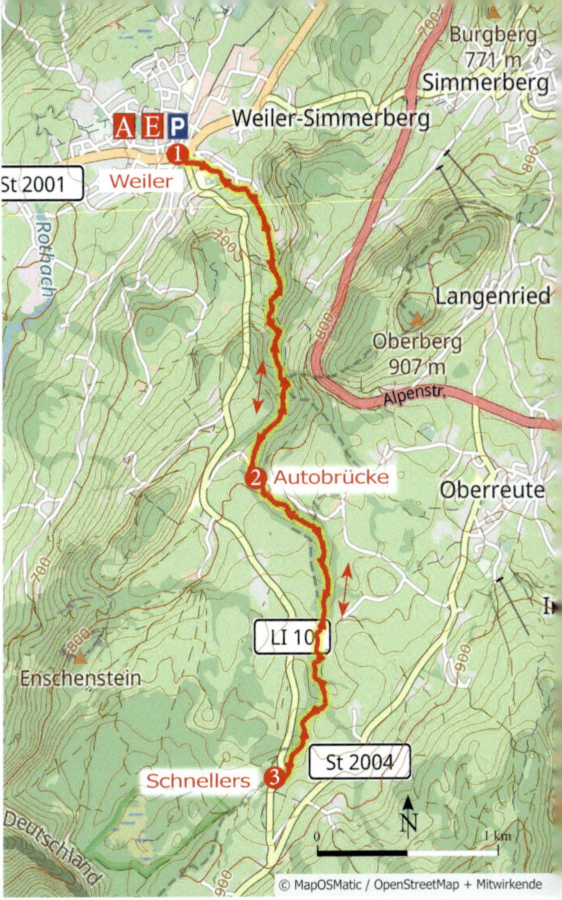

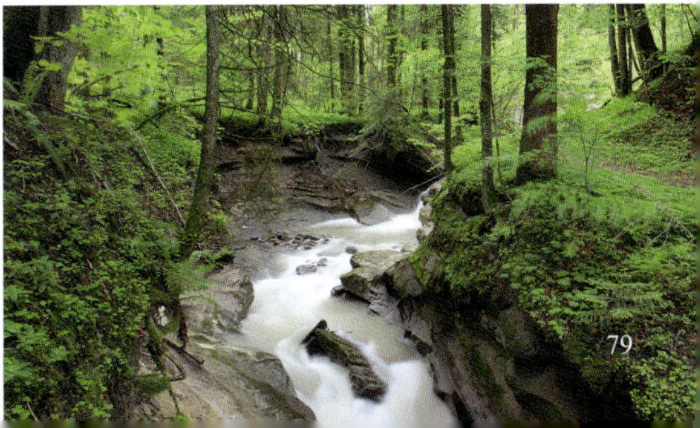

In der Hausbachklamm

25 Hinauf zum Wildrosenmoor

3.20 Std. | 200 Hm | 9,3 km

Oberreute, ca. neun Kilometer westlich von Oberstaufen (B308 Richtung Lindenberg), Parkplatz beim Freibad am südlichen Ortsrand, 857 m *(**Navi**: 88179 Oberreute, Freibadweg).*

Überwiegend breite, gute Wege (Teer, Schotter, Waldwege) durch Wald und Wiesen, mäßige Steigungen.

Zehrer`s Stadel (bei gutem Wetter). Weitere in Sulzberg: ab Zehrer`s Stadel / Umkehrpunkt zusätzlich ca. 45 min. h+z auf ebener Fahrstraße.

Auf stillen Pfaden von Oberreute nach Sulzberg

Das Westallgäu ist in weiten Bereichen eine recht stille Landschaft mit weiten Wiesen, kleinen Wäldchen und Mooren. Auf dieser schönen Wanderung wandern wir von Oberreute hinauf auf einen langgestreckten Höhenzug oberhalb von Sulzberg, wo uns – neben dem idyllischen Wildrosenmoor – ein großartiges Panorama hinab ins Tal der Bregenzer Ach und den Bregenzerwald erwartet.

Am hinteren Ende des **Parkplatzes** ①, 857 m, beginnt eine schmale Teerstraße, die sich den Wiesenhang hinaufzieht, wobei wir für die ersten 250 Meter einen schöneren, parallel zu dieser Straße zwischen Bäumen verlaufenden Fußweg wählen können. Danach steigen wir weitere 15 Minuten durch eine offene Wiesenlandschaft bergan bis zum Waldrand. Gleich im Wald stoßen wir auf eine quer verlaufende Schotterstraße (967 m), der wir kurz links folgen, um sofort wieder rechts in einen schönen Waldweg einzubiegen. Nach gut einem Kilometer Anstieg – vorbei an einigen schön gestaltete Erlebnisstationen des »Grenzerpfades« – halten wir uns an einem Abzweig rechts und wandern auf einem schmalen Pfad weiter. Der Wald öffnet sich zu einer Wiese, und schließlich stehen wir oben auf einer breiten Hochfläche. Links stoßen wir wieder auf eine Schotterstraße (sowie die Staatsgrenze), halten uns dort rechts und wandern auf der »Hochsträß« westwärts.

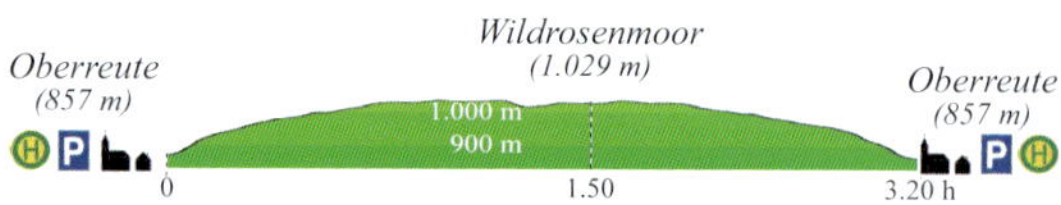

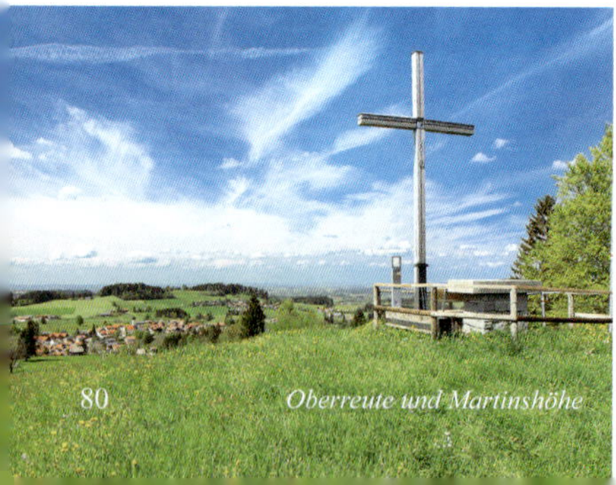

Oberreute und Martinshöhe

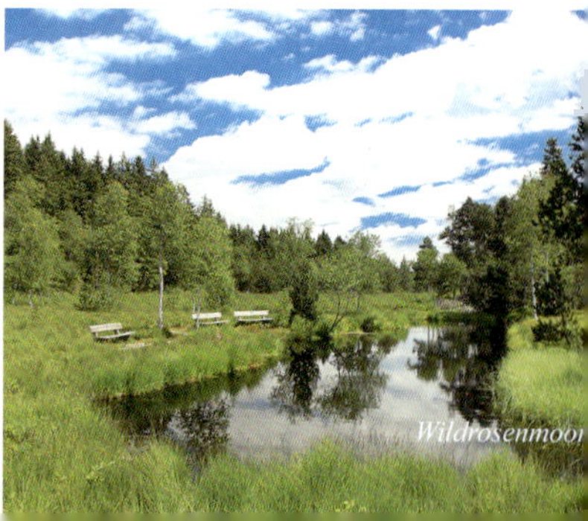
Wildrosenmoor

Vor uns öffnet sich ein herrliches Panorama hinüber zum Bregenzerwald sowie über das weite Tal der Bregenzer Ach. Nach gut einem Kilometer auf diesem Höhenweg haben wir unseren Umkehrpunkt erreicht (1027 m; Zehrer`s Stadel). Wir halten uns hier scharf rechts und wandern durch einen Hohlweg wieder in den Wald hinein, der sich gleich darauf zu einem kleinen Hochmoor öffnet. Nach 200 Metern haben wir die schönen Moorwiesen schon wieder hinter uns gelassen, wenden uns am nächsten Abzweig nach rechts und bleiben für weitere 500 Meter auf diesem Waldweg. Dann beginnt rechts der Weg durch das Zentrum des **Wildrosenmoores** ③, 1029 m. Auch dieser Abschnitt ist nur knapp 200 Meter lang, aber der Holzbohlenweg durchquert eine wunderschöne idyllische Landschaft mit vereinzelten Birken und einem kleinen Moorteich.

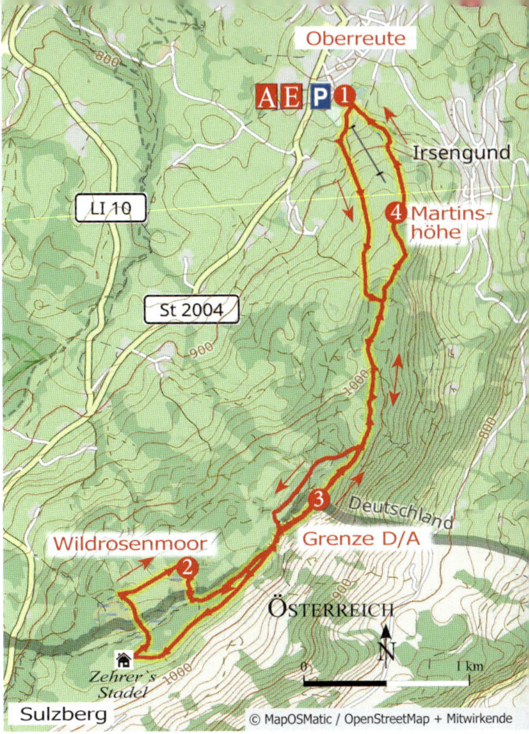

Am Ende des Bohlenweges halten wir uns am nächsten Abzweig links, folgen einem schmalen, etwas holprigen Waldweg und treffen nach etwa 15 Minuten wieder auf die breite Schotterstraße. Geradeaus passieren wir erneut die **Staatsgrenze** ②, 1020 m und wandern anschließend im Wald gemächlich abwärts. Nach etwa 25 Minuten – kurz vor Ende des Waldes – stoßen wir wieder auf die ebenfalls vom Hinweg bekannte – querverlaufende – Schotterstraße. Diesmal gehen wir allerdings geradeaus und bleiben noch etwa 150 Meter auf einem schmalen Waldweg bis zum Waldrand. Vor uns öffnet sich eine weite Wiese, an deren rechtem Rand wir auf einem Trampelpfad weiter wandern. Wir passieren die aussichtsreiche **Martinshöhe** ④, 952 m, dann beginnt der etwas steilere Abstieg hinunter zum Parkplatz.

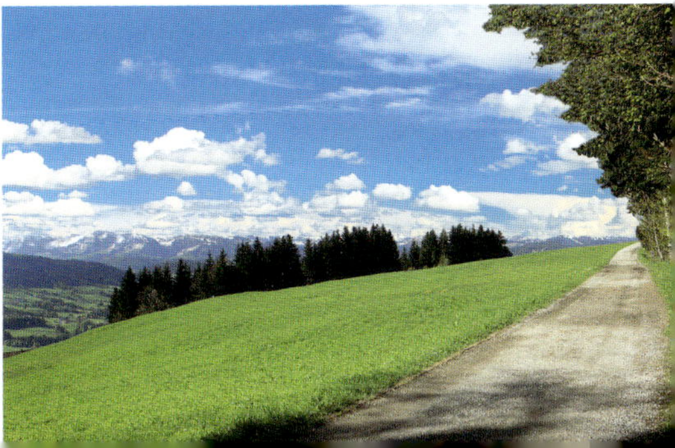

Hochsträß bei Sulzberg

26 Rund um Stiefenhofen

3.15 Std. | 170 Hm | 9,8 km

Stiefenhofen, kleiner Parkplatz auf einer Kuppe ca. 200 m nördlich des Ortes Richtung Harbatshofen, 824 m *(**Navi**: 88167 Stiefenhofen, Hauptstraße).*

Recht leichte Tour, oft Feldwege, teils asphaltierte Nebenstraßen.

in Oberthalhofen, Harbatshofen und Stiefenhofen

Am Ursprung der Oberen Argen

Obere und Untere Argen sind zwei kleine Flüsse, die überraschend unbegradigt und naturnah das südliche Westallgäu auf ihrem Weg hinunter zum Bodensee durchfließen. Bei Stiefenhofen hat die noch junge Obere Argen ein idyllisches Tälchen geschaffen, das wir auf dieser gemütlichen Runde ebenso erwandern wie die weiten, offenen Wiesen rund um Stiefenhofen, von denen sich herrliche Ausblicke in Richtung Nagelfluhkette bieten.

Vom **Parkplatz** ①, 824 m, gehen wir an der Straße entlang hinunter nach Stiefenhofen und kurz hinter der Kirche rechts in den »Kirchholzweg«. Nach gut 100 Metern biegen wir links ab, verlassen den Ort und folgen einer schmalen Teerstraße, die sich durch die bäuerliche Wiesenlandschaft Richtung Süden zieht. Nach einem knappen Kilometer biegen wir kurz vor einem **Gehöft** ②, 820 m, links ab und spazieren auf einem Wirtschaftsweg am Waldrand entlang bis zu einer Landstraße (Parkplatz einer Klinik). Etwa 60 Meter weiter rechts geht es auf der gegen-

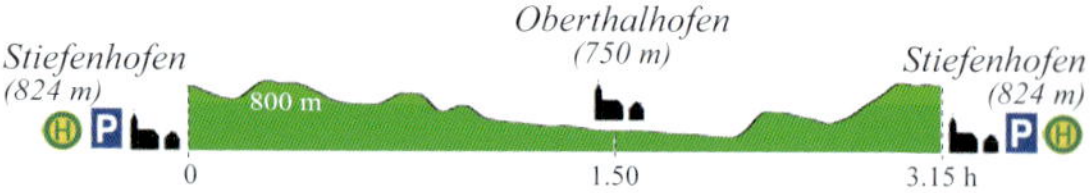

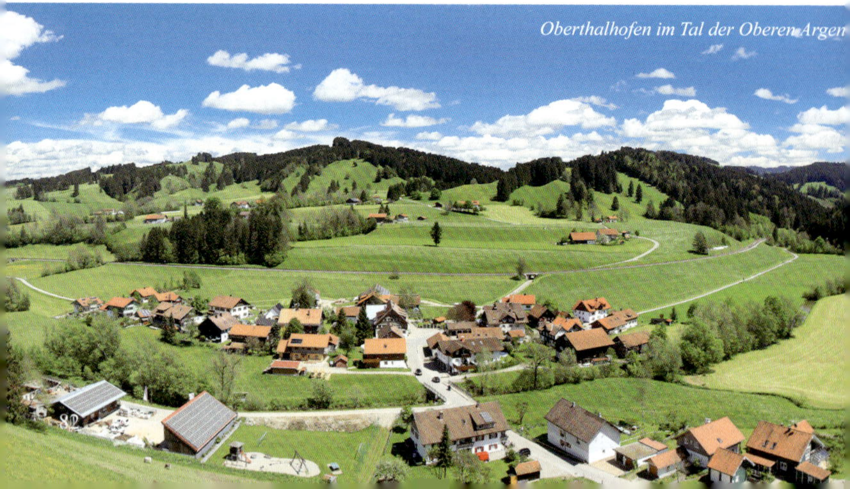

Oberthalhofen im Tal der Oberen Argen

überliegenden Seite weiter. Wir wandern durch Wiesen leicht hinauf zu einigen Häusern und nach einer Rechtskurve – mit freiem Blick auf die Berge – wieder abwärts. Nach ca. 300 Metern halten wir uns an einer Verzweigung links, passieren einen Bauernhof und erreichen eine Teerstraße. Dort über die **Eisenbahngleise** ③, 783 m, und gleich dahinter links. Vor uns liegt ein hübsches, stilles Tälchen mit der hier noch ganz jungen Oberen Argen, an deren Ufer wir nordwärts wandern. Nach einer halben Stunde ist der kleine Ort **Oberthalhofen** ④, 750 m, erreicht. Das Tal weitet sich hier etwas und bringt uns nach einem weiteren Kilometer (Straße, kaum Verkehr) bis in Sichtweite einer Eisenbahnbrücke. Dort verlassen wir das Argen-Tal und steigen links kurz steil eine Straße hinauf, dann erneut links und am Waldrand hinüber nach **Harbatshofen** ⑤, 775 m. Auf der Hauptstraße wenige Schritte rechts und gleich wieder links. Es geht an einigen Häusern entlang und dann im Linksbogen hinauf zum Waldrand. Anschließend wandern wir durch den Wald hindurch und erreichen schließlich unseren Ausgangspunkt.

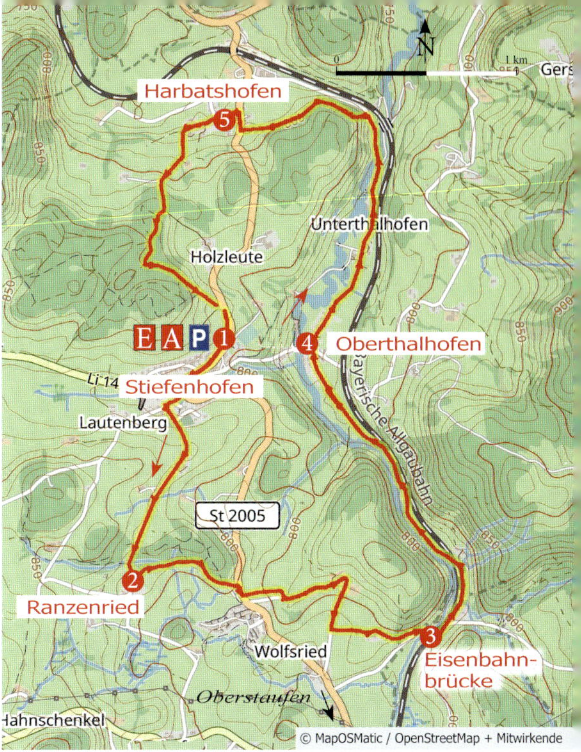

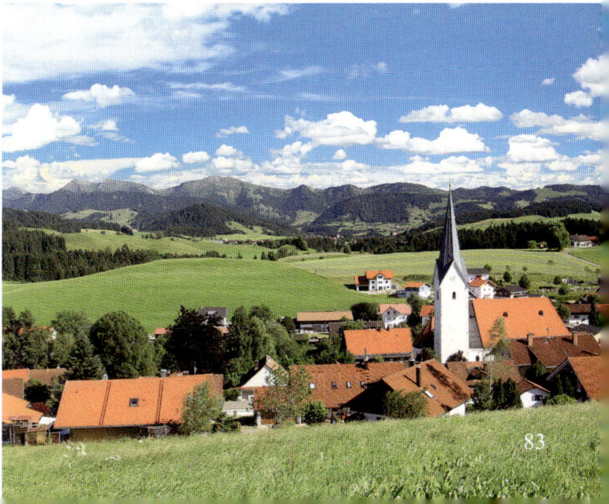

Stiefenhofen; im Hintergrund die Nagelfluhkette

27 Zur Königsalpe

2.20 Std. | 250 Hm | 6 km

Schüttentobel, ca. einen Kilometer östlich von Ebratshofen an der Straße Richtung Sibratshofen. Wanderparkplatz südlich der Straße, 724 m *(**Navi**: 88167 Grünenbach, Schüttentobel 3).*

Teils Straße (Anlieger Pferrenberg, kaum Verkehr), teils Wanderwege; mäßige Steigungen.

Königsalpe ③

Auf stillen Wegen zu gemütlicher Einkehr

In der mittelgebirgsähnlichen Landschaft östlich von Oberstaufen verteilen sich zahlreiche Alphütten inmitten der ausgedehnten Weiden und Wiesen. Auf dieser Tour wandern wir auf recht stillen Wegen aus dem Tal der Oberen Argen hinauf zu den aussichtsreichen Hängen des Fernbergs und weiter zur gemütlichen Königsalpe.

Vom **Parkplatz Schüttentobel**, ① 724 m, folgen wir der Straße (nur Anliegerverkehr), die südwärts gemächlich durch die stille Landschaft aus Wiesen und Wald hangaufwärts verläuft. Nach knapp 900 m zweigt links ein Wanderweg ab, der einen weiten Straßenschlenker abkürzt und dafür recht steil eine Wiese hinaufzieht. Hinter einem kleinen Wäldchen stoßen wir wieder auf die Straße und haben kurz darauf den Weiler **Pferrenberg** ②, 895 m,

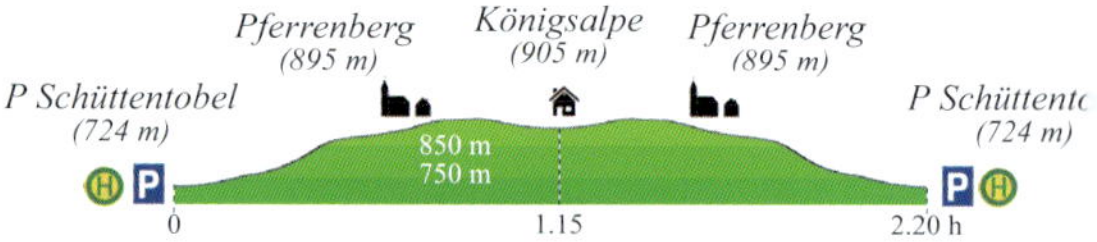

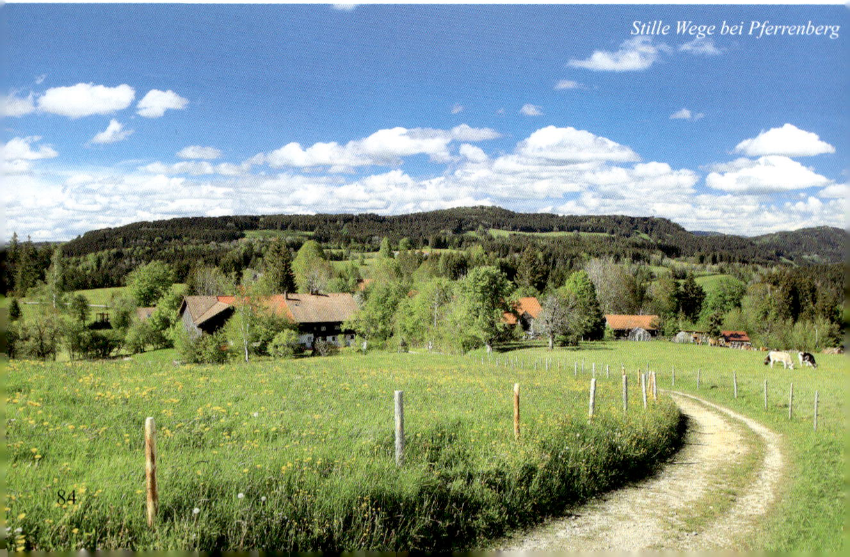

Stille Wege bei Pferrenberg

erreicht, eines dieser kleinen, völlig abgeschiedenen, allgäuer Dörfer. Hinter dem Dorf geht die Teerstraße in einen breiten Wanderweg über, der – nun mit nur noch geringem Auf und Ab – weiter in südlicher Richtung durch die meist sehr einsamen Wiesenhänge führt. Rechts steigt das Gelände zum Wiesenbuckel des Fernbergs/Pferrenbergs an, während sich im weiten Rund eine stille, bäuerliche Landschaft aus Wald, Wiesen, Tälern und Höhenrücken ausbreitet. Gut einen Kilometer hinter Pferrenberg gelangen wir schließlich zur **Königsalpe** ③, 905 m, bei der – dank näherer Autozufahrt von Süden – immer etwas mehr Betrieb herrscht als auf unserem stillen Wanderweg. Im Hintergrund wird die Alphütte von den langgezogenen Bergkämmen des Juget und der Salmaser Höhe eingerahmt. Der Rückweg erfolgt schließlich auf dem Hinweg.

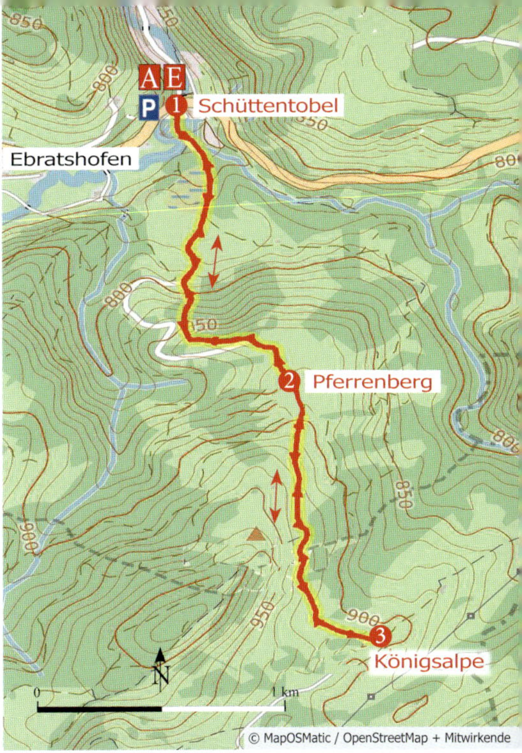

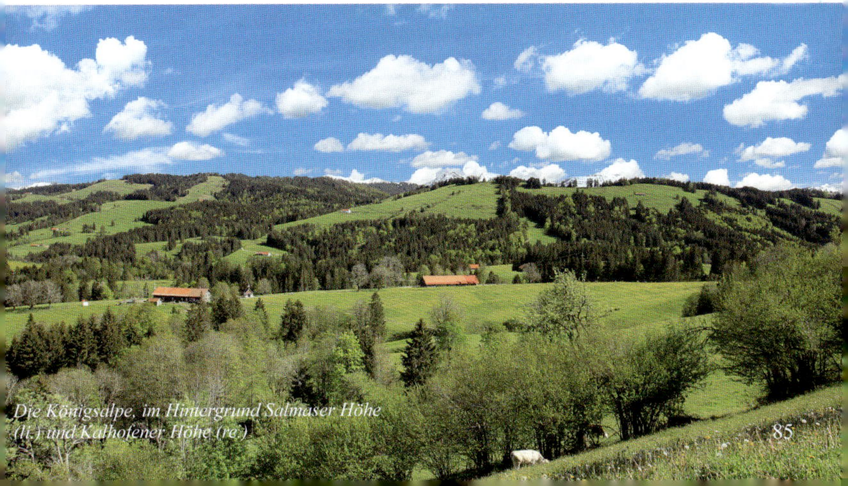

Die Königsalpe, im Hintergrund Salmaser Höhe (li.) und Kalhofener Höhe (re.)

Oberstaufen Umgebung

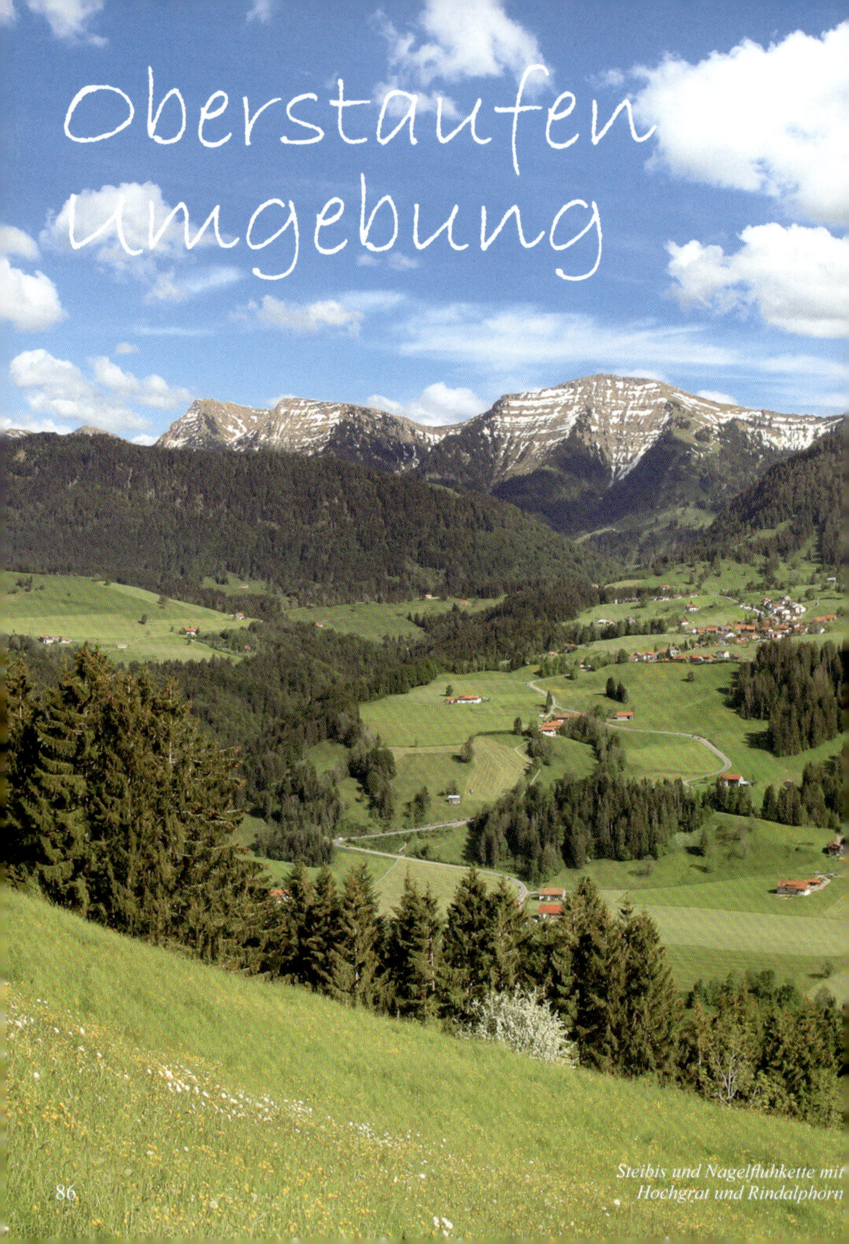

Steibis und Nagelfluhkette mit Hochgrat und Rindalphorn

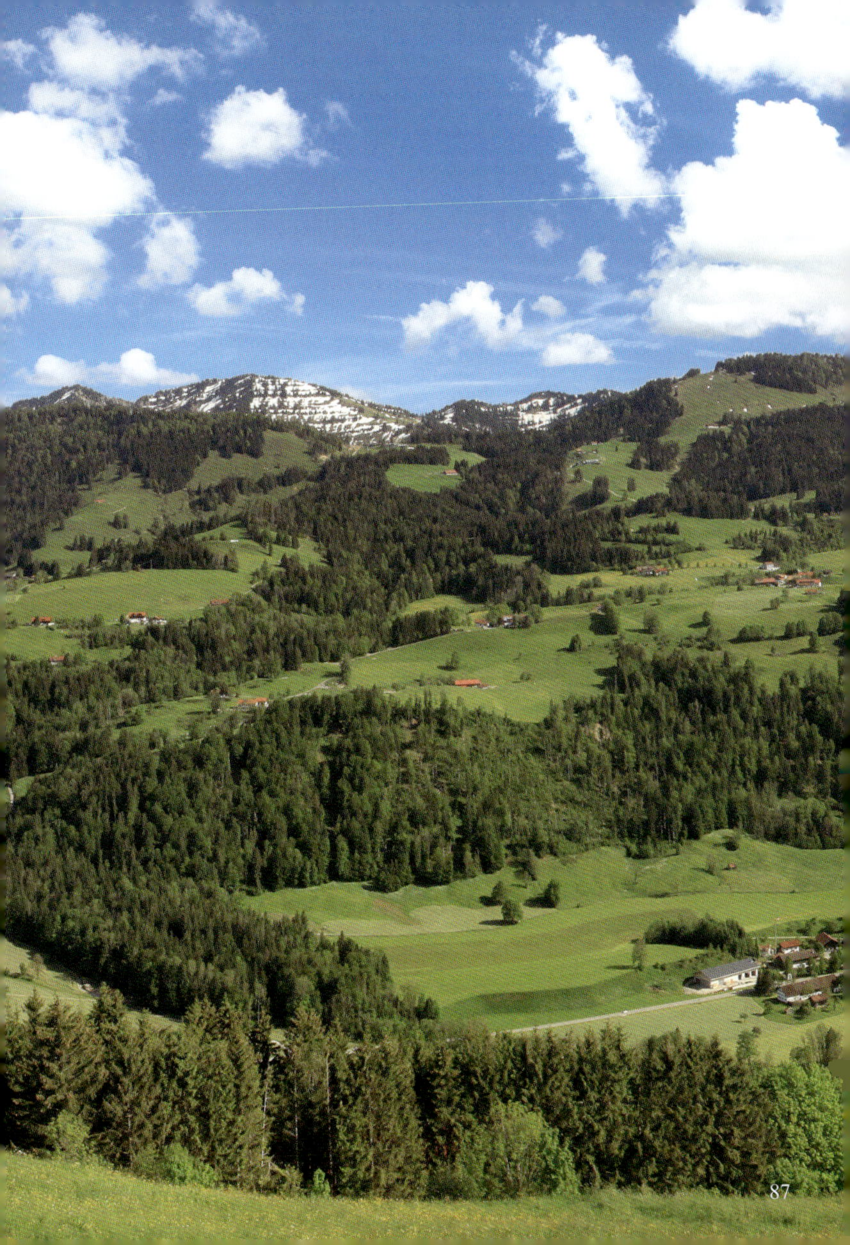

28 Über den Grat der Kalzhofener Höhe

2.45 Std. | 300 Hm | 7,7 km

Kalzhofen; kleiner Ort etwa einen Kilometer nordöstlich von Oberstaufen. In Kalzhofen auf Ortstraßen ca. 300 m bis zum kleinen Parkplatz am Jugetbach am Beginn der Mautstraße zur Hompessenalpe, 817 m *(**Navi**: 87534 Oberstaufen-Kalzhofen, Hompessenweg)*; Vom Bahnhof Oberstaufen etwa 1,5 km.

Mäßige Steigungen, teils geteerte Fahrstraßen, teils schmale Pfade über Wiesen und Weiden (nach nassen Tagen durch die herumlaufenden Kühe mitunter arg matschig).

Alpe Mohr; Hompessenalpe ②

Durch die schöne Almlandschaft Oberstaufens

Östlich von Oberstaufen erstreckt sich eine mittelgebirgsartige Landschaft mit mäßig hohen, runden Bergrücken und tief eingeschnittenen Tälern, bedeckt mit einem abwechslungsreichen Mix aus offenen Wiesen und kleinen Wäldchen und natürlich – schließlich sind wir im Allgäu – hier und da einer Alphütte. Die Wanderung führt uns hinauf auf den Grat des Juget sowie der Kalzhofener Höhe mit weiten Ausblicken ins Westallgäu.

Vom **Parkplatz** ①, 817 m, folgen wir der geteerten Mautstraße, die ins Tal des Jugetbaches hineinführt. Wir lassen den Ort schnell hinter uns und steigen allmählich durch Wiesen und Weiden, die immer wieder durch kleine Waldflächen unterbrochen werden, aufwärts. Wir passieren die Alpe Mohr sowie ein Gipfelkreuz auf einer kleinen Wiesenkuppe zur Rechten, wo wir die ersten freien Ausblicke hinüber Richtung Nagelfluhkette sowie zurück nach Oberstaufen genießen können und gewinnen immer weiter an Höhe, bis sich vor uns das Gelände öffnet. Der Juget-

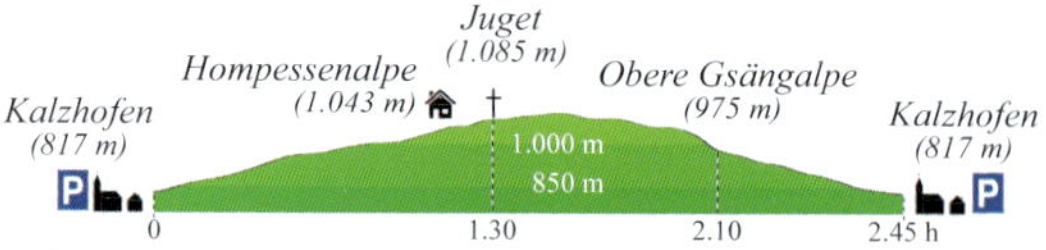

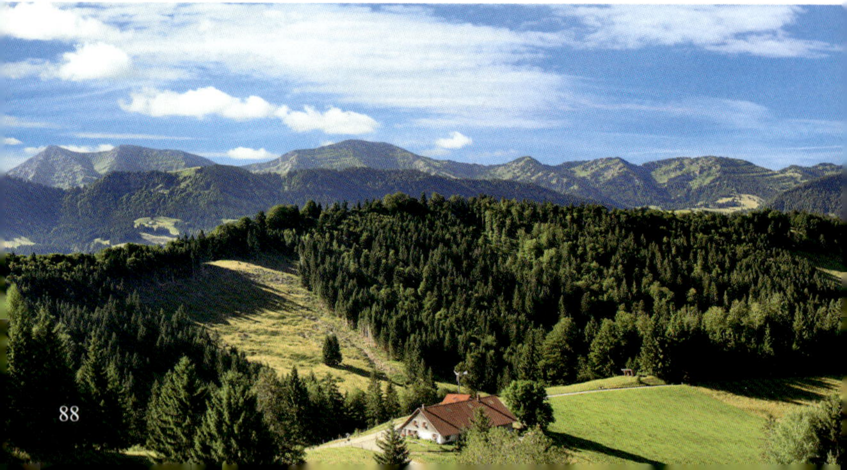

bach hat hier ein weites Tal geschaffen, das wie von einem gewaltigen Hufeisen vom Wiesenkamm der Kalzhofener Höhe eingerahmt wird. Kurz darauf haben wir die inmitten dieser Wiesen gelegene **Hompessenalpe** ②, 1043 m, erreicht sowie etwas weiter eine Passhöhe (1065 m). Hier verlassen wir die Teerstraße und steigen links auf einem Trampelpfad in wenigen Minuten zur Gipfelkreuz-gekrönten Wiesenkuppe des **Juget** ③, 1085 m, hinauf. Der weite Rundumblick schweift über die Nagelfluhkette im Süden sowie über Oberstaufen und das Westallgäu bis zum weit entfernten Säntis im Westen. Den Vordergrund bildet das hübsche Jugettal, und hinter uns in Richtung Osten breitet sich die stark strukturierte, hügelige Alm- und Waldlandschaft zwischen Thaler Höhe, Hauchenberg und Adelegg aus. Ein sehr hübsches Plätzchen. Wir folgen nun dem breiten Wald- und Wiesenkamm, der sich im weiten Linksbogen westwärts zieht, passieren den höchsten Punkt der Wanderung (die Kalzhofener Höhe auf 1118 m) und verlieren schließlich allmählich wieder an Höhe. Wir bleiben weiterhin auf dem Kammweg, passieren die – rechts etwas unterhalb gelegene – Jugetalpe und treffen schließlich bei der **Oberen Gsängalpe** ④, 975 m, wieder auf einen breiten Fahrweg. Auf diesem geht es in vielen Kehren den steilen, wiesenbedeckten Südhang des Kalzhofner Berges abwärts bis zu unserem Ausgangspunkt.

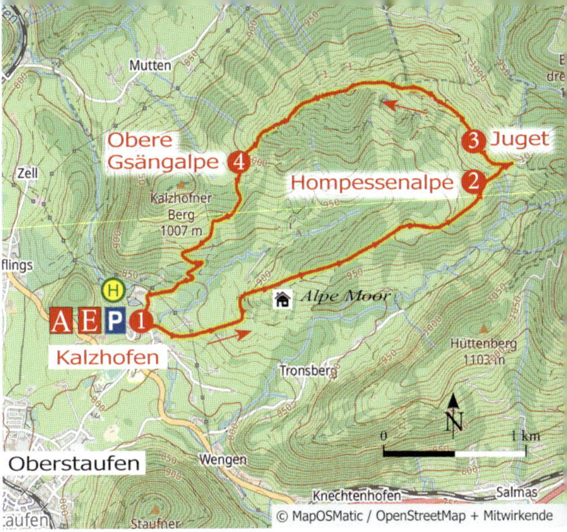

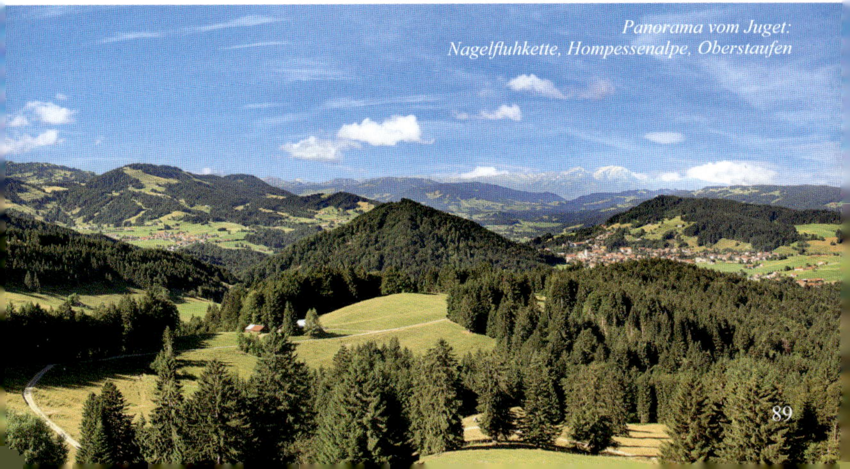

Panorama vom Juget: Nagelfluhkette, Hompessenalpe, Oberstaufen

29 Rund um den Kapf bei Oberstaufen

3 Std. | 250 Hm | 8,6 km

Parkplatz ca. 2,5 km westlich von Oberstaufen an der B308 Richtung Lindenberg, auf einer Kuppe vor einer scharfen Rechtskurve, 910 m *(**Navi**: 87534 Oberstaufen, Nähe Laufenegg 3)*; ÖPNV: Start am Bahnhof Oberstaufen (Linie Immenstadt–Lindau ca. stündlich), von dort ca. 1 km durch den Ort zur Wanderung südlich WP 3.

Leichte Wege, mäßige Steigungen

Berghof am Paradies ②; Sinswanger Stuben ④

Aussichtsreiche Wanderung über dem Weißachtal

Durch das lange Konstanzer Tal vom Illertal getrennt, fühlt sich Oberstaufen eher wie das Westallgäu mit seinen weiten, offenen Landschaften an. Westlich des Ortes erhebt sich ein Höhenzug mit der hübschen Flurbezeichnung Paradies. Ein über weite Strecken recht einsamer Weg führt hinauf auf den Kapf mit seinen weiten Ausblicken in Richtung Nagelfluhkette und in Richtung Westen über das tiefe Weißachtal sowie durch stille Wälder und Wiesen.

Vom **Parkplatz** ①, 910 m, folgen wir einem Teersträßchen nach Norden und erreichen bald – uns schräg rechts haltend – den **»Berghof am Paradies«** ②, 926 m. Links am Gebäude vorbei stoßen wir auf einen Wiesenweg, der recht steil, dafür mit herrlichem Ausblick Richtung Nagelfluhkette hinauf zum Kapf führt. Oben an der ersten Abzweigung halten wir uns schräg rechts und wandern im Wald wieder allmählich bergab. Im Anschluss geht es am Waldrand mit freiem Blick auf Oberstaufen erst leicht,

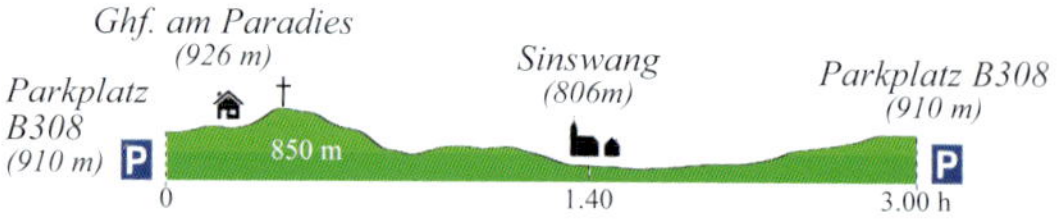

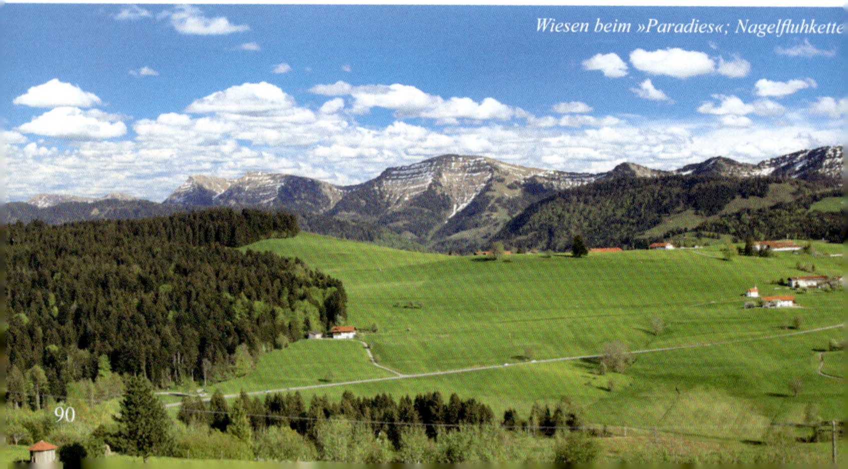

Wiesen beim »Paradies«; Nagelfluhkette

dann steil bergab bis zu einem querverlaufenden Teersträßchen. Auf diesem links und am oberen Rand einer steilen Wiese weiter. Nach ca. 300 Metern biegen wir links in den Wald, gehen gut 400 Meter in ein kleines Tälchen hinein und überqueren den kleinen Seelesgraben. Dahinter gleich wieder rechts und am Waldrand weiter bis zu einem **Gehöft** ③, 853 m, wo wir den Wald gänzlich hinter uns lassen. Auf einem Sträßchen spazieren wir durch Wiesen hinab nach **Sinswang** ④, 806 m. Im Dorf links und knapp einen Kilometer der – kaum befahrenen – Straße folgen. Dann zweigt links – zwischen einigen vereinzelten Gehöften von **Vorderberg** ⑤, 808 m – ein Wirtschaftsweg ab, der durch ein hübsches, stilles Wiesentälchen führt. Nach 15 Minuten erreichen wir einen Parkplatz an der B 308 (821 m), wo wir uns links halten. Es geht nun gut 10 Minuten geradewegs im Wald empor bis zu einem breiten Fahrweg, wo wir uns nach rechts wenden. Aus dem Wald heraus und auf kleinen Sträßchen durch die offene Wiesenlandschaft und vorbei an vereinzelten Gebäuden mehr oder weniger geradeaus in ca. 15 Minuten zurück zum Ausgangspunkt.

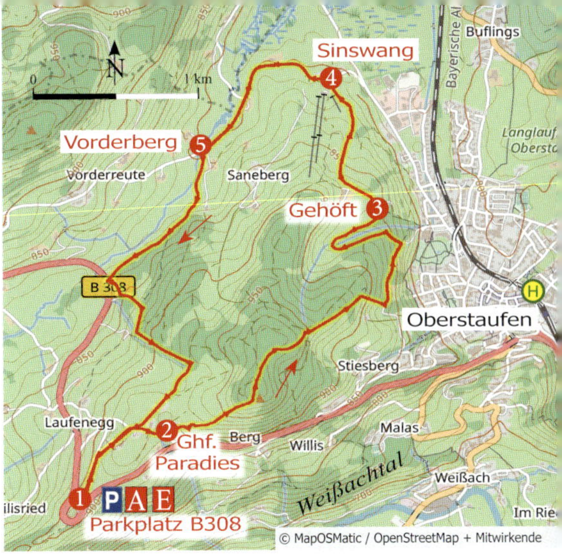

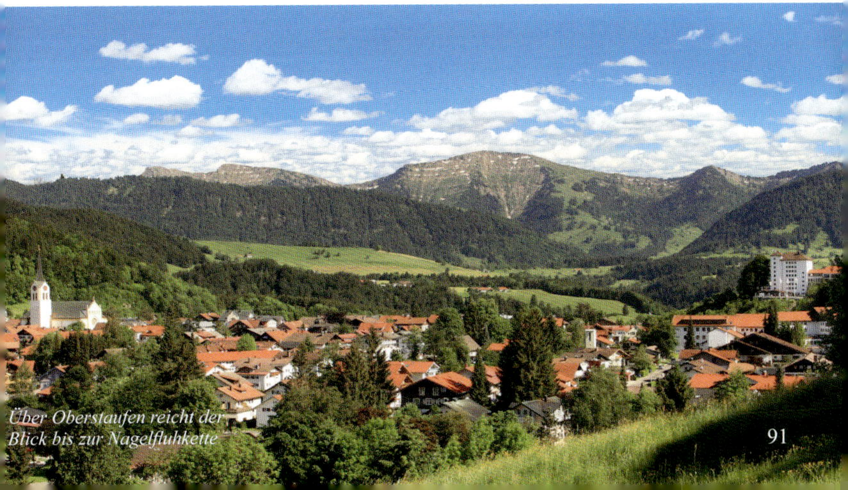

Über Oberstaufen reicht der Blick bis zur Nagelfluhkette

30 Zwischen Eibele-Wasserfall und Oberstaufen

2.45 Std. | 170 Hm | 7,4 km

Eibele; von Oberstaufen knapp sechs Kilometer Richtung Österreich, beim Ort Krebs auf Stichstraße einen Kilometer bis nach Eibele, parken im Ort am Straßenrand *(**Navi**: 87534 Oberstaufen-Eibele, Paradiesweg 15).*

Meist schmale Teer- und Schottersträßchen durch Wald und Wiesen, mäßige Steigungen.

Blockhütte ②

Stille Wege im Weißachtal

Eine über weite Strecken sehr stille Wanderung durch weite Wiesen entlang der Weißach und durch hübsche Buchenwälder, die die nördlichen Talhänge bedecken. Den schönen Abschluss der Tour bildet der idyllische Eibele-Wasserfall an der Grenze zu Österreich.

Die kleine, verschlafene Siedlung **Eibele** ①, 650 m, verlassen wir auf einem schmalen Teersträßchen, das in östlicher Richtung gemächlich ansteigend in einen Wiesen-einschnitt hinaufführt. Eingerahmt von Wäldchen rechts und links geht es stetig bergan, wobei wir gelegentlich ein einsames Haus passieren. Am Ende einer kurzen, etwas holprigen Waldweg-Passage – bevor der Fahrweg wieder etwas steiler ansteigt – zweigt rechts ein Pfad ab, der uns hinab zur nahen **Blockhütte** ②, 715 m, bringt. Von dort folgen wir einer Zufahrtsstraße für einige Minuten

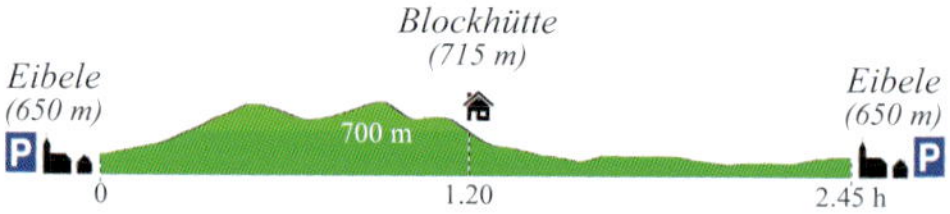

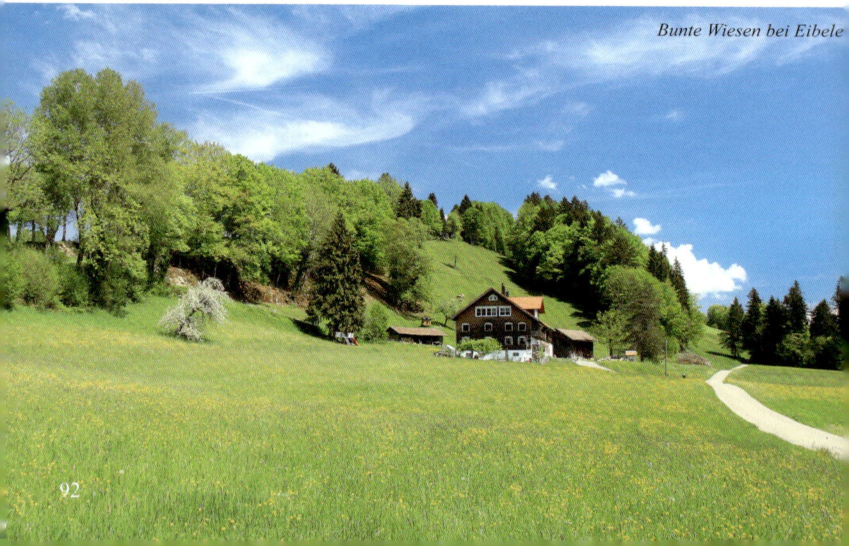

Bunte Wiesen bei Eibele

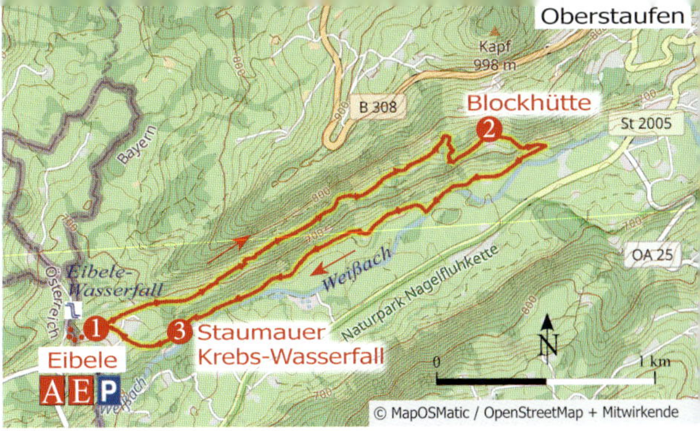

weiter abwärts, bis wir einen Querweg und den Talboden der Weißach erreichen. Hier scharf rechts und in südwestlicher Richtung weiter. Der vor uns liegende schmale Teerweg führt mit ganz gemütlichem Auf und Ab durch ausgedehnte Wiesen, begleitet von der Weißach zur Linken. Bei einer überdachten Holzbrücke verlassen wir das direkte Ufer und folgen dem Sträßchen rechts. Weiter durch flache Wiesen stoßen wir bald darauf erneut zur Weißach, die hier zu einem kleinen Teich aufgestaut ist. Zusammen mit der **Staumauer** ③, 640 m, erreichen wir schließlich eine Fahrstraße. Auf der gegenüberliegenden Seite fällt das Gelände überraschend steil ab; statt eines sicherlich eindrucksvollen Krebs-Wasserfalles, über den das Wasser der Weißach hier früher hinabgestürzt ist, blickt man heutzutage leider – dank des Stausees und des dazugehörenden Kraftwerks – meist nur auf trockene Nagelfluhfelsen. Auf der Straße gelangen wir in wenigen Minuten zurück nach Eibele. Als Abschluss der Tour bietet sich der Besuch des hübschen Eibele-Wasserfalls an. Am westlichen Ortsende führt ein schmaler Steg über die Eibele (und nach Vorarlberg). Gleich dahinter bringt uns ein kurzer Stichweg hinein in einen sehr idyllischen Kessel mit ausgedehnten Kiesflächen, eingerahmt von hohen Bäumen und Nagelfluhwänden mit dem mehrstufigen Wasserfall direkt vor uns.

Im Weißachtal

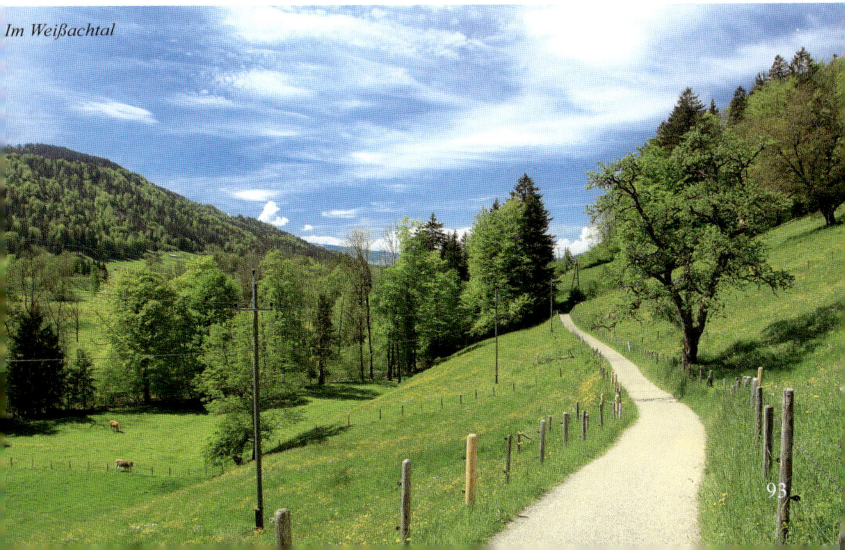

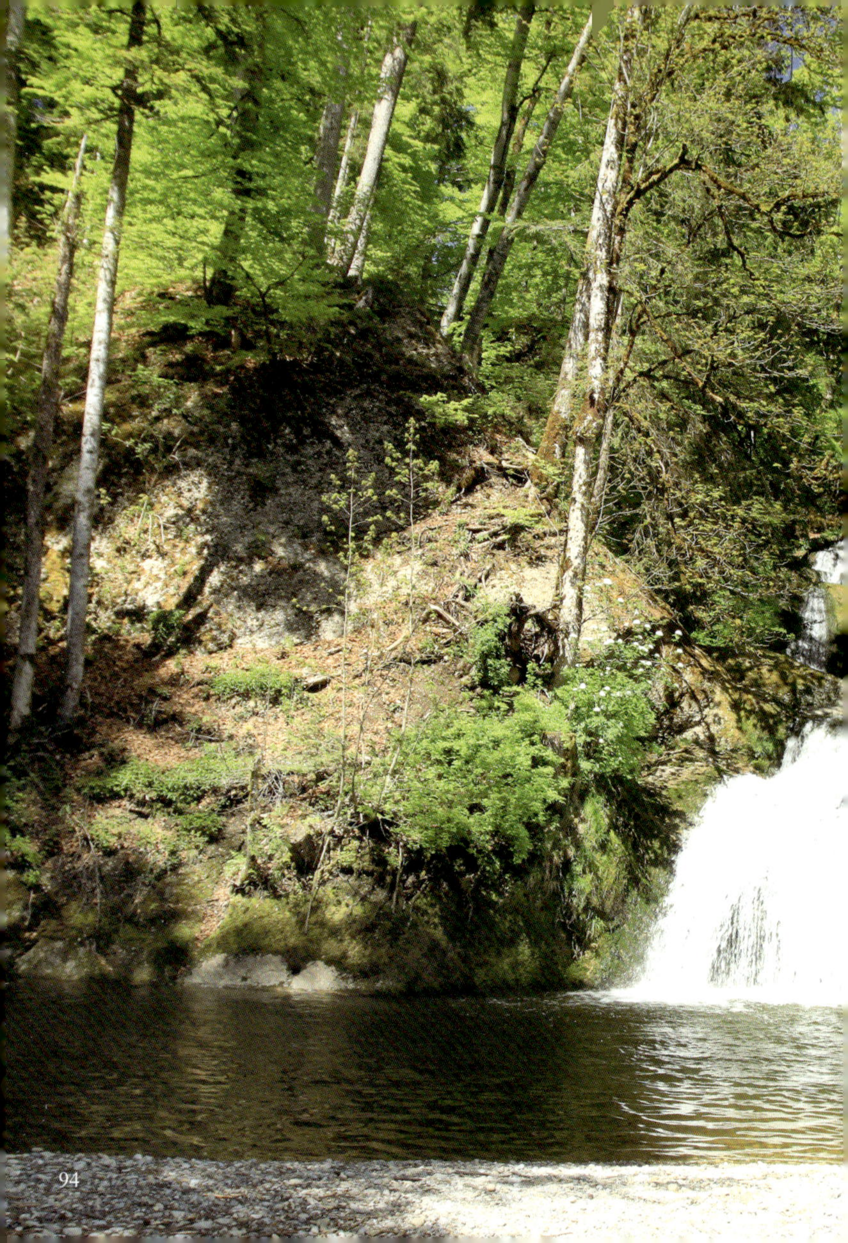

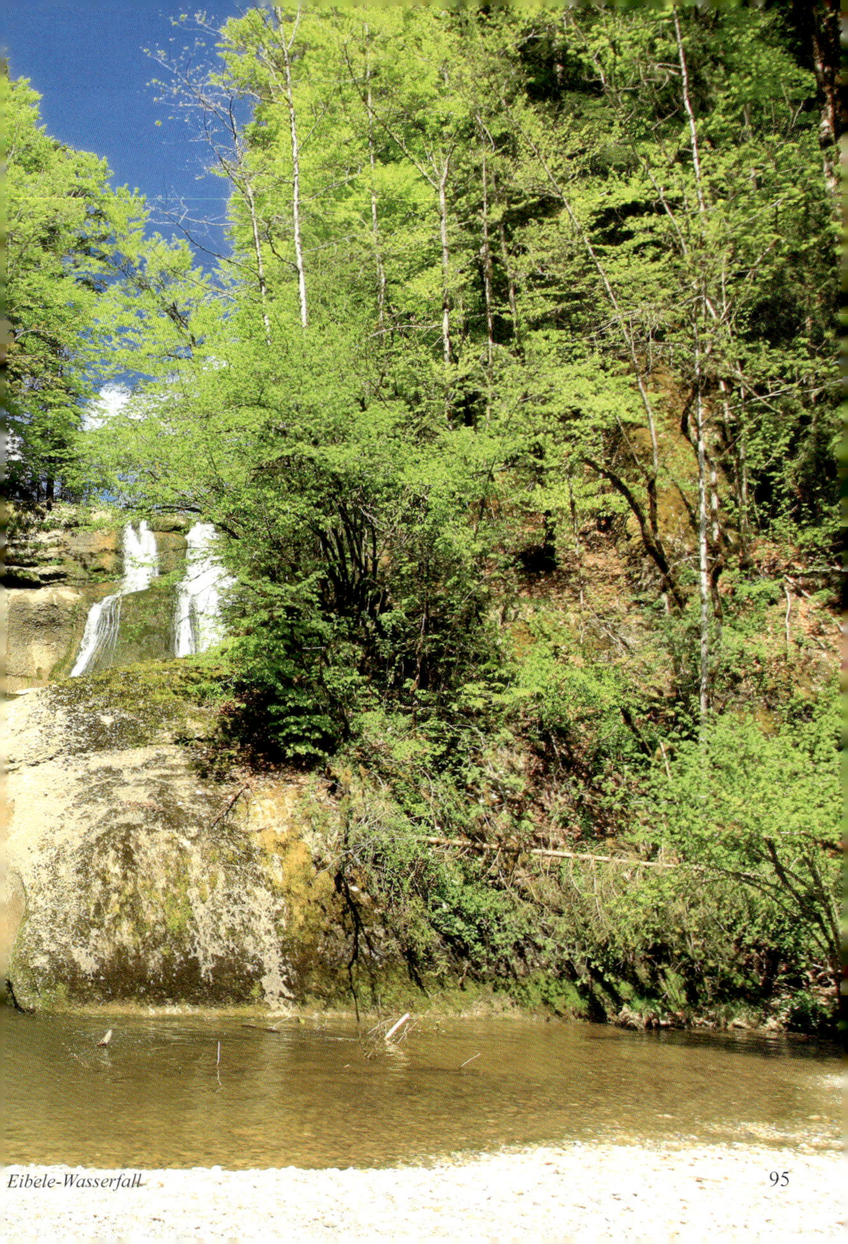

Eibele-Wasserfall

31 Über den Fluh-Grat bei Steibis

2.30 Std. | 230 Hm | 7,4 km

Steibis, Imbergbahn.; von Oberstaufen ca. fünf Kilometer Richtung Hochgrat, Seilbahn-Talstation oberhalb von Steibis (***Navi***: *87534 Oberstaufen-Steibis, In der Au 9)*; Bus vom Bahnhof Oberstaufen etwa alle 90 min.

Imbergbahn: Kleinkabinenbahn, Betriebszeiten ca. Anfang Mai bis November 9–16.30 h, www.imbergbahn.de, Talstation 913 m, Bergstation 1217 m.

Überwiegend breite Wege, auf dem Grat schmale Pfade; ein steiler Anstieg

Moosalpe ⑤; Glutschwandenalpe ⑥; Berggasthof Imberghaus ②

Aussichtsreiche Gratwanderung

Oberhalb von Steibis erstreckt sich eine wunderschöne Hochebene mit ausgedehnten Wiesen und stillen Mooren. Eingerahmt wird dieses Idyll von der Nagelfluhkette im Süden sowie dem etwas niedrigeren Kamm der Fluh im Norden. Auf dieser Tour wandern wir – nach gemütlicher Seilbahn-Anfahrt – über den Fluhgrat, genießen dabei weite Ausblicke von den offenen Wiesenhängen und durchwandern auf leichten Wegen den abwechslungsreichen Mix aus Wiesen und Mooren.

Mit der Seilbahn geht es von der **Talstation in Steibis** ①, 913 m, hinauf zur **Bergstation** ②, 1217 m, die auf einem Sattel zwischen Fluh und Imberg thront. Auf der gegenüberliegenden Seite öffnet sich sogleich ein schönes Panorama über die lange Nagelfluhkette. Wir folgen einem Schotterweg, der sich schräg rechts durch ein kleines Waldstück zieht und stoßen nach knapp 500 Metern auf eine Teerstraße. Genau gegenüber beginnt der Aufstieg auf

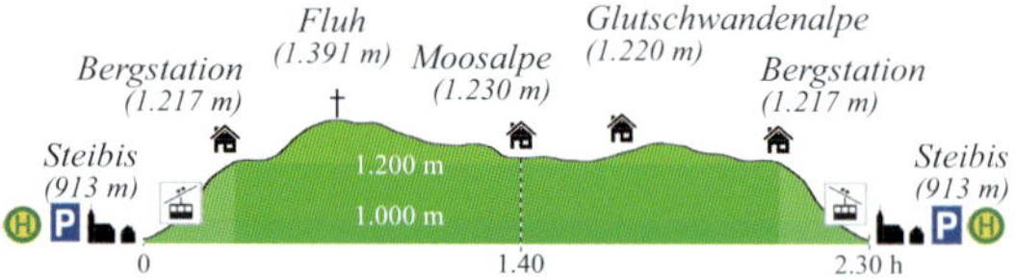

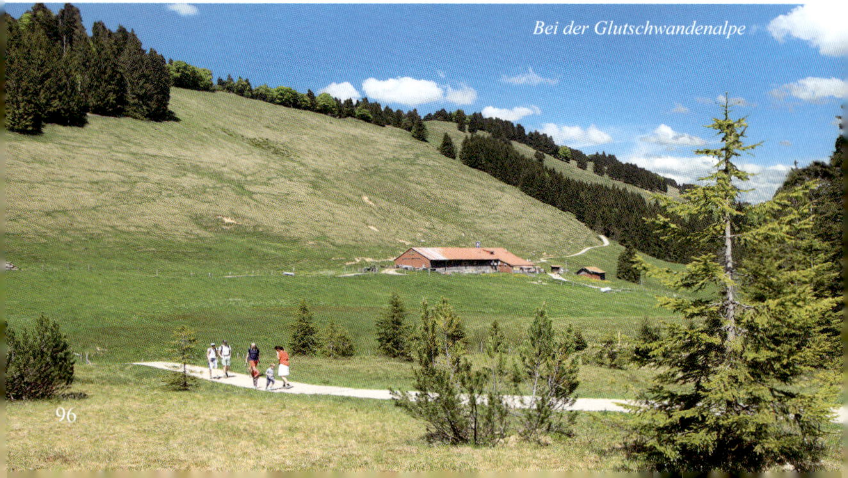

Bei der Glutschwandenalpe

den Kamm der Fluh. Es geht steil bergauf, wobei wir unterwegs ein Skiliftgebäude am oberen Ende eines Steilhanges passieren (mit schönem Blick Richtung Norden), steigen noch etwas weiter durch Wald an und haben schließlich den höchsten Punkt der heutigen Tour oben auf der **Fluh** ③, 1391 m, erreicht. Vor uns liegt nun ein wunderschöner Höhenweg auf diesem Grat, rechts fällt die bewaldete Nordseite steil ab, während links die Südseite von steilen Wiesen geprägt wird. Ein ausgetrete-

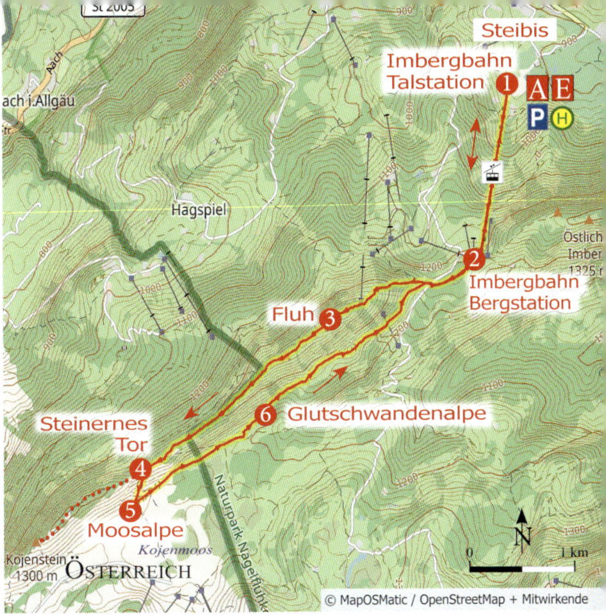

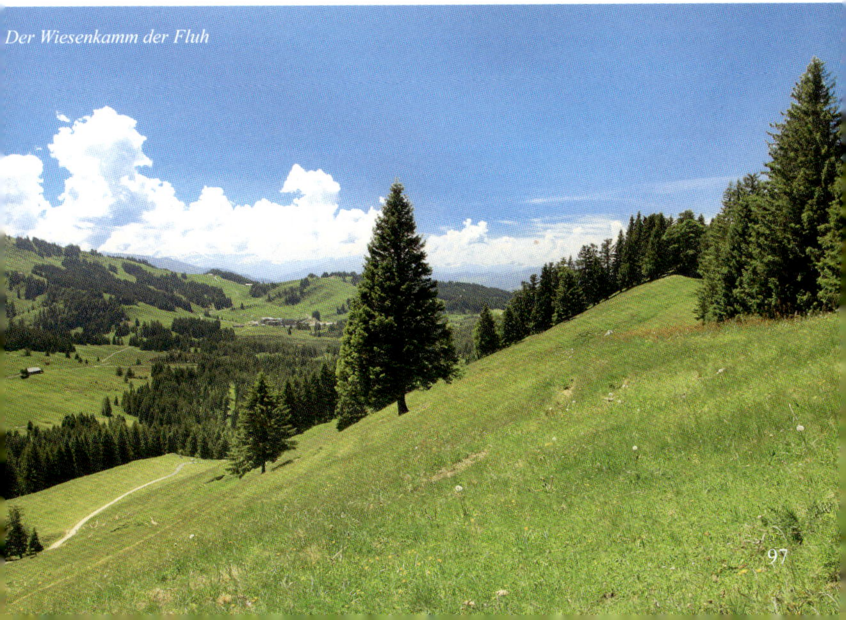

Der Wiesenkamm der Fluh

ner Trampelpfad leitet uns über aussichtsreiche Wiesen und durch kleine Wäldchen hindurch. Links breitet sich auf der gesamten Strecke die hübsche Imberger Hochebene aus mit ihren Wiesen, Mooren und Wäldchen, im Hintergrund eingerahmt vom langgestreckten Nagelfluhkamm. Nach gut 40 Minuten stehen wir am »**Steinernen Tor**« ④, 1280 m, einer kleinen Scharte im

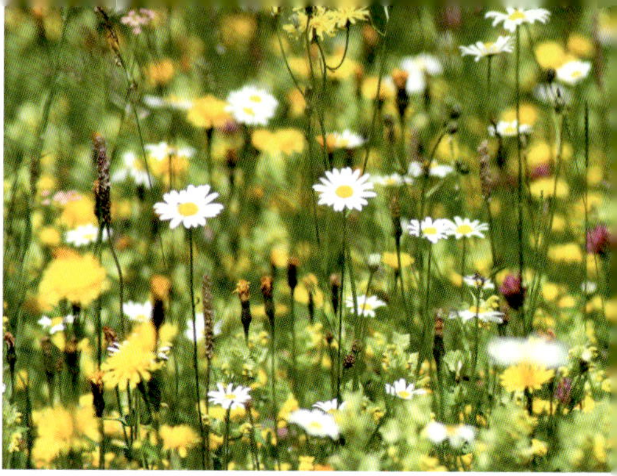

Grat, wo von rechts ein Wanderweg von Hochlitten hinaufzieht. (Abstecher Kojenstein: Wer noch etwas länger auf dem Grat bleiben möchte, erreicht in knapp einem Kilometer einen schönen Aussichtspunkt am Kojenstein; gleicher Weg zurück). Ansonsten verlassen wir hier den Grat und steigen links zur nahegelegenen **Moosalpe** ⑤, 1230 m, hinab. Dort biegen wir scharf links ab und wandern nun auf einem breiten, angenehmen Fußweg am Fuß des Fluh-Kammes ohne größeres Auf und Ab wieder ostwärts; Links steigen die Wiesen steil zum Grat empor. Nach ca. 15 Minuten passieren wir die **Glutschwandenalpe** ⑤, 1220 m, bleiben geradeaus und erreichen nach weiteren ca. 2,5 Kilometern auf dem schönen Wanderweg die Seilbahn-Bergstation.

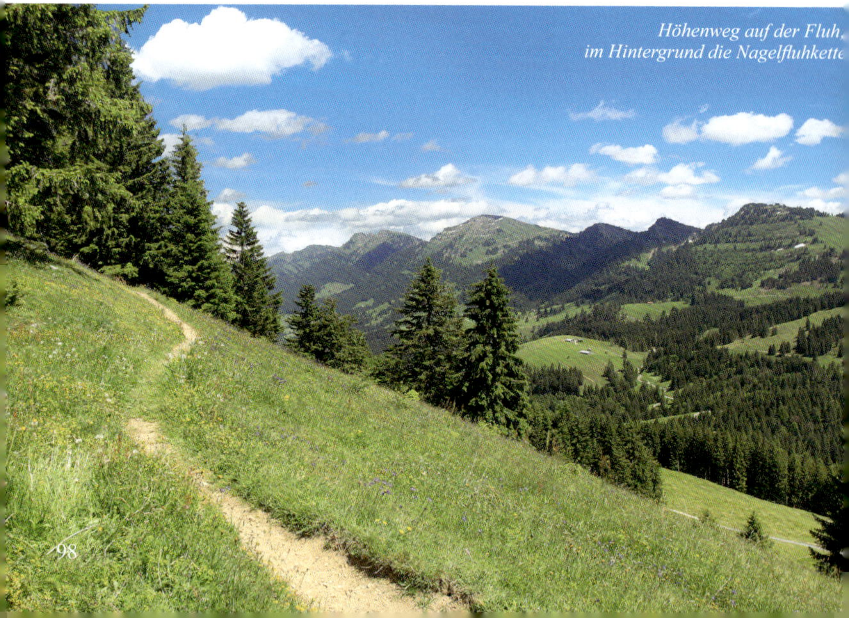

Höhenweg auf der Fluh, im Hintergrund die Nagelfluhkette

; Std.	275 Hm	9,4 km

Steibis, Imbergbahn.; von Oberstaufen ca. ünf Kilometer Richtung Hochgrat, Seilbahn-Talstation oberhalb von Steibis (*Navi*: *87534 Oberstaufen-Steibis, In der Au 9)*; Bus vom Bahnhof Oberstaufen etwa alle 90 min.

Imbergbahn: Kleinkabinenbahn, Betriebszeiten ca. Anfang Mai bis November 9–16.30 h, www.imbergbahn.de, Talstation 913 m, Bergstation 1217 m.

Überwiegend leichte, breite Schotterwege ohne größere Steigungen.

Restaurant Imberghaus ②; Glutschwandenalpe ③; Moosalpe ④; Hörmoosalpe ⑤; Hochwiesalpe ⑥; Berggasthof Hochbühl

Idyllische Almlandschaft oberhalb von Steibis

Wenn man von Oberstaufen südwärts auf die hoch aufragenden Wände der Nagelfluhkette zusteuert, übersieht man oft dieses hübsche Wanderziel: Auf halber Höhe vorgelagert erstreckt sich oberhalb von Steibis eine idyllische Hochebene mit ausgedehnten Wiesen, kleinen Mooren und zahlreichen Alphütten. Eine schöne Wanderung mit wenigen Steigungen und einer Seilbahnfahrt zu Beginn.

Die Seilbahn bringt uns schnell von **Steibis** ①, 913 m, hinauf zur **Bergstation** ②, 1217 m. Wir folgen einem breiten Schotterweg durch ein kleines Waldstück hindurch, queren eine Fahrstraße und wandern auf dem »Alpenerlebnispfad« in die schöne Hochebene hinein. Der angenehme Weg führt – nach einem kurzen Anstieg – im weiteren Verlauf ohne nennenswertes Auf und Ab unterhalb des lan-

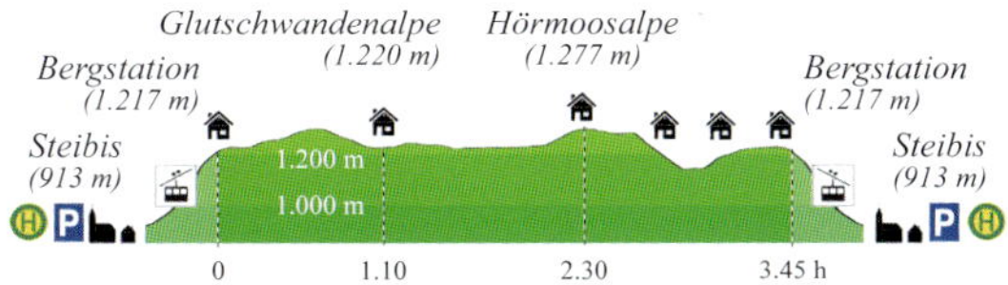

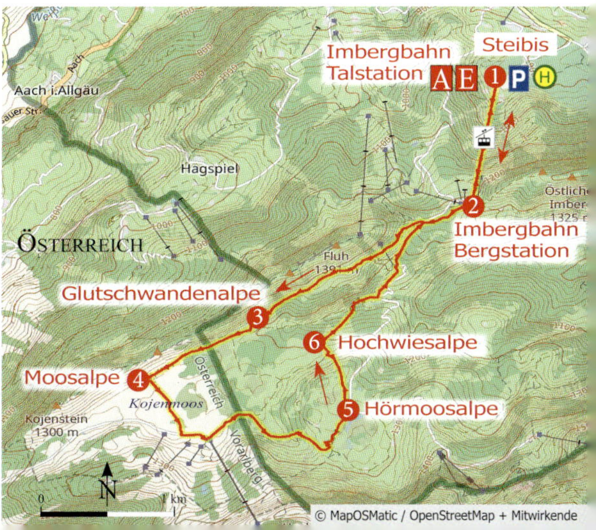

gen Fluh-Kammes entlang, der sich rechts über uns erstreckt. Bald erreichen wir die **Glutschwandenalpe** ③, 1220 m, und wenig später die – bereits in Österreich gelegene – **Moosalpe** ④, 1230 m. Hier biegen wir links ab, durchqueren das hübsche Kojenmoos und gelangen zum Hotel Hochhäderich, dessen großer Parkplatz außerhalb der Skisaison meist recht verwaist daliegt. Hinter dem Hotel führt ein Wanderweg – nun in östlicher Richtung – wieder in die schöne Moor- und Wiesenlandschaft hinein. Wir überqueren erneut die Grenze zu Deutschland, halten uns am nächsten Abzweig rechts und steigen durch eine hübsche Almidylle allmählich hinauf zu einer Hochebene. An der ersten Kreuzung oben links und in wenigen Minuten zur **Hörmoosalpe** ⑤, 1277 m, schön gelegen oberhalb eines kleinen Teiches (den man auf einem kurzen Rundweg umwandern kann).
Wem die Wanderung bis hier genügt, kann mit dem Bus zurück zur Bergstation fahren (unregelmäßig, etwa alle 90 Minuten). Wer auch den Rückweg zu Fuß bewältigen möchte, verlässt wenige Schritte hinter der Hütte die Straße, quert links einen Wiesenbuckel und steigt dann hinab zur **Hochwiesalpe** ⑥, 1250 m. Von dort auf einem Almsträßchen wenige Meter rechts und gleich darauf links hinab in den Einschnitt des Lanzenbaches. Unten im Tal (1126 m) wandern wir rechts bis zur nahen Straße, die wir aber gleich wieder verlassen und links zum Berggasthof Hochbühl (1180 m), hinaufsteigen. Danach folgt noch ein kurzes Straßenstück, bevor es durch das vom Hinweg bekannte Waldstück gemütlich zurück zur Bergstation geht, wo die abschließende Seilbahnfahrt hinunter nach Steibis auf uns wartet.

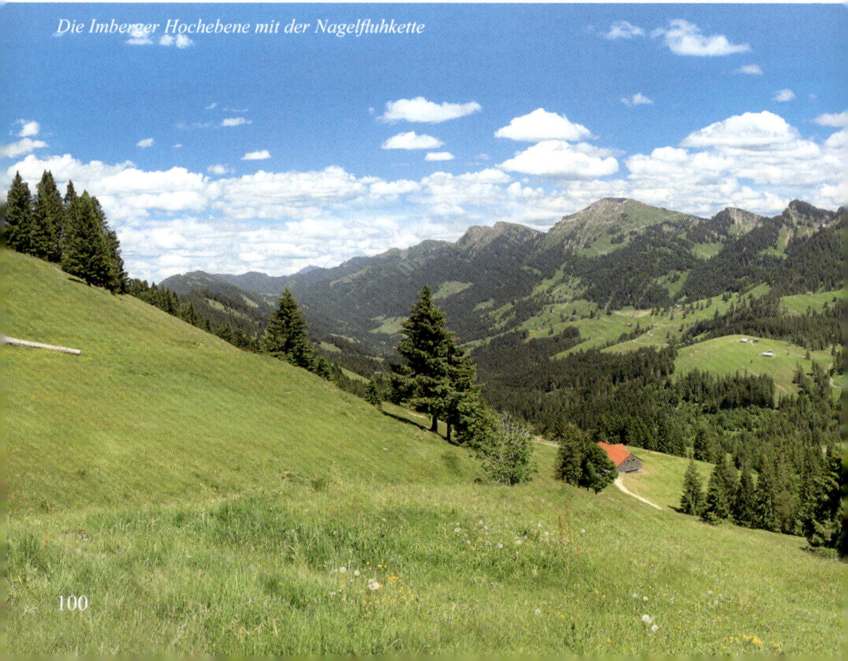

Die Imberger Hochebene mit der Nagelfluhkette

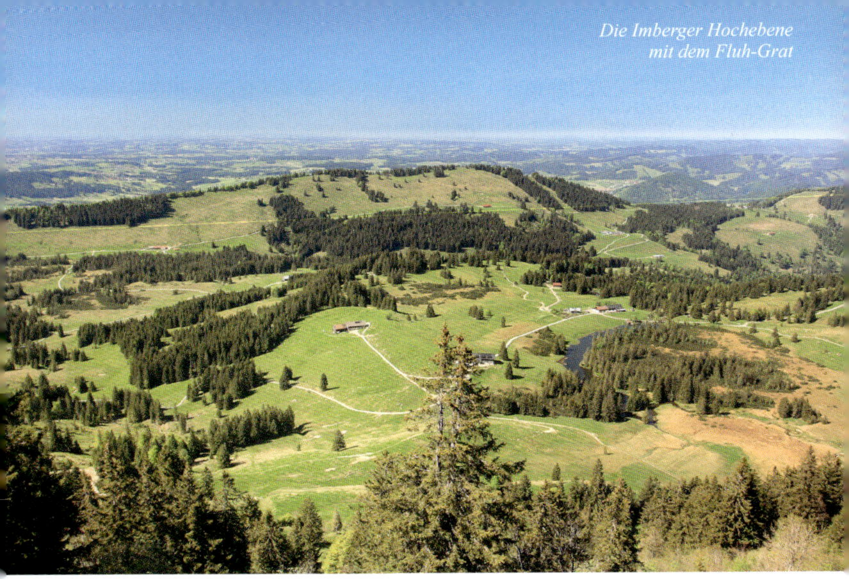

Die Imberger Hochebene
mit dem Fluh-Grat

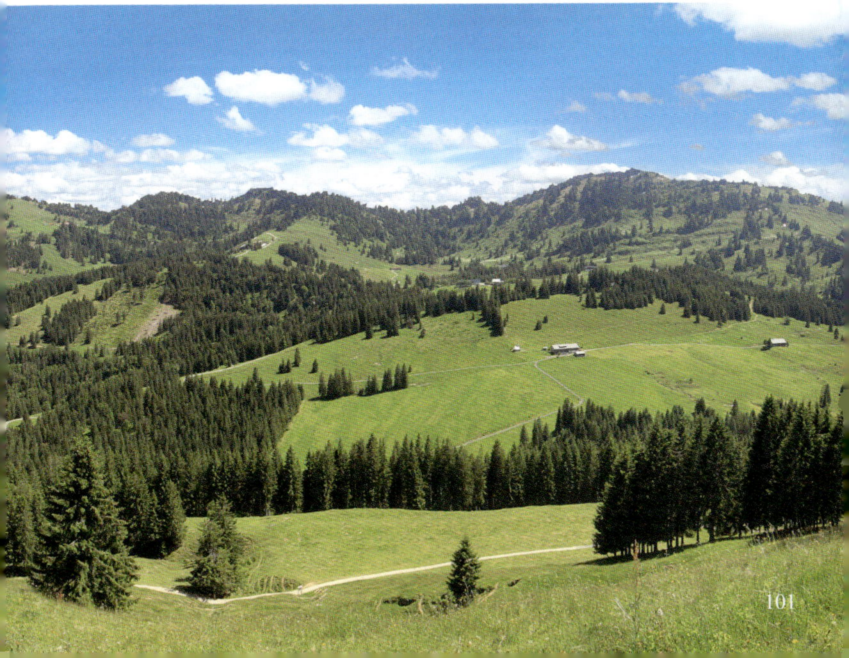

33 Kleine Hochgrat-Runde

1.30 Std. | 300 Hm | 4,5 km

Oberstaufen-Steibis, Hochgratbahn; von Oberstaufen etwa acht Kilometer zur Hochgratbahn, großer Parkplatz an der Talstation, 856 m *(**Navi**: 87534 Oberstaufen, Lanzenbach 5);* Bus vom Bahnhof Oberstaufen etwa alle 90 min.

Hochgratbahn: Großkabinenbahn, Betriebszeiten ca. Mitte Juni–Mitte November 8.30–16.30 h, www.hochgratbahn.de, Talstation 856 m, Bergstation 1708 m.

Streckenweise schmale Pfade über ausgesetzte Grate. Trittsicherheit und Schwindelfreiheit erforderlich, Teleskopstöcke sehr ratsam. Bei Nässe etwas matschig.

Bergstation ②; Staufner Haus ②

Auf den höchsten Gipfel der Nagelfluhkette

Von der Wegbeschaffenheit her handelt es sich vermutlich um die schwierigste Tour des Buches, aber aufgrund der überschaubaren Länge hat sie einen Platz darin gefunden. Zumal der Hochgrat als Oberstaufener Wahrzeichen einfach nicht fehlen darf. Die Seilbahn bringt uns hinauf auf den Nagelfluhgrat mit seinem herrlichen Panorama bis zu den entfernten Alpengipfeln im Süden. Die Wanderung führt auf dem schmalen Grat hinauf zum Hochgrat-Gipfel und zurück über steile Wiesen auf seiner Südflanke.

Die Seilbahn bringt uns bequem von der – im Ehrenschwanger Tal gelegenen – **Talstation** ①, 856 m, hinauf zur **Bergstation** ①, 1708 m. Dank deren Lage direkt oben auf dem Grat kommen wir bereits beim Verlassen des Seilbahn-Gebäudes in den Genuss eines prächtigen Panoramas in Richtung Süden mit den Gipfeln der Allgäuer Alpen in der Ferne. Unser Gipfel-Ziel befindet sich östlich oberhalb der Station. Es geht direkt an der steilen Abbruchkante entlang bis zum **Hochgrat-Gipfel** ③, 1834 m, wo wir einen umfassenden Rundblick genießen können: Richtung Osten führt der lange Kamm der Nagelfluhkette

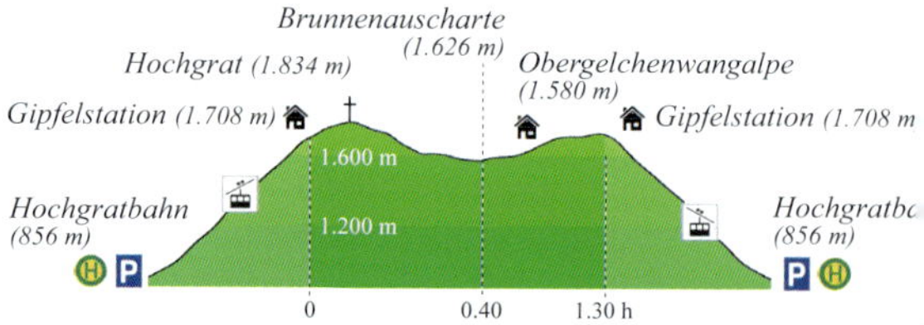

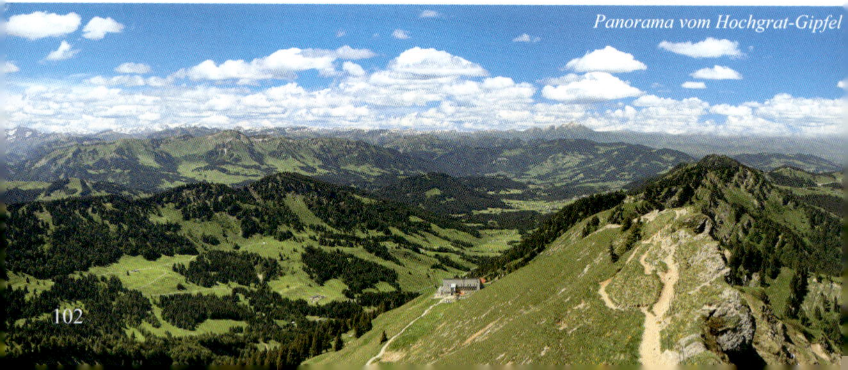
Panorama vom Hochgrat-Gipfel

hinüber nach Immenstadt; im Norden fällt das Gelände steil hinab ins Ehrenschwanger Tal. Parallel zur Nagelfluhkette verläuft südlich davon das Gunzesrieder bzw. das Lecknertal, und ganz weit im Süden bilden Allgäuer Alpen und Bregenzerwald eine eindrucksvolle Kulisse. In Richtung Westen verlieren die zahlreichen kleinen Kuppen der Nagelfluhkette allmählich an Höhe, während ganz in der Ferne bei klaren Sichtverhältnissen der Bodensee zu erkennen ist. Wir verlassen den Gipfel in östlicher Richtung und wandern auf dem ausgesetzten Grat – streckenweise etwas steil und holprig, so dass Teleskopstöcke eine gute Hilfe sind – hinab zur **Brunnenauscharte** ④, 1626 m. Hier verlassen wir den Kamm und biegen rechts ab. Die Südhänge der Nagelfluhkette werden intensiv alpwirtschaftlich genutzt, so dass der ursprüngliche Wald in weiten Teilen offenen Wiesen und Weiden Platz gemacht hat. Parallel zum Kamm verlaufen durch die Südhänge immer wieder felsige Nagelfluh-Rippen, die wir auf unserem Weg queren. Es geht also beständig leicht Auf und Ab durch die hübsche Landschaft. Wir passieren die Gütlealpe (1568 m) und gelangen schließlich zur **Obergelchenwangalpe** ⑤, 1580 m. Hier wenden wir uns westwärts und steigen über die steilen Wiesenhänge, die die Südflanken des Hochgrates bilden, allmählich wieder aufwärts. Dann haben wir wieder den Kamm und die Bergstation erreicht. (Einkehr-Alternative zum Seilbahn-Restaurant bietet das nahe Staufner Haus).

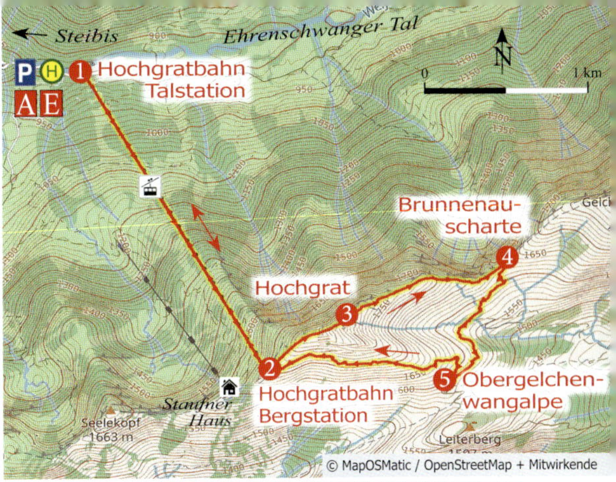

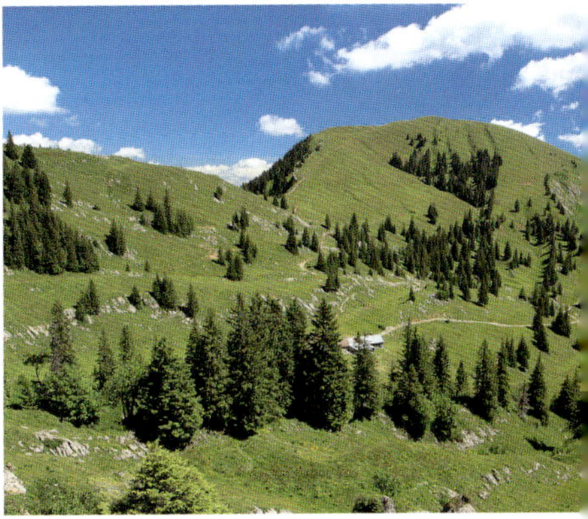

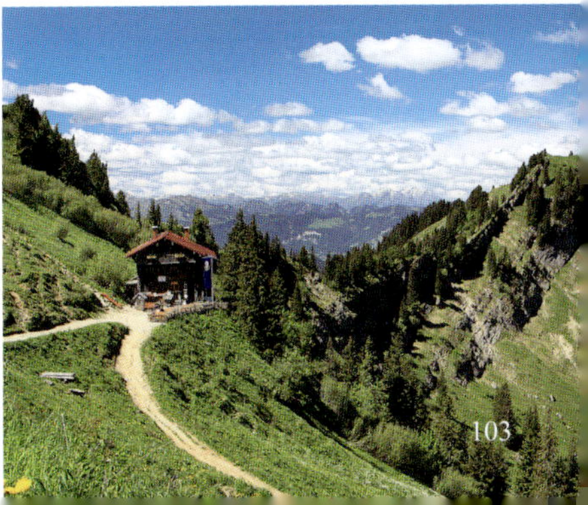

Brunnenauscharte (o.), Staufner Haus (u.)

34 Buchenegger Wasserfall-Runde

3 Std. | 300 Hm | 8 km

Buchenegg, Wanderparkplatz Buchenegger Wasserfälle, 900 m. Luftlinie ca. drei Kilometer südöstlich von Oberstaufen; etwas längere Anfahrt auf schmalen Straßen ab Oberstaufen bzw. Kreisel bei der Hündlebahn *(**Navi**: 87534 Oberstaufen, Buchenegg 16);* Bus: Öffentlich startet man am besten südlich von Steibis (Linie Oberstaufen–Hochgrat, ca. alle 90 min., Haltestelle »Am Giebel«, siehe Bushaltestellen-Symbol in der Karte).

Breite Almstraßen und Schotterwege; zum Ende steiler Anstieg auf Waldwegen.

Sonnhaldealpe ②; Haspelalpe ③; Alpe Neugschwend u. Neugreuth ⑤

Durchs Mittelbachtal hinab zur Weißbach

Die Buchenegger Wasserfälle unterhalb von Steibis gehören zu den eindrucksvollsten Wasserfällen im Allgäu. Ein Besuch lässt sich mit einer schönen Wanderung durch die offenen Wiesenhänge des Weißach- und des Mittelbachtales verbinden. Unterwegs laden zudem mehrere Alphütten zur gemütlichen Einkehr ein.

Vom kleinen **Wanderparkplatz** ①, 900 m, folgen wir einem breiten Fahrweg kurz und steil eine Anhöhe hinauf und drüben wieder hinab in einen bewaldeten Einschnitt. Ab hier führt der weitere Weg als angenehmer, breiter Wirtschaftsweg mit gelegentlichem, leichtem Auf und Ab taleinwärts. Es geht meist über freie Wiesenhänge ostwärts. Zur Linken steigt das Gelände steil hinauf Richtung Hündlegrat, während rechts ebenso steile Wiesenhänge ins tief eingeschnittene Mittelbachtal abfallen. Rechts hinter uns rückt bald die steile Nordwand des Hochgrates ins Blickfeld. Vorbei an der Turaalpe sowie der Ochsenschwandalpe (904 m) erreichen wir schließlich den engen Talschluss, biegen dort scharf rechts ab, überqueren den Mittelbach

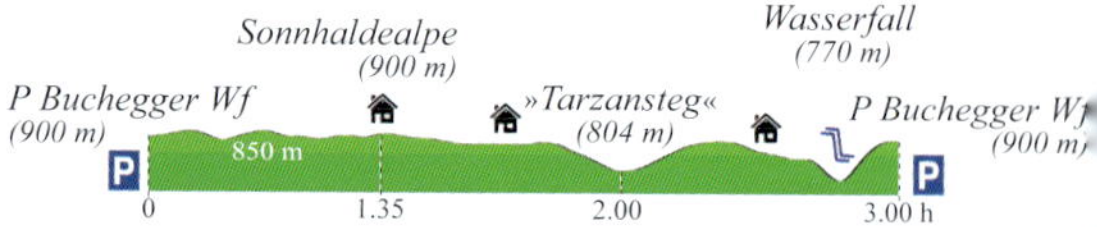

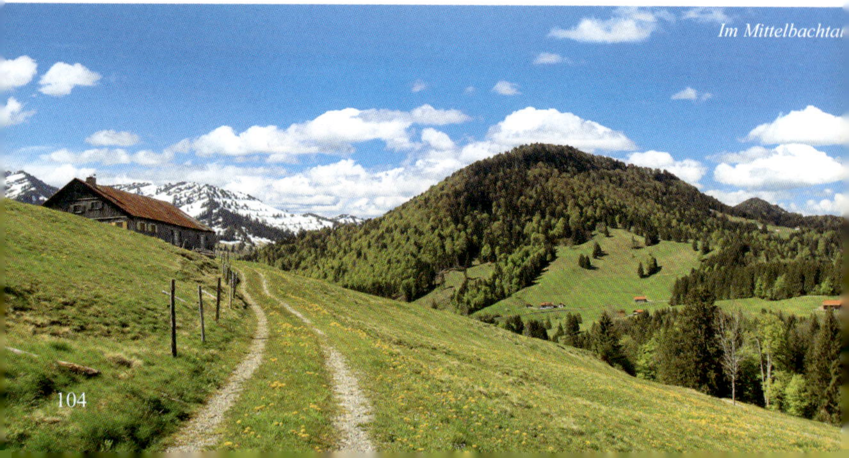

Im Mittelbachtal

und wandern – nun auf der südlichen Talseite – wieder südwestwärts. Vorbei an der **Sonnhaldealpe** ②, 900 m, und etwas später an der etwas unterhalb des Weges gelegenen **Haspelalpe** ③, 869 m, spazieren wir auf dem angenehmen Weg durch freie Wiesenhänge und steigen gegen Ende allmählich zur Weißach hinunter, die wir auf dem »**Tarzansteg**« ④, 804 m – einer schmalen Eisenbrücke – überqueren. Zur Linken beglei-

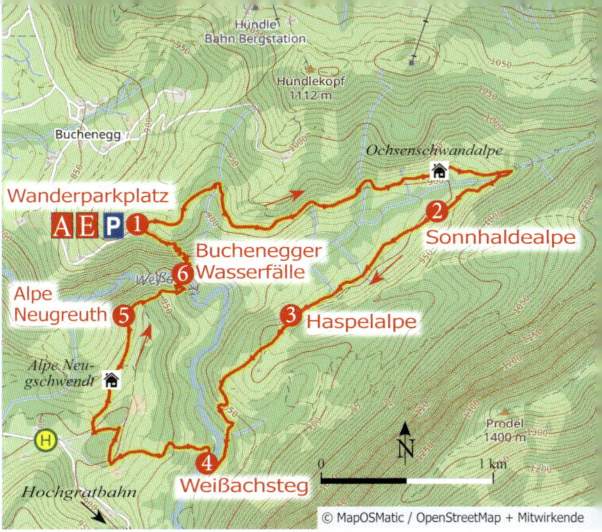

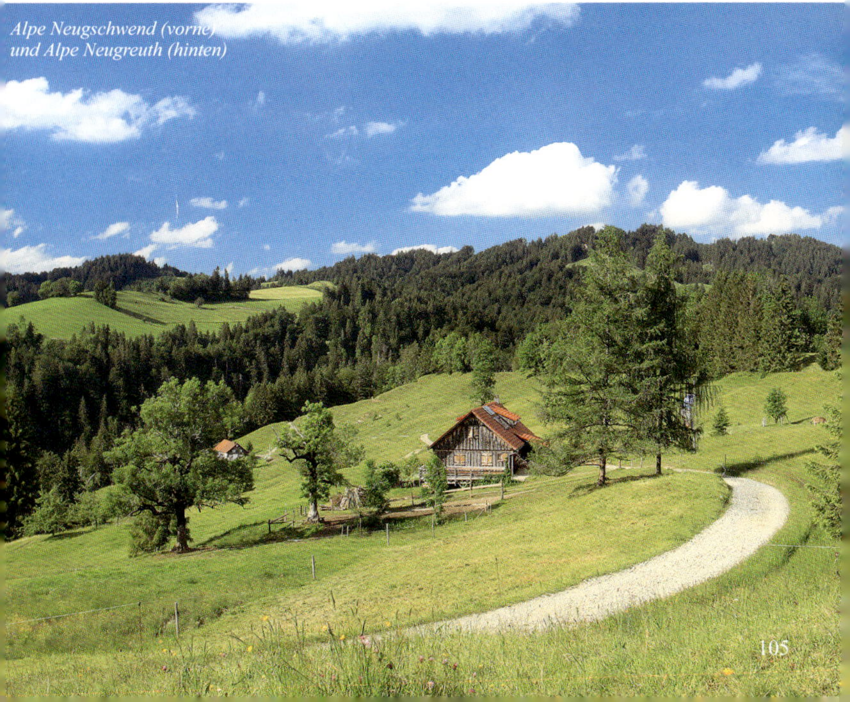
Alpe Neugschwend (vorne) und Alpe Neugreuth (hinten)

tet vom Hochgrat, geht es auf der anderen Flussseite mäßig steil über Wiesen bergauf bis zu einem kleinen Wäldchen oben auf der Kuppe (900 m). Am Waldrand rechts, nach 200 Metern links, wenige Schritte durch den Wald und erneut rechts. Nun spazieren wir über offene Wiesen zur nahen Alpe Neugschwend und gleich darauf zur **Alpe Neugreuth** ⑤, 840 m. Hier lassen wir die Wiesen hinter uns und steigen in den tiefen, bewaldeten Einschnitt der Weißach mit den Buchenegger Wasserfällen hinab. Etwas oberhalb des Flusses zweigt rechts ein Stichweg zum Oberen Wasserfall ab, während wir auf dem Hauptweg zu einem Steg über die Weißach gelangen. VOR der Brücke gehen wir rechts am Ufer entlang und erreichen ein weites Naturbecken mit den beeindruckenden **Buchenegger Wasserfällen**, (6), 770 m, wo das Wasser durch eine schmale Kerbe in einer mächtigen Nagelfluhwand hinabstürzt. Nach einer ausgiebigen Rast wartet nun der anstrengendste Teil der Rundtour auf uns. Es geht über die Brücke und dahinter in zahlreichen, steilen Serpentinen einen hübschen Buchenwald hinauf bis zum Ausgangspunkt/Parkplatz.

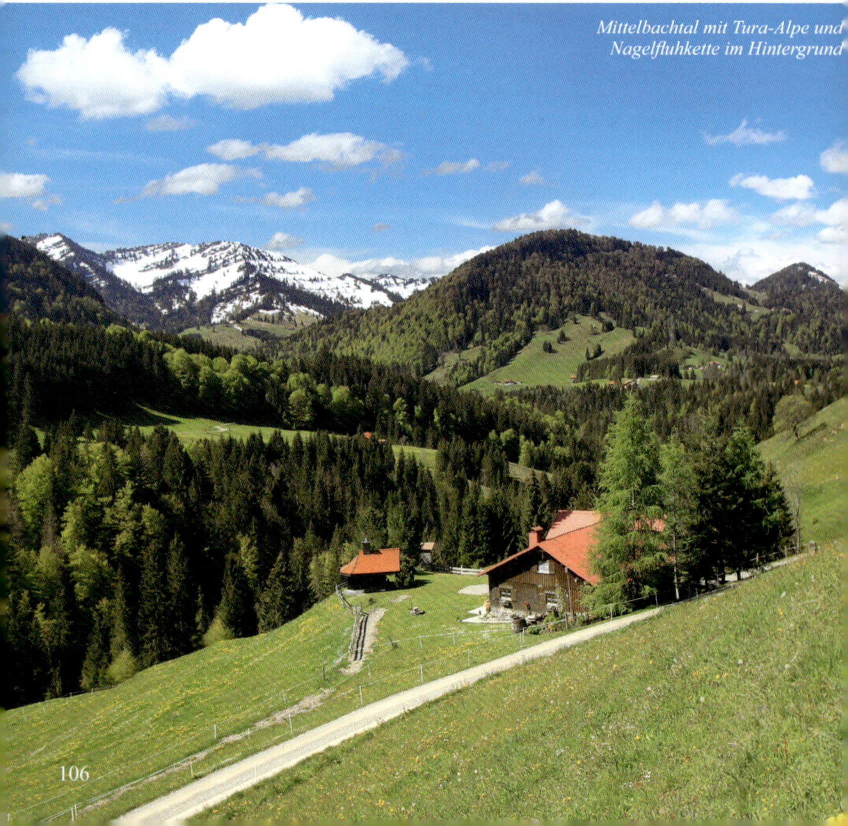

Mittelbachtal mit Tura-Alpe und Nagelfluhkette im Hintergrund

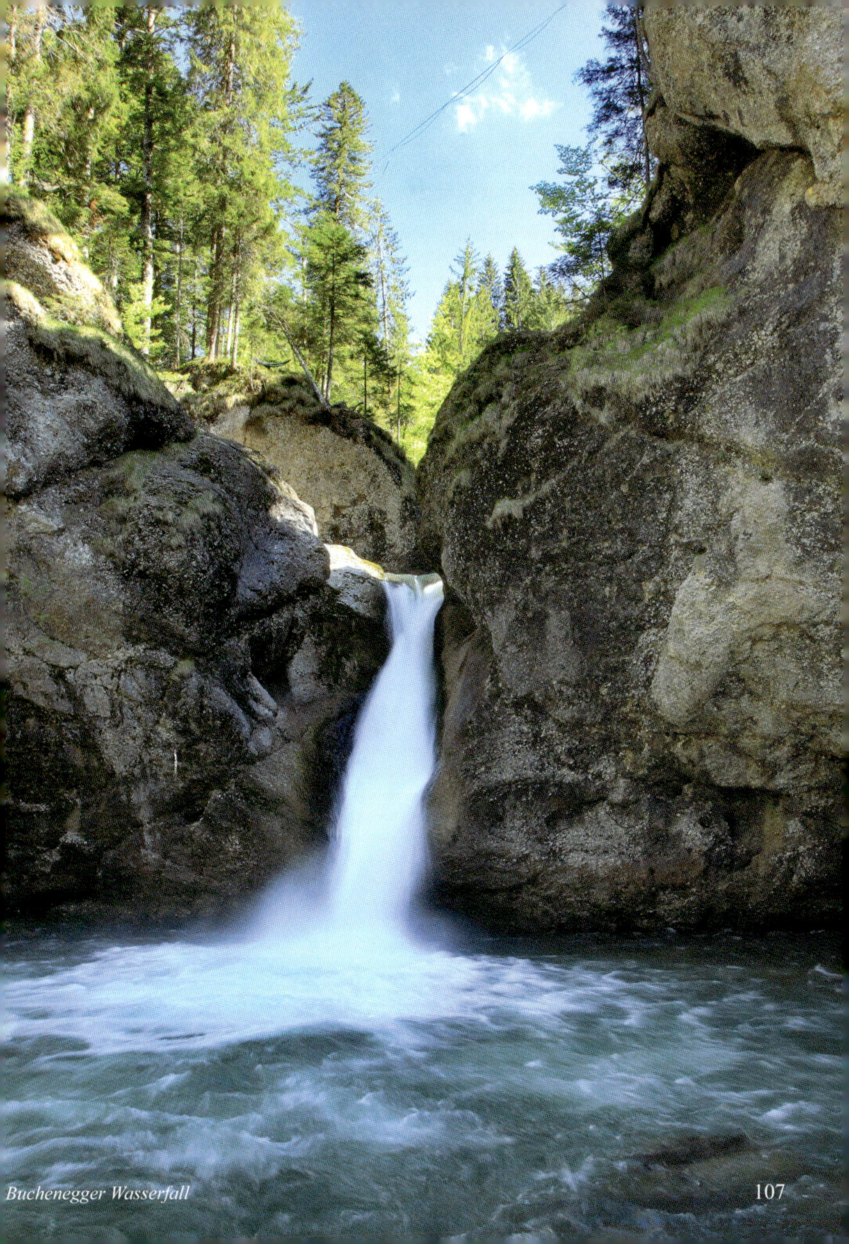

Buchenegger Wasserfall

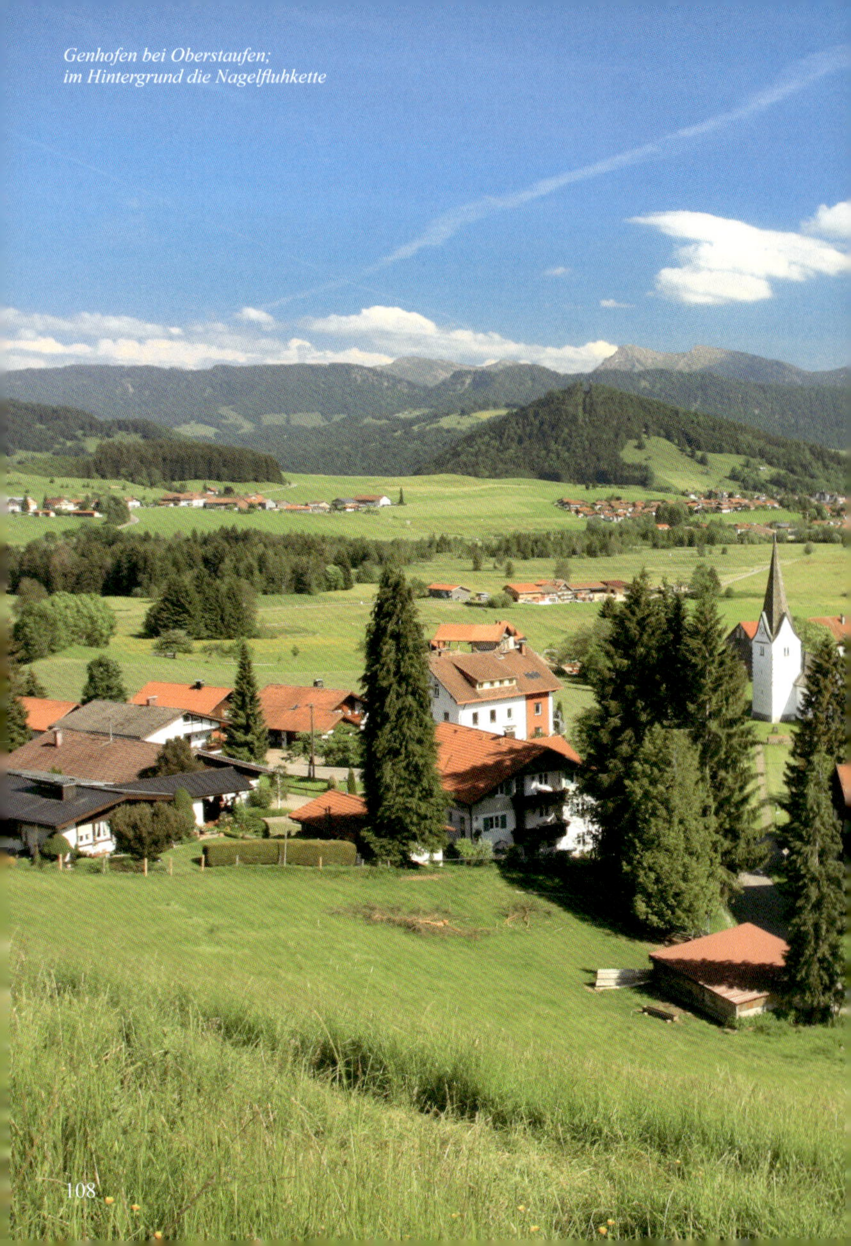

Genhofen bei Oberstaufen;
im Hintergrund die Nagelfluhkette

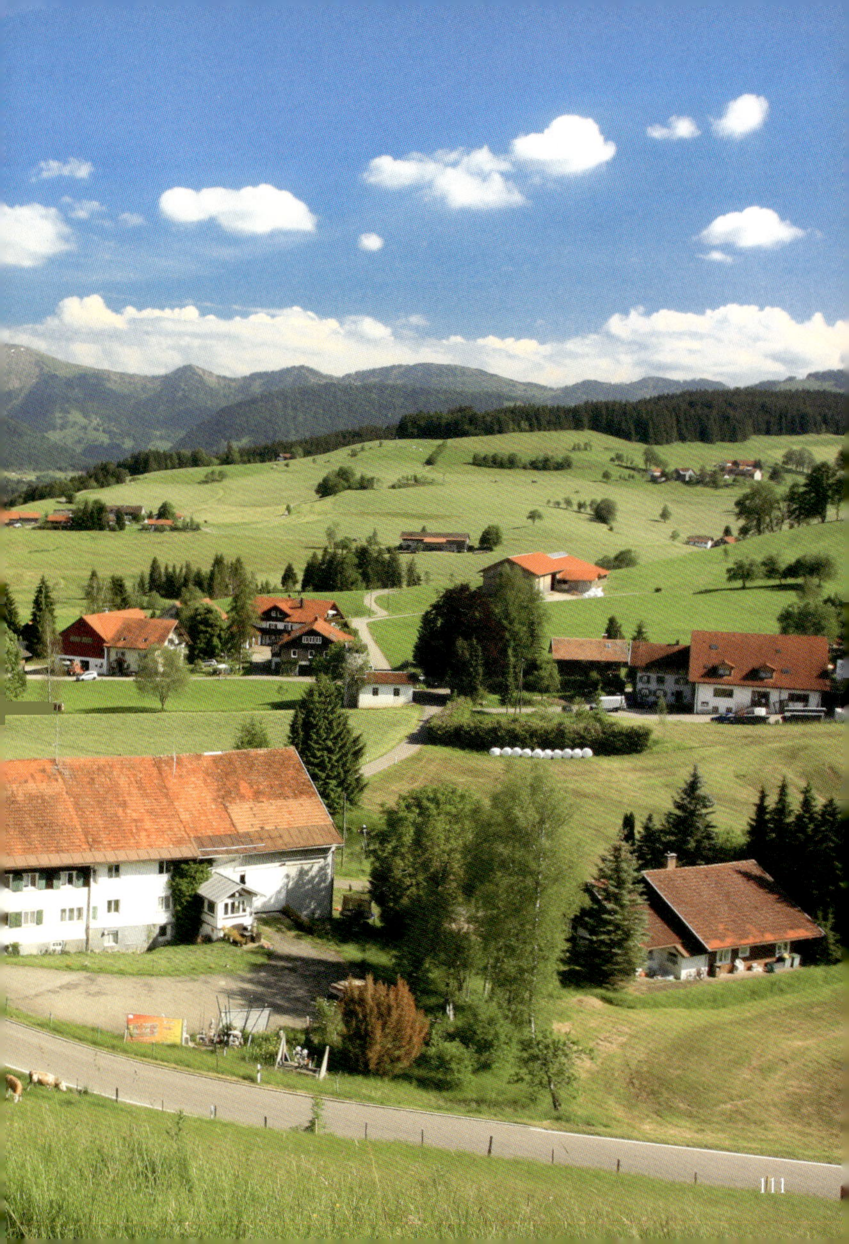

35 Hündlekopf und Mittelbachtal

2.45 Std. | 270 Hm | 7,1 km

Oberstaufen, Hündlebahn, ca. zwei Kilometer östlich von Oberstaufen an der B308 Richtung Immenstadt
*(**Navi**: 87534 Oberstaufen, Hinterstaufen 10);*
Bus Oberstaufen–Immenstadt etwa im Stundentakt, Haltestelle »Hündlebahn«.

Hündlebahn: Umlauf-Kabinenbahn, Betriebszeiten Anfang Mai–Anfang November, 9–16.30 h, www.huendle.de, Talstation 770 m, Bergstation 1050 m.

Ordentliche Wander- und Wiesenwege, einige steile Passagen

Obere Hündlealpe ②; Berggaststätte s`Hündle ②; Ochsenschwandalpe ④; Bärenschwandalpe ⑥

Aussichtsreiche Wiesen und gemütliche Alphütten

Zwischen Oberstaufen und Immenstadt verläuft fast schnurgerade in West-Ost-Richtung das gut 15 Kilometer lange Konstanzer Tal. Auf seiner Südseite wird es von einem Höhenzug flankiert, der weitflächig almwirtschaftlich genutzt wird. Weite Wiesen, aussichtsreiche Wege und hübsche Alphütten erwarten uns auf dieser Tour, die uns sowohl auf den Hündlekopf als auch ins idyllische Mittelbachtal führt.

Nachdem uns die Seilbahn entspannt aus dem **Konstanzer Tal** ①, 770 m, hinauf zur **Bergstation** ②, 1050 m, gebracht hat, wandern wir auf einem breiten Schotterweg in wenigen Minuten hinüber zur Oberen Hündlealpe. Den Hündlekopf (1111 m), dessen kleine Wiesenkuppe rechts etwas oberhalb liegt, lassen wir uns für den Rückweg.
Wir bleiben auf dem angenehmen Schotterweg (an der ersten Verzweigung nehmen wir den linken, wobei beide Wege weitgehend parallel verlaufen und später wieder aufeinandertreffen), der uns ohne nennenswerte Steigung über hübsche Almwiesen und mit schönem Panoramablick über das gesamte Konstanzer Tal hinüber zur **Hochsiedelalpe**

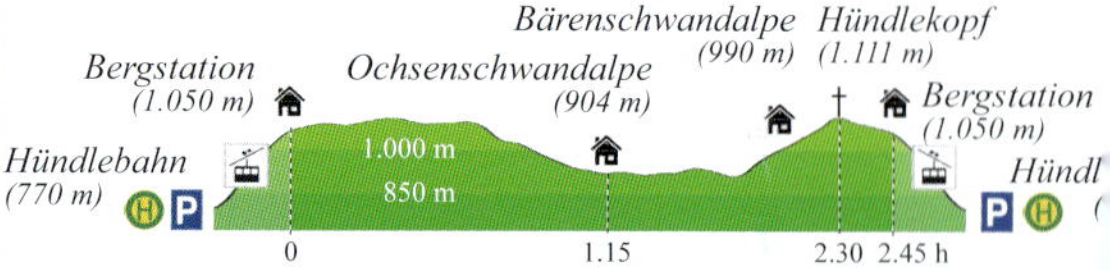

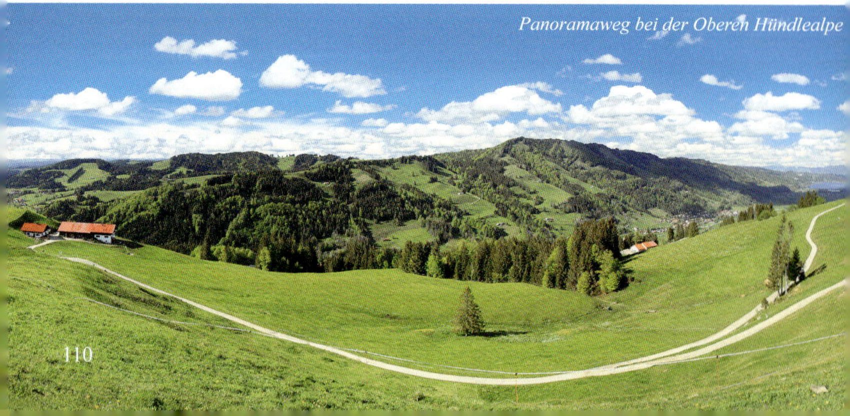

Panoramaweg bei der Oberen Hündlealpe

③, 1070 m, bringt. Bei der Alphütte verlassen wir den Schotterweg, folgen geradeaus einem Trampelpfad über den breiten Wiesenkamm und steigen schließlich durch Wald steil hinunter Richtung Moosalpe (1009 m). Noch vor der Hütte treffen wir erneut auf einen Schotterweg, halten uns hier rechts und wandern recht steil in einem engen, bewaldeten Taleinschnitt an einem kleinen Bach entlang abwärts. Am unteren Waldrand öffnet sich das Gelände zum Mittelbachtal, wir treffen erneut auf einen breiten Wirtschaftsweg und wandern auf der rechten Hangseite – nun wieder durch offene Wiesen – talauswärts. Ohne größeres Auf und Ab spazieren wir hinüber zur **Ochsenschwandalpe** ④, 904 m, und weiter zur **Turaalpe** ⑤, 904 m, während links tief unter uns der Mittelbach rauscht. Kurz hinter einem scharfen Rechtsbogen – inmitten eines bewaldeten Taleinschnittes – verlassen wir die Almstraße und beginnen rechts den Anstieg Richtung Hündlekopf. Schon bald lassen wir den Wald hinter uns und steigen über aussichtsreiche Wiesen hinauf zur **Bärenschwandalpe** ⑥, 990 m, und weiter – teils recht steil – hinauf zum **Hündlekopf** ⑦, 1111 m, dem höchsten Punkt der Tour mit schönem Panorama über das Konstanzer Tal sowie Richtung Steibis und Westallgäu. Von hier sind es nur noch wenige Minuten zurück zur Seilbahn-Bergstation.

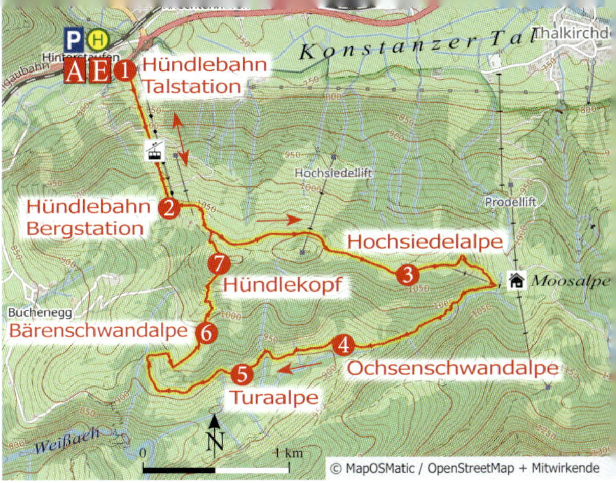

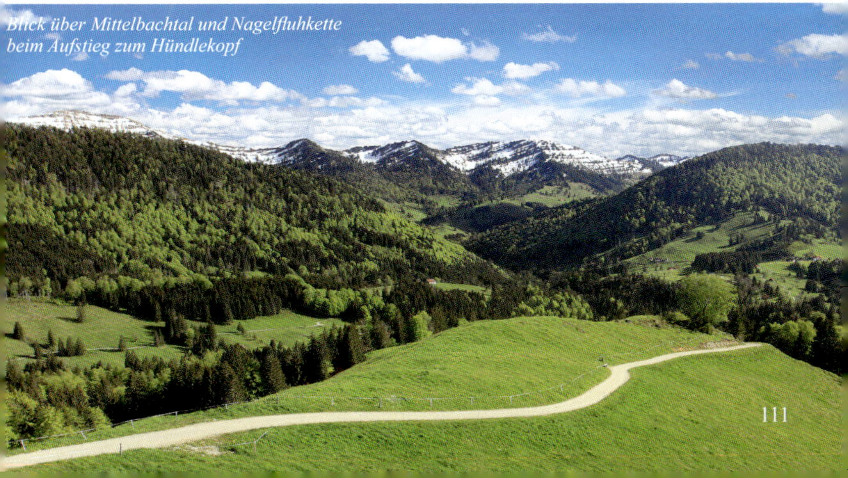

Blick über Mittelbachtal und Nagelfluhkette beim Aufstieg zum Hündlekopf

36 Vom Hündle zur Alpsee-Bergwelt

3.30 Std. | 320 / 270 | 10 km

Oberstaufen, Hündlebahn, ca. zwei Kilometer östlich von Oberstaufen an der B308 Richtung Immenstadt (**Navi**: *87534 Oberstaufen, Hinterstaufen 10)*; Bus Oberstaufen–Immenstadt etwa im Stundentakt, Haltestelle »Hündlebahn«.

Hündlebahn: Umlauf-Kabinenbahn, Betriebszeiten Anfang Mai–Anfang November, 9–16.30 h, www.huendle.de, Talstation 770 m, Bergstation 1050 m.

Endpunkt: Alpsee-Bergwelt-Sessellift, Betriebszeiten Ende April bis Anfang November 9–17 h, www.alpsee-bergwelt.de, Bergstation 1100 m, Talstation 740 m, Bushaltestelle »Ratholz/ Alpsee Bergwelt«, Rückfahrt zum Ausgangspunkt mit Bus Immenstadt–Oberstaufen (ca. stündlich, sonntags seltener).

Überwiegend breite, angenehme Wege (wechselnder Untergrund: Teer, Schotter und Wiese) von Almhütte zu Almhütte mit einigen wenigen Steigungen; kleinere Teilstücke nach Regentagen etwas matschig.

Obere Hündlealpe ②; Berggaststätte s`Hündle ②; Moosalpe ④; Kuhschwandalpe ⑤; Berghütte Bärenfalle ⑥

Schöne Alm-Wanderung unterhalb des Himmelecks

Zwischen Oberstaufen und Immenstadt zieht sich fast schnurgerade das Konstanzer Tal von West nach Ost. Das Tal wird auf beiden Seiten von langgezogenen Bergrücken flankiert, deren steile Hänge mit zahllosen Alphütten gespickt sind. Auf der heutigen Tour durchwandern wir die südseitigen Hänge des Konstanzer Tales: Etwa 300 Meter über dem Talboden zieht sich auf fast der gesamten Tallänge eine schmale Hochebene entlang, wie geschaffen für die almwirtschaftliche Nutzung. Und Wanderer kommen in den Genuss von herrlichen, blumenreichen Wiesen, stillen Wegen, weiten Ausblicken und einladenden Almhütten.

Von der **Talstation** ①, 770 m, aus dem Konstanzer Tal geht es hinauf zur **Bergstation** ②, 1050 m, wo ein breiter Schotterweg in wenigen Minuten hinüber zur Oberen Hündlealpe führt. Direkt dahinter »erhebt« sich der **Hündlekopf** ③, 1111 m, ein kleiner Wiesenbuckel und unser einziges Gipfelziel auf dieser Wanderung, das wir wenige Minute später erreichen. Trotz seiner überschaubaren Höhe bietet der Hündlekopf ein überraschend weites und

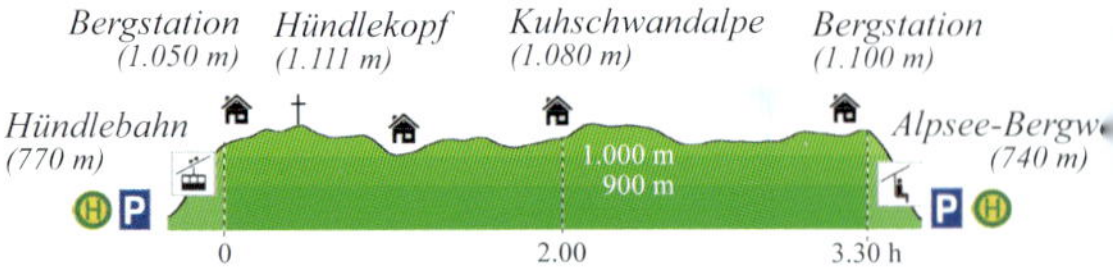

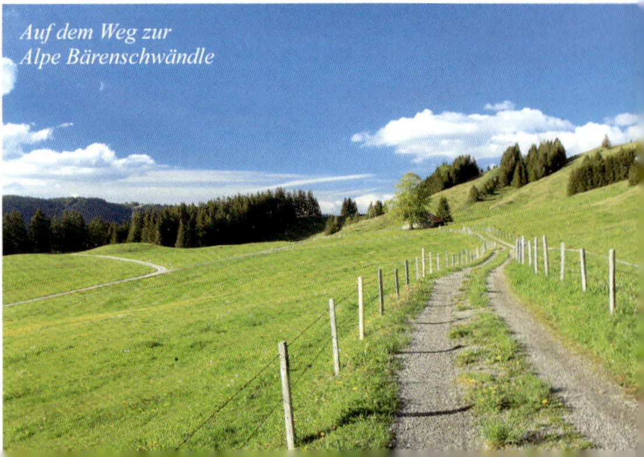

Auf dem Weg zur Alpe Bärenschwändle

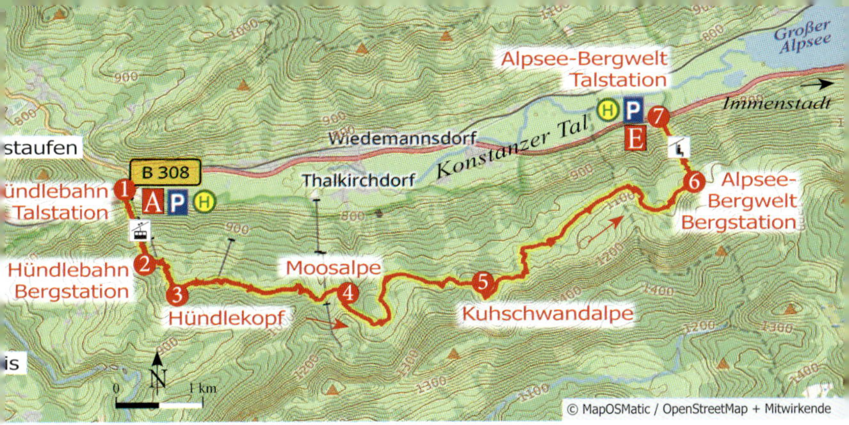

schönes Panorama: Der Hochgrat im Süden, im Westen das Weißachtal mit Steibis und im Osten das lange Konstanzer Tal mit dem Großen Alpsee an seinem hinteren Ende. Vom Gipfelplateau spazieren wir über einen Wiesen-Trampelpfad in östlicher Richtung leicht hinab bis zu einem Schotterweg, auf dem wir uns rechts halten und mit schönem Blick hoch über dem Tal weiterwandern. Bald erreichen wir die ausgedehnten Wiesen der Hochsiedelalpe, auf denen im April, kurz nachdem hier oben der letzte Schnee geschmolzen ist, unzählige Krokusse aus dem Boden schießen. Bei der Alphütte verlassen wir den breiten Weg, wandern geradeaus über den Wiesenkamm und steigen schließlich steil hinunter zur **Moosalpe** ④, 1009 m. Von dort führt – vorbei

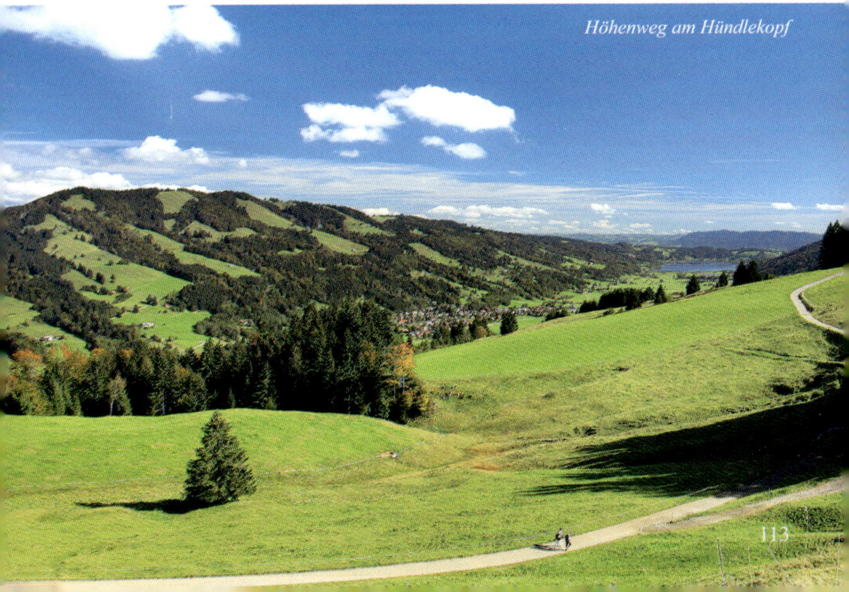

Höhenweg am Hündlekopf

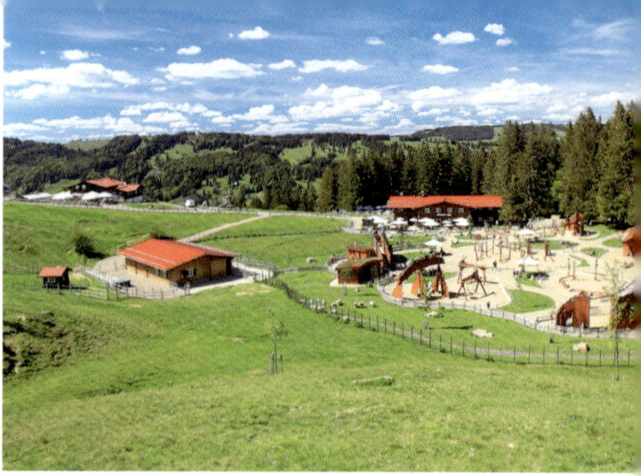

an vereinzelten Hütten hier und dort in der Landschaft – ein breiter Wirtschaftsweg in weitem Bogen rechts um einen bewaldeten Taleinschnitt herum bis zur Alpe Bärenschwändle und endet – einen Kilometer weiter durch Wiesen und einen kleinen Tobel hindurch – schließlich an der **Kuhschwandalpe** ⑤, 1080 m. Dort halten wir uns rechts und wandern auf einem Trampelpfad einen Wiesenhang hinauf und im Anschluss auf einem schönen Weg im weiten Rechtsbogen hinüber zur Leutschwandalpe, wo uns wieder ein Fahrweg erwartet. Kurz darauf passieren wir die Huberschwändlealpe sowie die Schwingundalpe und wandern schließlich auf einem angenehmen Wiesen-Panoramaweg hoch über dem Konstanzer Tal Richtung Rauhgundalpe. Kurz vor der Hütte halten wir uns rechts, umwandern in weitem Bogen unseren letzten Tobel auf der heutigen Tour und nähern uns allmählich der **Bergstation der Alpsee-Bergwelt** ⑥, 1100 m, bei der – dank Gasthaus, Groß-Trampolin, Spielplatz, Kletterwald und Sommerrodelbahn – immer recht viel Betrieb herrscht. Bergab zur **Talstation** ⑦, 740 m, und Bushaltestelle geht es entweder zu Fuß, per Sessellift oder per Sommer-Rodelbahn.

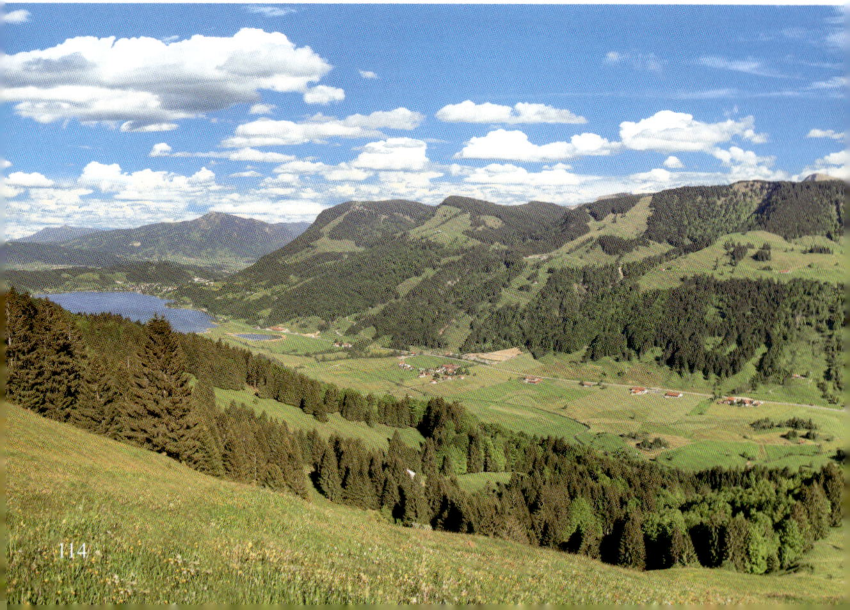

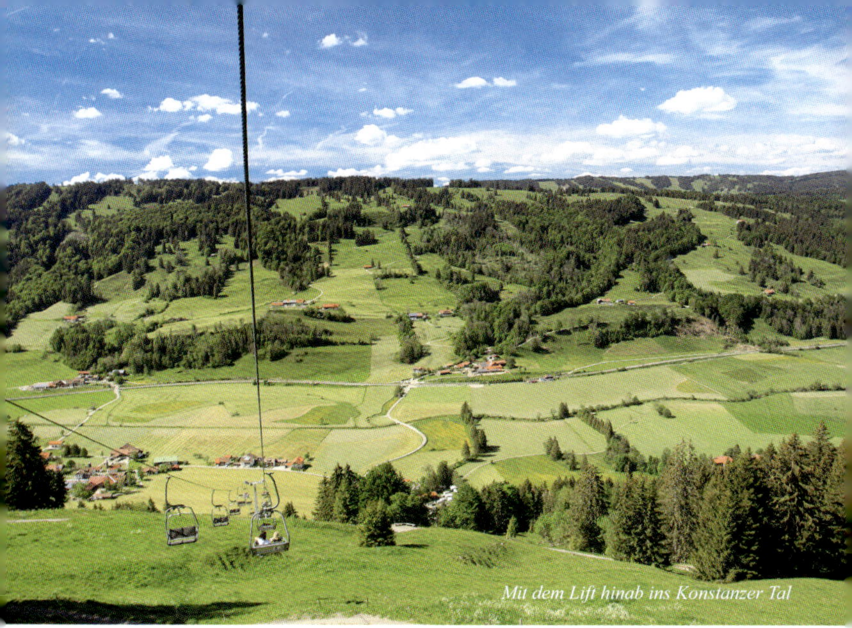

Mit dem Lift hinab ins Konstanzer Tal

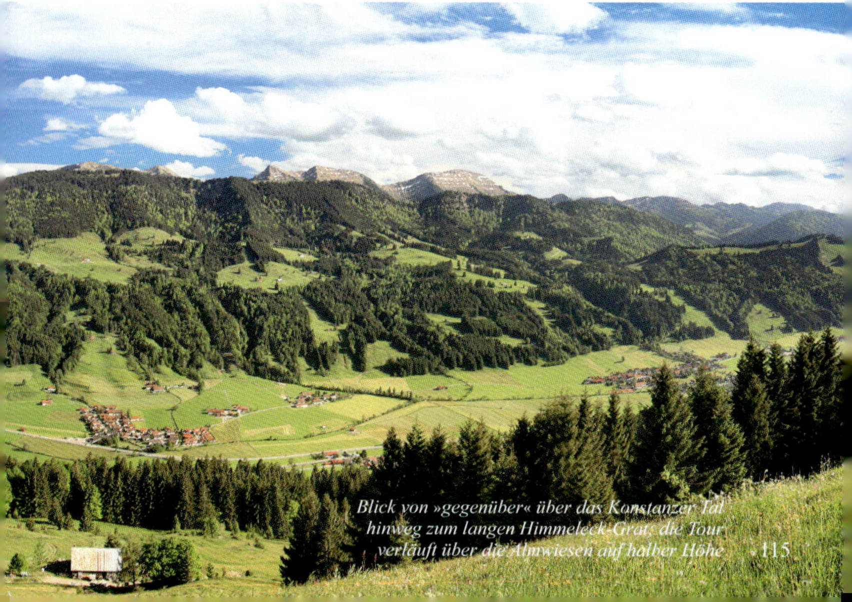

Blick von »gegenüber« über das Konstanzer Tal hinweg zum langen Himmeleck-Grat; die Tour verläuft über die Almwiesen auf halber Höhe

37 Einmal um den Ochsenberg

3 Std. | 180 Hm | 8,5 km

Aigis; ca. ein Kilometer westlich von Missen auf Stichstraße gut 1,5 Kilometer hinauf in den kleinen Weiler Aigis, Parkmöglichkeit mitten im Dorf, 911 m. *(**Navi**: 87547 Missen-Wilhams, Aigis 14).*

Meist Schotterwege, teils Teerbelag. Zu Beginn steilerer Anstieg, Rest gemächlich.

Gasthof in Wiederhofen ③

Stille Pfade oberhalb von Missen

Eine sehr stille Wanderung durch die voralpine Almlandschaft, die sich östlich von Oberstaufen ausbreitet. Wir starten im abgeschiedenen Dörfchen Aigis und durchstreifen einen einsamen Mix aus weiten Wiesen und stillen Wäldern mit überraschenden Ausblicken unterwegs.

Von Aigis haben wir einen freien Blick auf den sich südlich des Dorfes erhebenden, bewaldeten Ochsenberg, den wir auf dieser Tour umwandern werden. Vom Parkplatz in **Aigis** ①, 911 m, gehen wir wieder etwas die Zufahrtstraße zurück bis zum Dorfeingang und biegen dort rechts in einen Wirtschaftsweg ein, der geradewegs hinüber zu einem einzelnen Gebäude führt. An diesem vorbei – und weiter gemächlich über die unteren Wiesenhänge des Ochsenberges ansteigend – gelangen wir kurz darauf zu einem zweiten Gebäude und einem Abzweig, an dem wir uns

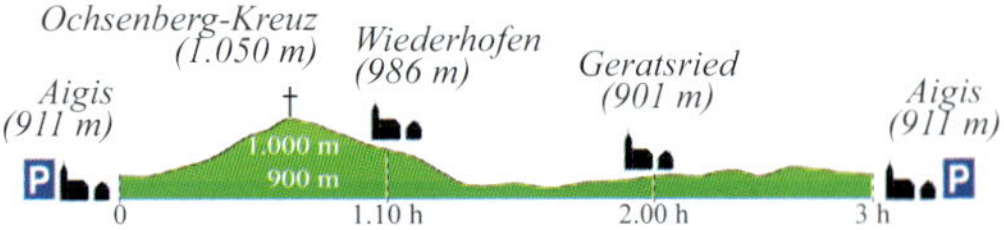

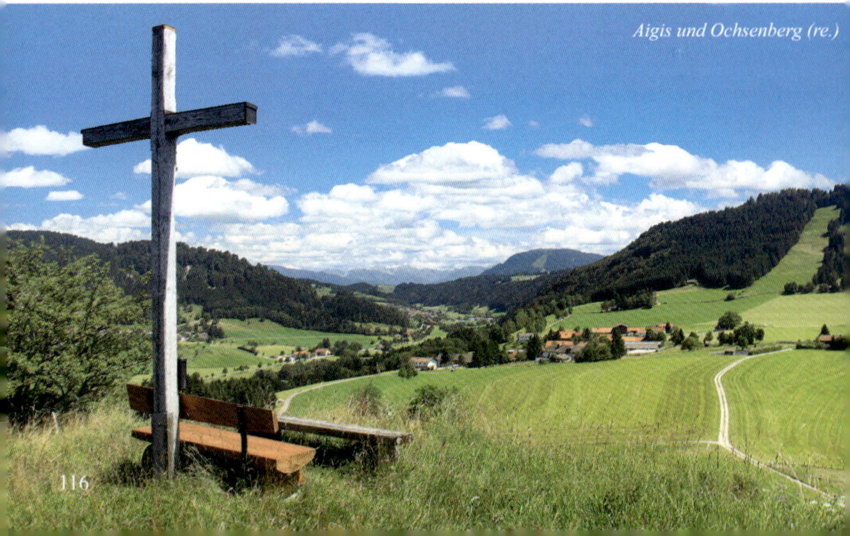
Aigis und Ochsenberg (re.)

links halten und 100 Meter weiter an einem weiteren Abzweig erneut links. Es geht zunehmend steil bergwärts, anfangs noch durch Wiese, schließlich durch dichten Wald. Der Wanderweg führt nicht über den Gipfel sondern im weiten Bogen über seine obere Ostflanke (1077 m; einen am höchsten Punkt des Wanderweges rechts abzweigenden Fahrweg ignorieren wir). Unser Weg verliert dann allmählich wieder an Höhe und lässt schließlich den Wald hinter sich. Vor uns öffnet sich ein schönes Panorama über das stille Hochtal von Wiederhofen, in der Ferne begrenzt vom Grat der Thaler Höhe. Und auch ein **Gipfelkreuz** ②, 1050 m, darf an dieser aussichtsreichen Stelle nicht fehlen. Auf einem Wirtschaftsweg steigen wir durch die Wiesenhänge hinab zu den nahen Häusern von **Wiederhofen** ③, 986 m. Im Dorf folgen wir der Hauptstraße rechts für 70 Meter und biegen dann links in den »Riedleweg« ein. Auf diesem lassen wir den Ort wieder hinter uns und steigen weiter den Hang hinab bis zum Talboden mit der kleinen Jugetach (895 m). Wir bleiben diesseits des Baches, halten uns bachabwärts und wandern – anfangs auf einer Straße, dann auf einem Wanderweg – ohne größeres Auf und Ab zum kleinen Weiler **Geratsried** ④, 901 m, wo sich die Landschaft auch wieder Richtung Westen öffnet. Gleich vorm ersten Haus halten wir uns rechts und folgen einem Wirtschaftsweg hinüber zum Waldrand. Im Anschluss queren wir die bewaldeten Nordwestflanken des Ochsenberges, teils auf Forststraßen, teils auf Wanderwegen. Dann erreichen wir wieder offenes Gelände und spazieren durch die Wiesen hinüber zu unserem Ausgangspunkt Aigis.

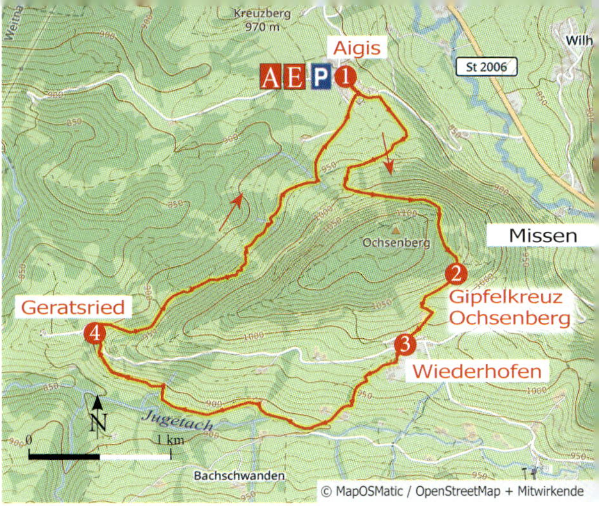

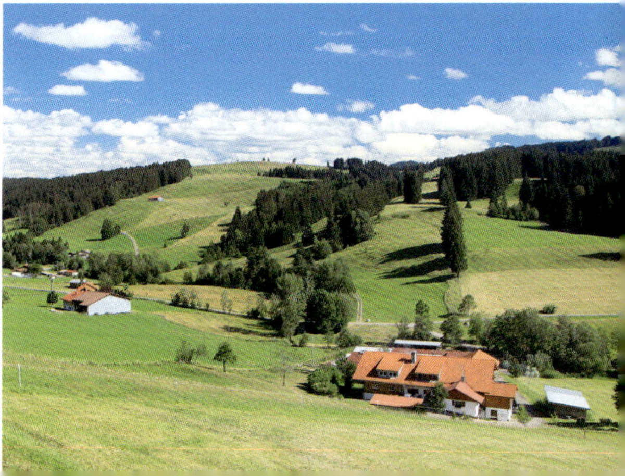

Durchs Tal der Jugetach

38 Hinauf zur Thaler Höhe

2.45 Std. | 250 Hm | 8 km

Wiederhofen, Parkplatz am »Skilift Thalerhöhe«; am westlichen Ortsende von Missen hinter den Sportplätzen in weiten Kehren ca. vier Kilometer hoch nach Wiederhofen, von dort wieder etwas bergab Richtung Skilift-Parkplatz, 935 m. *(**Navi**: 87547 Missen-Wilhams/Wiederhofen, Zur Thaler Höhe 8).*

Insgesamt leichtes Gelände, teils breite Alm-Zufahrtswege, teils schmale Waldwege oben auf dem Kamm.

Pfarralpe ②

Auf stillen Wegen zu schönen Panoramen

Auf der nördlichen Seite wird das zwischen Immenstadt und Oberstaufen verlaufende Konstanzer Tal von einem langen Grat überragt, der in der Thaler und der Salmaser Höhe seine höchsten Punkte erreicht. Wir erwandern diesen Kamm von seiner weniger steilen Nordseite aus und kommen dabei in den Genuss von gemütlichen Almhütten und stillen Wegen durch weite Wiesen und hübsche Laubwälder sowie herrlichen Aussichtspunkten über das Konstanzer Tal und den Großen Alpsee.

Vom **Parkplatz** ①, 935 m, gehen wir einige Schritte zurück bis zur Teerstraße, dann ostwärts an einem Campingplatz vorbei und an der nächsten Abzweigung schräg rechts. Hinter einem Bauernhaus geht die Straße in einen Schotterweg über, den wir allerdings nach gut 150 Metern wieder verlassen und links zum nahen Tuffenmoos hinüberwandern. Ein Holzschnitzelweg führt – mit kleinen Stichwegen zwischendurch – am hübschen Moor entlang, um dann nach etwa 300 Metern wieder rechts auf den

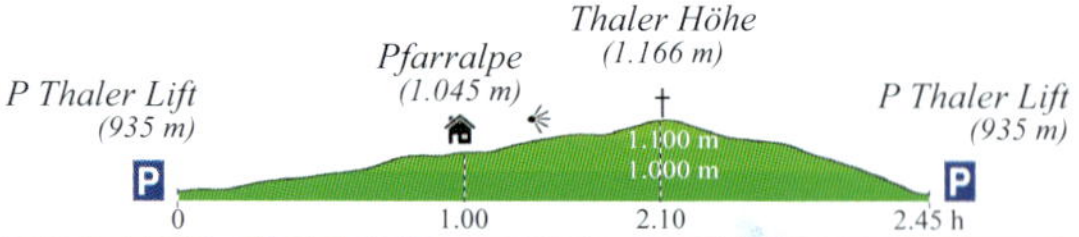

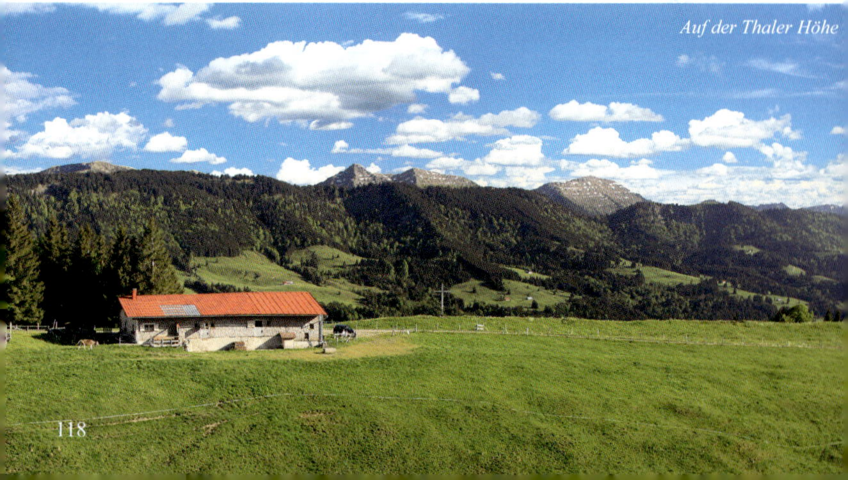

Auf der Thaler Höhe

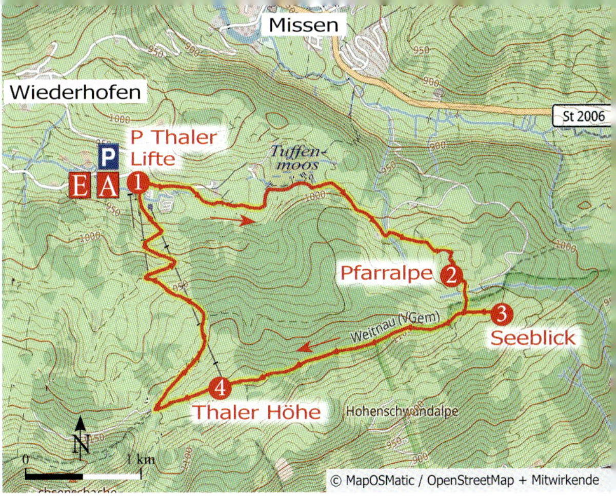

Hauptweg zurückzuleiten. Auf diesem treffen wir einige Minuten später auf einen geschotterten Wirtschaftsweg (988 m). Dort halten wir uns rechts, bleiben ca. 500 Meter auf dem Fahrweg, um dann auf einem Trampelpfad einen Wiesenhang zur **Pfarralpe** ②, 1045 m, hinaufzusteigen, die – von uralten Bäumen gesäumt – sehr hübsch auf einer Kuppe thront. Hinter der Alphütte bleiben wir für ca. 200 Meter auf der Zufahrtsstraße, um dann rechts über Wiesen in Richtung »Seeblick« einzubiegen. Ein kleiner Anstieg auf einen Wiesenkamm, dann erwartet uns links der kurze Abstecher zum Aussichtspunkt **Seeblick** ③, 1055 m mit seinem schönen Panorama über den Großen Alpsee unter uns im Konstanzer Tal. Zurück vom Aussichtspunkt halten wir uns westwärts. Der weitere Weg verläuft nun für längere Zeit immer direkt auf dem Kamm. Der Wald, der uns zwischendurch begleitet, öffnet sich bald wieder und macht Platz für die wiesenbedeckte Kuppe der **Thaler Höhe** ④, 1166 m, die uns erneut weite Ausblicke beschert. Kurz darauf erreichen wir eine – autofreie – Teerstraße, auf der wir in weiten Kehren über den Nordhang der Thaler Höhe zurück zum Ausgangspunkt hinabwandern.

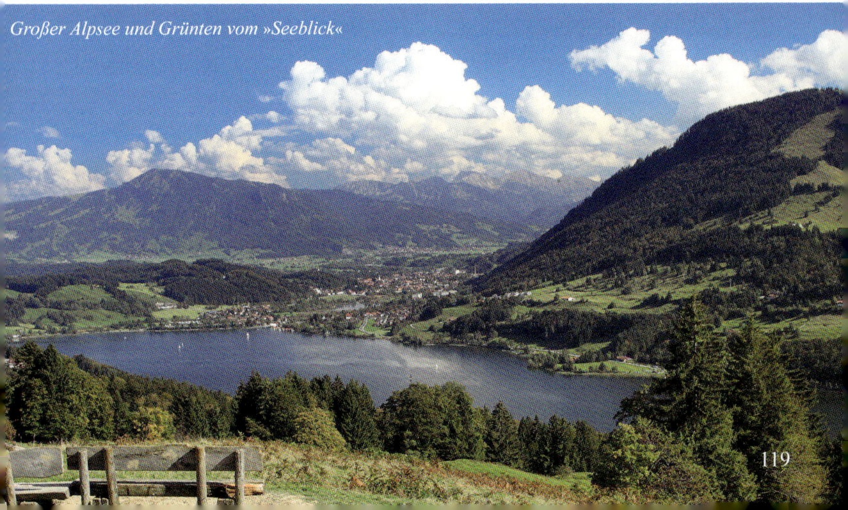

Großer Alpsee und Grünten vom »Seeblick«

39 Großer Alpsee-Rundweg

3.30 Std. | 180 Hm | 11 km

Bühl am Alpsee; von Immenstadt B308 Richtung Oberstaufen, großer »Alpsee«-Parkplatz oben in Bühl direkt an der Durchgangsstraße, 745 m *(**Navi**: 87509 Immenstadt-Bühl, Kirchsteige);*
Bus Immenstadt–Oberstaufen mit Halt in Bühl ca. stündlich. Vom Bahnhof Immenstadt ca. zwei Kilometer Fußweg.
Variante: Bei Anreise aus Richtung Oberstaufen bietet sich ein Start am Westufer an: parken entweder bei der Alpsee-Bergwelt oder gegenüber auf Schotterplatz beim Landgasthof Jägerhaus (Navi: 87509 Immenstadt, Ratholz 5).

Auf der bewaldeten Südseite des Konstanzer Tales einige steilere Passagen mit holprigem Untergrund, ansonsten völlig ebene, breite (Ufer-)Wege.

Jägerhaus (Nähe Alpsee -Bergwelt); Seecafé Hauser; diverse Möglichkeiten in Bühl am See (alle am Ostufer)

Schöne See-Umrundung bei Immenstadt

Eine Umrundung des Großen Alpsee, einem der herrlichsten Seen im gesamten Allgäu, gehört zu den schönsten leichten Wanderungen, die man in der Region unternehmen kann. Zu Beginn besuchen wir den eindrucksvollen Gschwender Wasserfall, durchwandern stille Wälder und Feuchtwiesen, ehe es auf dem wunderschönen Uferweg meist direkt am Wasser entlang zurück nach Bühl geht mit seinem gemütlichen, kleinen Hafen.

Vom Parkplatz in **Bühl** ①, 745 m, aus unterqueren wir die vielbefahrene B308 und folgen der »Rieder Steige« bergwärts. Nach ca. 250 Metern zweigt rechts ein Fußweg ab, auf dem wir unterhalb einiger Wohnhäuser weiter bergan schreiten. Kurz darauf treffen wir wieder auf die Straße und halten uns rechts. Bereits wenige Schritte weiter biegen wir rechts in einen Fahrweg ein. Es geht zu einem einzelstehen-

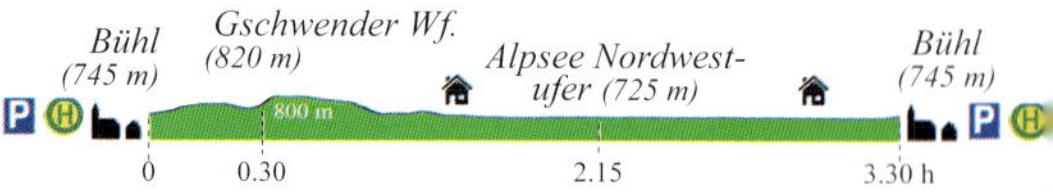

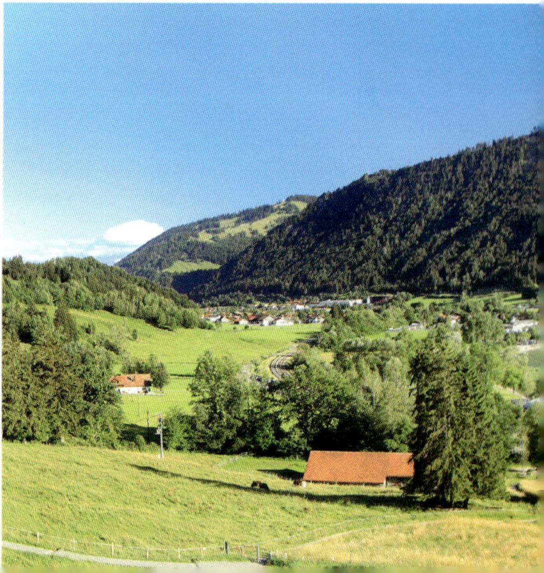

Abendstimmung am Großen Alpsee bei Immenstadt

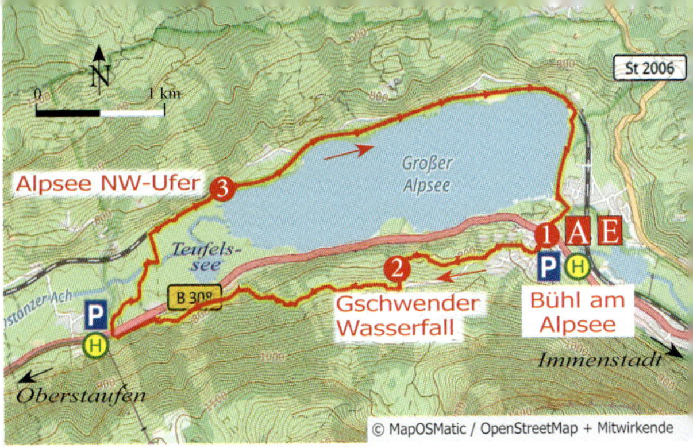

den Haus und dahinter auf einem gemütlichen Waldweg quer zum Hang hinüber zu einem tiefen Taleinschnitt. Dort links und kurz steil bergauf, bis rechts ein schmaler Stichweg hinab in den bewaldeten Einschnitt führt. Gleich darauf stehen wir unterhalb des überraschend hohen **Gschwender Wasserfalls** ②, 820 m. Anschließend zurück zum Weg und noch einige Schritte steil bergauf bis zu einem großen Parkplatz (855 m). Dort halten wir uns rechts und spazieren auf einer Straße (die zu einigen vereinzelten Häusern führt) westwärts, während sich zu unserer Rechten unten im Tal der Alpsee ausbreitet. Nach knapp einem Kilometer geht die Straße in einen Fußweg über. Der weitere Weg verläuft ab hier durch einen hübschen Wald, quert dabei zahllose kleine Tobel und Bäche und verliert allmählich an Höhe. Oberhalb eines Bauernhofes – und mit Blick auf den kleinen, einsamen Teufelssee im flachen Talboden – endet der Wald und wir wandern quer über einen Wiesenhang weiter. Für einige Zeit begleitet uns nun leider der etwas störende Verkehrslärm der nahen B308. Dann erreichen wir den Trubel rund um die Talstation des Alpsee-Coasters, unterqueren schnell die Bundesstraße und steuern wieder ruhigere Gefilde an. Es geht vorbei am Gasthof Jägerhaus und rechts

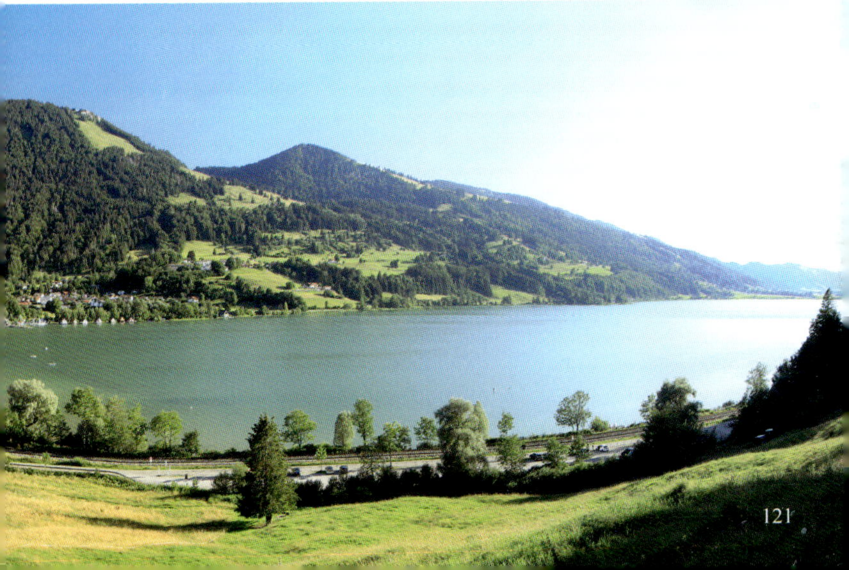

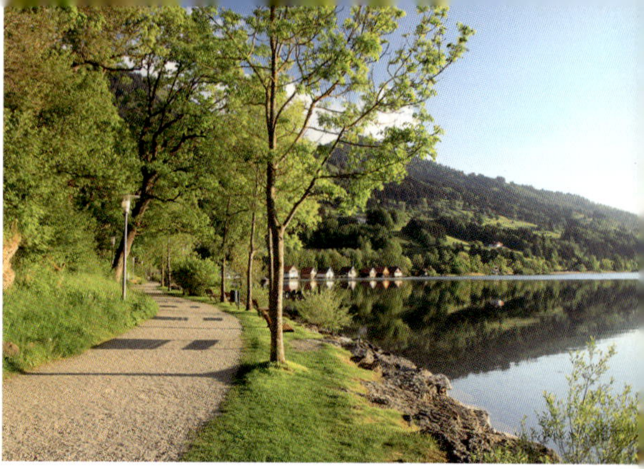

über einen kleinen Bach; dahinter erreichen wir wieder offene Wiesen. Der Wanderweg führt hinüber zur Konstanzer Ache, die wir auf einem kleinen Steg überqueren. Danach noch wenige Minuten geradeaus über eine Feuchtwiese bis zu einem breiten Querweg. Dort halten wir uns rechts und spazieren gemütlich ostwärts und erreichen bald das **Nordwestufer des Großen Alpsees** ③, 725 m. Von uns liegt nun ein sehr hübscher und entspannter, gut vier Kilometer langer Spazierweg, teils etwas von Ufer entfernt entlang von Feuchtwiesen und Schilfgürteln, über weite Strecken aber direkt am Wasser entlang. Diverse Bänke und schöne Aussichten sorgen dafür, dass man für die Strecke meist etwas länger benötigt als erwartet.

Der Weg ist gut besucht, wobei der Betrieb beim Café Hauser am Nordostzipfel noch weiter zunimmt und wir schließlich die sehr beliebte Uferpromenade entlang des Ostufers erreichen. Mit feinem Blick über die Wasserfläche gelangen wir dann zum kleinen, schön gestalteten Hafen von Bühl mit seinem umfangreichen touristischen Angebot (Bootsverleih, Minigolf, Einkehr, Eisdiele, Kiosk etc.). Von dort trennt uns nur noch ein kurzer, abschließender Anstieg vom Ausgangspunkt.

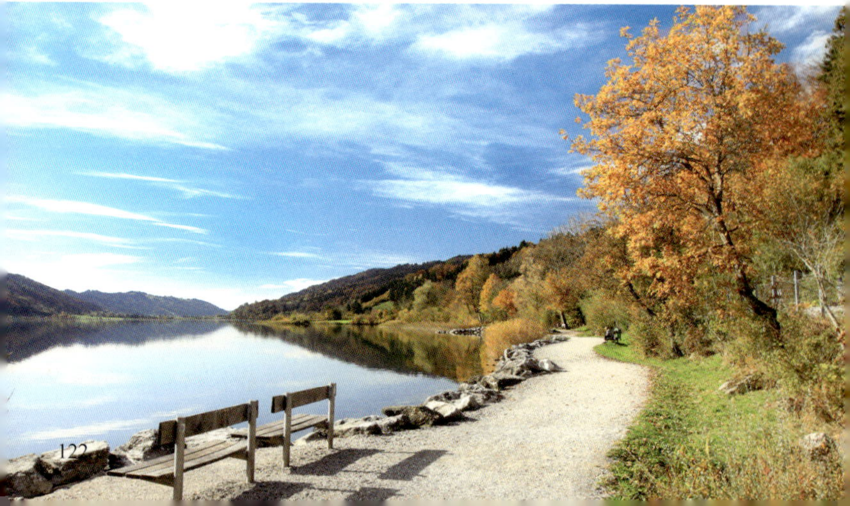

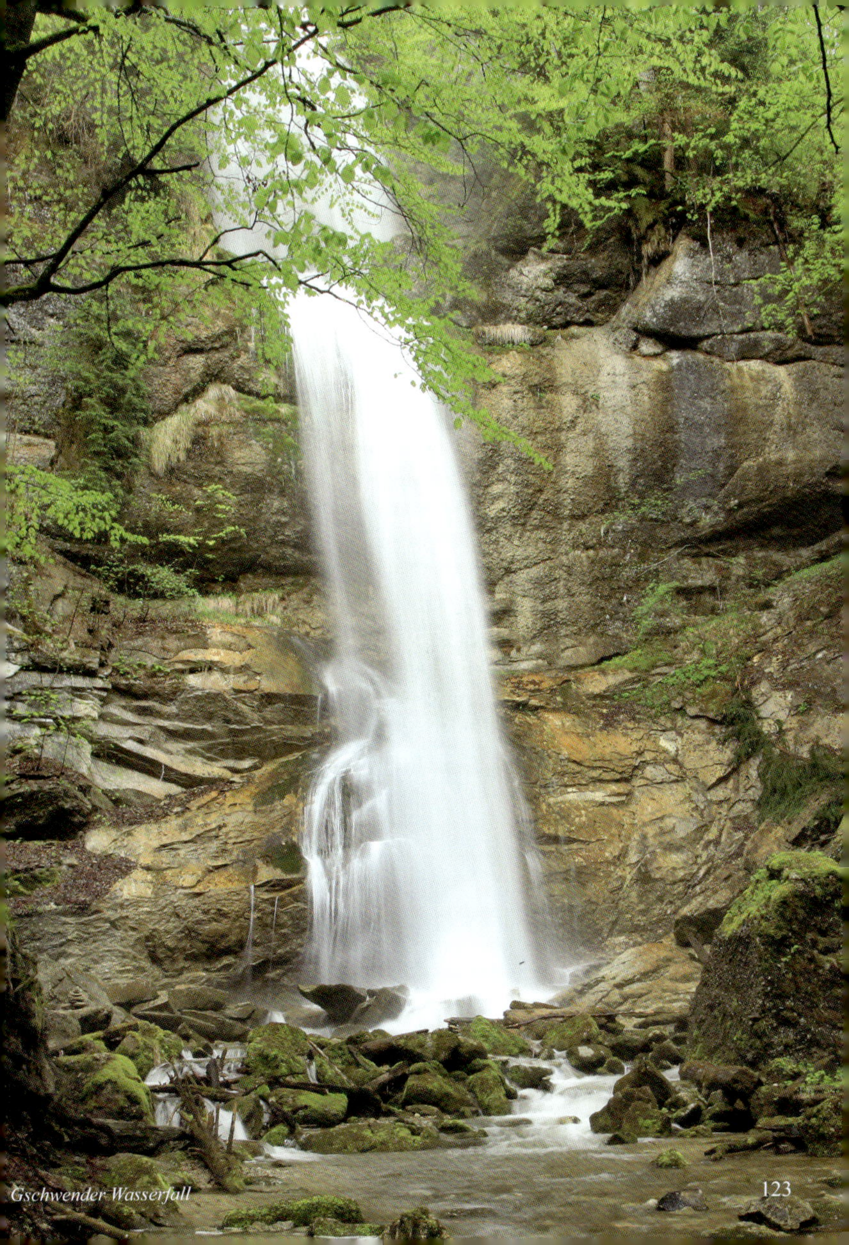

Gschwender Wasserfall

40 Oberbergalpe und Bärenkopf

1.30 Std. | 40 / 400 | 4 km

Immenstadt, Mittagbahn am südlichen Ortsrand; Zufahrt etwas verwirrend durchs Wohngebiet *(**Navi**: 87509 Immenstadt, Mittagstraße 30)*; Vom Bahnhof Immenstadt ca. 500 m Fußweg.

Mittagbahn: Sessellift, Betriebszeiten Anfang Mai bis Anfang November, 8–17 h, www.mittagbahn.de, Talstation 780 m, Mittelstation 1080 m, Bergstation 1419 m.

Meist breite Schotter- und Teerwege, teils recht steil bergab.

Bergstation ③; Oberbergalpe ⑤; Schwandneralpe ⑥; Mittelstation ②

Herrliche Höhenwege hoch über dem Illertal

Der Mittag oberhalb von Immenstadt ist eine der schönsten Aussichtskanzeln im Oberallgäu. Es geht gemütlich mit dem Sessellift hinauf auf seinen Gipfel, von dort hinüber zum kleinen Bärenkopf und zur hübschen Oberbergalpe. Auf dem Abstieg zur Lift-Mittelstation spazieren wir über die ausgedehnten Almwiesen auf der Nordostseite des Berges mit weiten Blicken über das Alpenvorland.

Der Sessellift bringt uns sehr gemächlich – mit Umsteigen an der Mittelstation – von **Immenstadt** ①, 780 m, hinauf zur **Bergstation** ③, 1419 m, unterhalb des Mittaggipfels, wo uns ein großartiges Panorama über die Allgäuer Alpen, das Illertal und das Alpenvorland erwartet. Ein breiter Schotterweg führt mit leichtem Auf und Ab aussichtsreich zum etwa 15 Minuten entfernten **Bärenkopf** ④, 1450 m

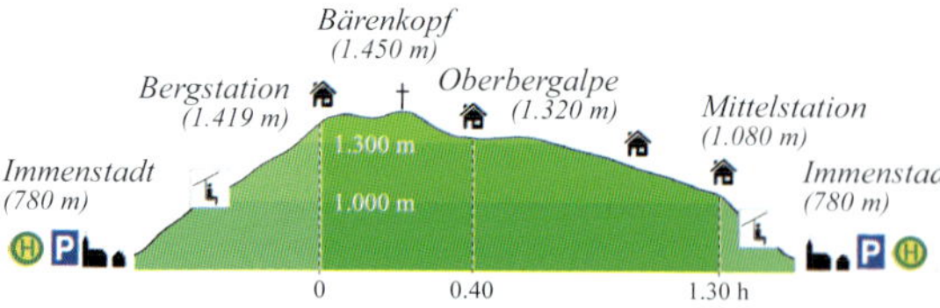

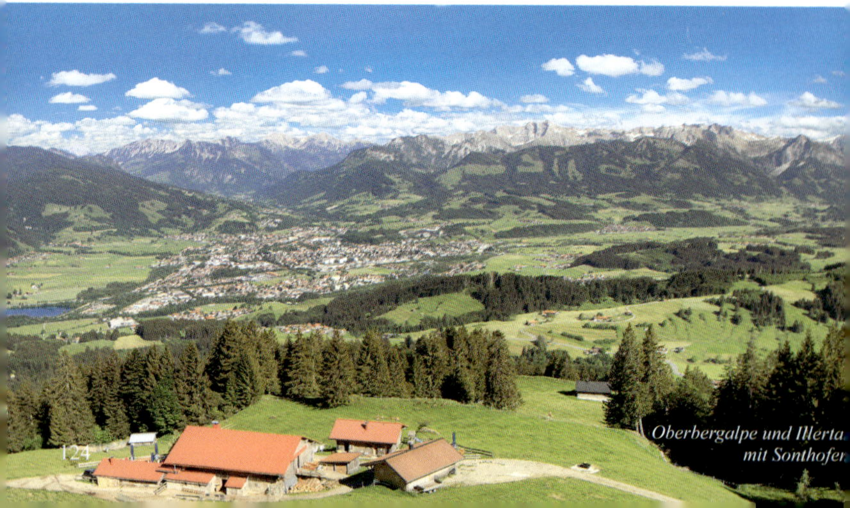

Oberbergalpe und Illerta[l] mit Sonthofen

– bzw. einer benachbarten Felskuppe mit Kreuz. Richtung Westen haben wir einen schönen Blick auf den hoch aufragenden Steineberg-Gipfel. Hier wenden wir uns ostwärts und steigen in einer bewaldeten Rinne recht steil und streckenweise etwas wurzelig hinab zur nahen, gemütlichen **Oberbergalpe** ⑤, 1320 m, die wieder freie Sicht ins Illertal bietet. Von der Hütte führt ein breiter, ebener Fahrweg in nordöstlicher Richtung in wenigen Minuten hinüber zum Grat und auf die Nordseite des Mittags. In Sichtweite des Lifts wandern wir gemütlich auf der Almstraße über freie Wiesen abwärts, der Blick schweift weit über das sich vor uns ausbreitende Alpenvorland. Vorbei an der **Schwandneralpe** ⑥, 1235 m und gleich darauf der Mittagalpe (1200 m) erreichen wir schließlich die **Lift-Mittelstation** ②, 1080 m. Hinab nach Immenstadt schweben wir dann wieder knieschonend im Lift.

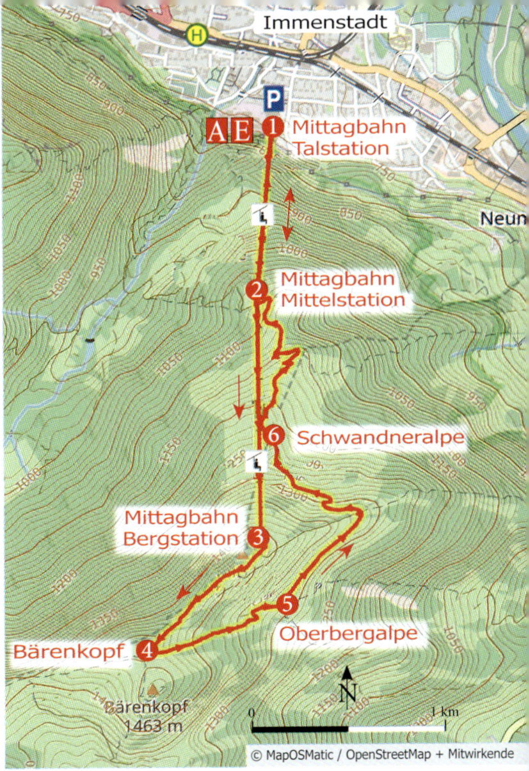

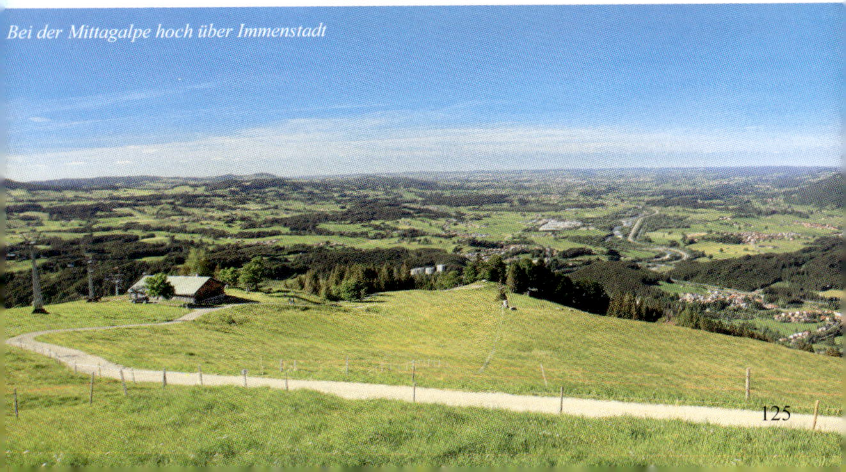
Bei der Mittagalpe hoch über Immenstadt

REGISTER

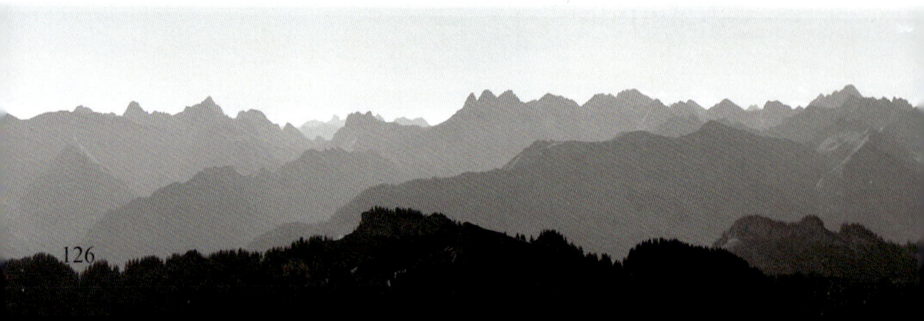

Weitere Wanderführer über die Region:

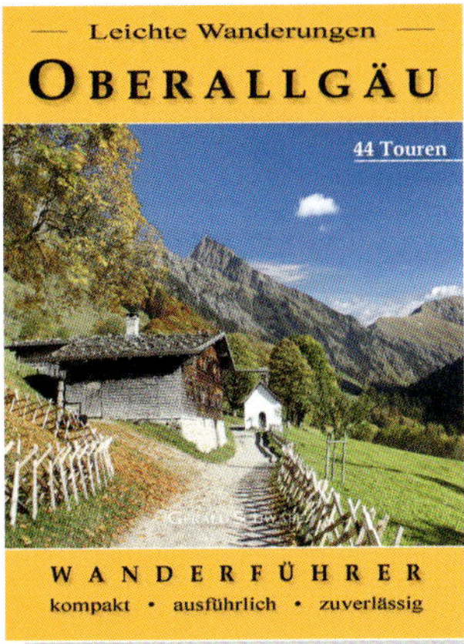

978-3-949988-13-4

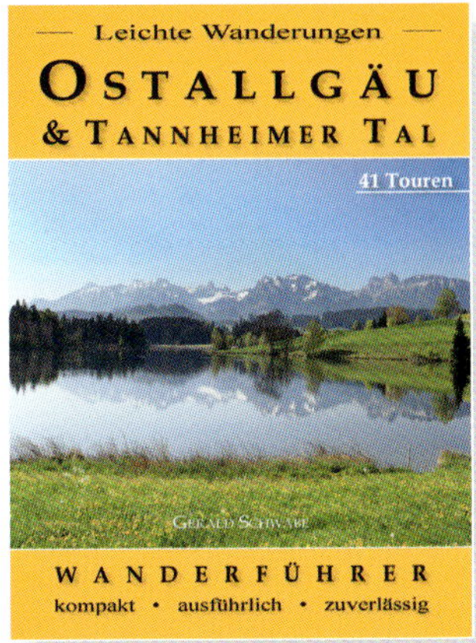

978-3-949988-14-1

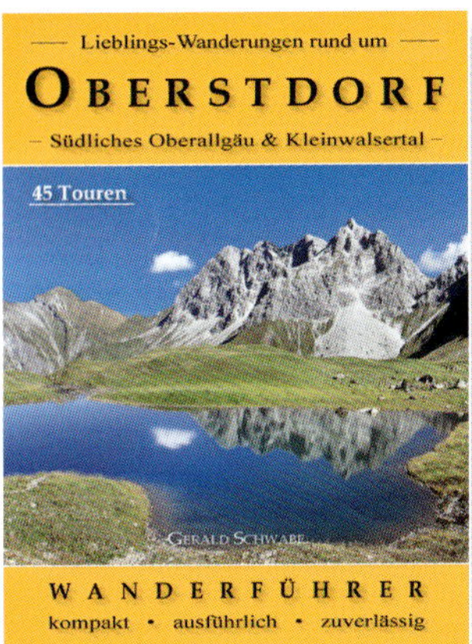

978-3-949988-11-0

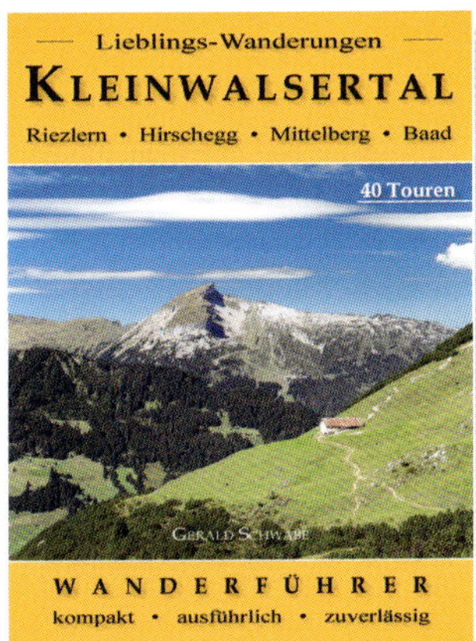

978-3-949988-12-7

ALPENVERLAG SCHWABE

Immenstadt

IMPRESSUM

Fotograf und Autor:

Gerald Schwabe lebt seit der Jahrtausendwende im Allgäu und hat seine Passionen Fotografieren und Bergwandern zum Beruf gemacht. Über 40 Wanderführer und Bildbände über die Region sind seitdem entstanden und zeugen von seiner großen Begeisterung für die Berge und das Allgäu. Seine Bilder finden sich auf *www.allgaeu-bilderbogen.de*, und über *www.allgaeu-panoramen.de* sind seine bekannten Panorama-Aufnahmen als großformatige Leinwandbilder erhältlich.

Umschlagvorderseite: Steibis und Nagelfluhkette bei Oberstaufen
Umschlagrückseite: Kapelle in Forst bei Scheidegg
Bild im Innentitel: Frühling am Argensee bei Kißlegg

Bildnachweis: Alle 130 Aufnahmen stammen vom Autor
Gestaltung, Layout, Satz und Grafik: Gerald Schwabe
Kartographie: 40 Wanderkärtchen und 2 Übersichtskarten:
© OpenStreetMap – Contributors (www.openstreetmap.org),
erstellt mit MapOSMatic (https://print.get-map.org)
Druck: AZ Druck und Datentechnik GmbH, Kempten

1. Auflage 2023

www.allgaeu-bilderbogen.de
www.allgaeu-panoramen.de
E-Mail: geraldschwabe@gmx.de

ALPENVERLAG SCHWABE, Immenstadt
(www.alpenverlag-schwabe.de)
ISBN 978-3-949988-15-8

Wenn Sie Kritik, Lob oder Anmerkungen zu diesem Wanderführer haben, freue ich mich über Ihre Nachricht:
Leserzuschriften bitte per E-Mail an: geraldschwabe@gmx.de